I0221402

Twyfelaars wat Glo - 'n Nederlands-Afrikaanse Tweegesprek

Uitgegee deur African Sun Media onder die druknaam SUN PReSS

Alle regte voorbehou

Kopiereg © 2019 African Sun Media en die outeurs

Hierdie publikasie is deur die uitgewer aan 'n onafhanklike dubbel-blinde portuurevaluering onderwerp.

Die outeurs en die uitgewer het alles moontlik gedoen om kopieregtoestemming te verkry vir die gebruik van derdepartyinhoud en om sodanige gebruik te erken. Rig alle navrae aan die uitgewer.

Geen gedeelte van hierdie boek mag sonder die skriftelike verlof van die uitgewer gereproduseer of in enige vorm deur enige elektroniese, fotografiese of meganiese middel weergegee word nie, hetsy deur fotokopiëring, plaat-, band- of laserskyfopname, mikroverfilming, via die Internet of e-pos of enige ander stelsel van inligtingsbewaring of -ontsluiting.

Menings in hierdie publikasie weerspieël nie noodwendig dié van die uitgewer nie.

Eerste uitgawe 2019

ISBN 978-1-928480-02-0
ISBN 978-1-928480-03-7   (e-boek)
https://doi.org/10.18820/9781928480037

Geset in Fira Sans Condensed 10/14
Bandontwerp, bladuitleg en produksie deur African Sun Media
Voorbladfoto: *Apollo Chasing Daphne*. 1681. Carlo Maratti ©

SUN PReSS is 'n gelisensieerde druknaam van African Sun Media. Vakkundige, professionele en navorsingswerke word onder hierdie druknaam in druk- en elektronieseformaat uitgegee.

Hierdie publikasie kan direk bestel word by:
africansunmedia.store.it.si (e-boeke)
www.africansunmedia.co.za

Twyfelaars wat Glo

'n Nederlands-Afrikaanse Tweegesprek

Hans Ester
Chris van der Merwe

SUN PReSS

Inhoud

Hierdie publikasie is mede moontlik
gemaak deur ´n ruim finansiële
bydrae van die Suid-Afrikaanse
Akademie vir Wetenskap en Kuns

Balansstaat

O Heer, ek dank U vir u groot geduld
met my. Ek is so in die skuld by U.
My bankstaat bly in rooi getik.
Nulle kom voor die komma by – ek sluk
soms swaar daaraan. Ek bied
so min en vra al meer krediet
en kry dit (God weet hoe!)
Ek is soms bang U roep
my in om alles te betaal
en haal my uit u weegskaal
uit as 'n te groot risiko:
'n twyfelaar wat glo.

IL De Villiers: Leitourgos

Inleiding

Brieven zijn[1] bruggen die afstanden opheffen. Zonder brieven zouden in de periode van massale emigratie na 1945 uit Nederland naar Australië, Nieuw-Zeeland, Canada en Zuid-Afrika de achterblijvers geen notie[2] van het wel en wee van hun dierbaren overzee hebben gehad. Brieven waren van bijzondere waarde, als teken van leven over en weer en voor de achterblijvers ook als deelname aan een leven dat zo geheel anders was dan dat in Nederland. De afstand tussen hier en daar kon als obstakel worden ervaren, maar deze afstand schiep[3] ook ruimte en vrijheid om nieuw naar de wereld en naar elkaar te kijken.

---

1   "Zijn" is die Nederlandse meervoudsvorm, of die infinitief met die betekenis "is" in Afrikaans. Dit kan ook beteken "(om te) wees", of 'n besitlike voornaamwoord wees, byvoorbeeld: "zijn boek".
2   Geen idee.
3   Het geskep.

1

De achttiende eeuw in Europa is de eeuw van de briefroman en van de briefwisselingen tussen geesten die wederzijds commentaar en kritiek geven op gedachten over de natuur, de verhouding van God en mens en over de aard van de samenleving. De brief was een vorm van hardop denken, van voorlopig formuleren in afwachting van de kritische toets. Zonder brief had het[4] denken nooit het niveau bereikt dat we in de correspondenties van bijvoorbeeld Voltaire, Lord Byron, Goethe en Charles Dickens aantreffen. De brief was een medium voor inhoudelijke overdracht en het was een oefening in wellevendheid en esthetische vorming.

Belangstelling voor verzamelingen brieven of voor correspondenties waarin zowel de brieven heen als de retourbrieven zijn opgenomen, is in onze tijd weer duidelijk aanwezig. De vele boeken met brieven van Gerard Reve zijn daar in Nederland een voorbeeld van. In Zuid-Afrika zijn gedurende de laatste jaren verzamelingen brieven van Hennie Aucamp, Audrey Blignault, Elize Botha, Ingrid Jonker en André P. Brink verschenen. Gesprekken in briefvorm zijn de correspondenties tussen J.M. Coetzee en Paul Auster en tussen J.M. Coetzee en de Engelse psychoanalytica Arabella Kurtz.

Vooral de uitwisseling tussen Auster en Coetzee is verrijkend, voor hen beiden en voor de lezer die over hun schouder meeleest. De briefwisseling tussen de twee schrijvers is ontstaan uit de behoefte om helderheid te krijgen ten aanzien van wezenlijke levensvragen. Aan de basis van deze briefwisseling ligt het vertrouwen dat de ander het achterste van zijn tong zal laten zien en geen mening zal verbloemen. Het respect voor de mening van de ander vloeit uit het vertrouwen als basis voort.

De dichter en denker N.P. van Wyk Louw heeft over de heilzame blik van buiten gesproken die de ruimte verschaft om over essentiële zaken beter, op een hoger niveau, na te denken. Nederland en Zuid-Afrika hebben veel

---

4   Nederlands het twee lidwoorde, naamlik "het" en "de", wat dieselfde beteken as die Afrikaanse "die". Wanneer "het" egter die onderwerp is, beteken dit dieselfde as "dit" in Afrikaans, byvoorbeeld: "het regent".

gemeenschappelijks, maar op cruciale punten zijn zij[5] ook vreemden voor elkaar, in ieder geval fungeren zij over en weer als blik van buiten.

∞

Die verhouding tussen Afrikaners[6] en Nederlanders het vanaf die begin van die vorige eeu tot vandag deur verskillende fases gegaan. Na die Anglo-Boereoorlog (1899-1902) is die "Boere" ('n erenaam vir die Afrikaners) deur Nederlanders gesien as 'n nasie wat heldhaftig gestry het teen die onregmatige inval van die magtige Britse Ryk. Nederlanders, soos die digter Albert Verwey, het die Afrikaners in dié tyd beskou as heroïese stamverwante "familielede" wat die suiwerheid behou het wat in Nederland langsamerhand verlore geraak het.

Tye het egter sedert die sestigerjare van die vorige eeu verander. Nederland, wat tydens die Tweede Wêreldoorlog blootgestel is aan die verskrikkinge van die rassistiese Nazi-bewind, het later 'n voorloper[7] in die anti-apartheidstryd geword. Die gevolg daarvan was 'n ekonomiese en kulturele boikot wat die bande tussen Afrikaners en Nederlands grotendeels verbreek het. Daar was geen sprake meer van "stamverwantskap" nie – eerder 'n wedersydse ontkenning van gemeenskaplikheid.

Na 1994 het die gety nogmaals verander. Met die opheffing van die apartheidswette en die aanbreek van die eerste volledige demokratiese verkiesing het die belangstelling in Suid-Afrika vanuit Nederland opgeleef, asook in Nederland vanuit Suid-Afrika. Elkeen het waardevolle aspekte in die ander gevind wat tegelyk waarde aan die eie groep toegevoeg het.

---

5   Die Nederlandse "zij"/"ze" kan die betekenis hê van "hulle" of "sy" (persoonlike voornaamwoord). Hier beteken dit "hulle".

6   Met die woord "Afrikaners" word hier verwys na die groep Suid-Afrikaanse mense van Nederlandse afkoms wat in die 20ste eeu deur baie Nederlanders as verlangse "familie" beskou is. Dis 'n groep Suid-Afrikaners wat op hulle beurt die verwantskap met Nederlanders gekoester het. Na die SA verkiesing van 1994 word die verwantskap tussen Nederlands en Afrikaans egter toenemend 'n taalverwantskap sonder nasionalistiese konnotasies.

7   Die verhouding tussen die Nederlanders en die Afrikaners het onder die apartheid-regime gely. Die negatiewe reaksie van baie Nederlanders op die stelsel van apartheid, die beleid van die Nasionale Party en die teologie van die Nederduits-Gereformeerde Kerk was gedeeltelik polities, gedeeltelik kerklik-godsdienstig van aard.

3

Nederlanders het in die Afrikaanse letterkunde en in Afrikaanse liedere 'n lewenskragtigheid ontdek wat hulle bekoor het. Afrikaans was vir hulle 'n aanloklike verbinding van bekendheid en vreemdheid; dit was 'n poort tot Afrika in 'n taal wat hulle kon verstaan; Nederlands as weg tot Afrikaans het vir Nederlanders 'n boeiende moontlikheid geword. Vir Afrikaanse mense, aan die ander kant, het Nederlands 'n verruiming van hul wêreld gebied; hulle kon toegang kry tot 'n ryk Nederlandse literatuur in 'n taal wat hulle maklik kon aanleer. Nederland, met sy kragtige vertaaltradisie, kon hulle ook bekendstel aan wêrelde wat andersins, deur die oorheersing van Amerika in Suid-Afrika, onbekend sou gebly het. Nederland het opnuut, in die woorde van N.P. van Wyk Louw (1906-1970), 'n venster tot Europa geword, en tot meer as Europa.

In die veranderde tye het nuwe gemeenskaplikhede ontstaan. Globalisering en die totstandkoming van die Europese Ekonomiese Gemeenskap (EEG), later die Europese Unie, het tot die afskaling van minderheidstale gelei in Europa. Engels het, veral in die Weste, die dominante taal geword. In Nederlandse universiteite is al hoe meer kursusse in Engels aangebied; Nederlands as akademiese taal het 'n onseker toekoms tegemoet gegaan. 'n Soortgelyke situasie het in Afrikaans ontstaan. Afrikaans as handels-, regerings- en amptelike taal het na 1994 toenemend die knie voor Engels gebuig. Sowel Afrikaans- as Nederlandssprekendes het met kommer gewonder oor die toekoms van 'n taal wat vir soveel mense oor die jare heen 'n kulturele en 'n identiteitstuiste gebied het.

Beide lande het ook met die probleem geworstel om harmonie te vind tussen mense van verskillende agtergronde en gelowe – die probleme word in albei literature weerspieël. Die gevestigde Christelike kerke het in beide lande agteruitgegaan, en tog is daar in albei lande 'n oplewing in spiritualiteit. Nederlanders en Afrikaners het geworstel om geestelike waardes in 'n sekulêre wêreld uit te leef. Tot op hede is dit vir baie mense 'n vraag hoe om die Christelike geloof, wat deur die eeue in sowel Nederland as Suid-Afrika so 'n prominente rol gespeel het, uit te leef in die moderne wêreld – indien dit enigsins wenslik of moontlik is.

In die briefwisseling wat volg, word die band tussen Afrikaanse en Nederlandse mense bevestig. Nie net die taalverwantskap kom hierin tot uiting nie, maar ook die gemeenskaplike kulturele erfenis, waarvan die Christelike godsdiens 'n sentrale element uitmaak. Die skrywers is albei afgetrede letterkunde-dosente – albei is Christene wat die verband tussen godsdiens en literatuur, en ook tussen Christenskap en samelewing, as van kardinale belang beskou. Dit is veral hierdie aspekte waaraan aandag gegee word in die briewe. Die briefwisseling gaan egter nie om die uitwisseling van sekerhede nie, maar om die wisseling van gedagtes rondom kwellende vrae – vandaar die titel *Twyfelaars wat glo*. Geen tema word uitgeput of volkome afgerond nie – die briewe moet die stimulus wees vir verdere nadenke. Vir lesers wat in hierdie dinge belangstel, en wat ook twyfel oor hierdie sake, sal die briefwisseling hopelik boei en tot groter helderheid lei.

Tweetalige voetnote voorkom enige onduidelikhede wat mag ontstaan. Naas die briefwisseling word addenda ook ingesluit wat enkele belangrike tekste bevat waarna verwys word in die briewe. Enkele tekste waarna in die briewe verwys word, kon ongelukkig nie opgespoor word om by die addenda in te sluit nie. Die volgorde van die briewe is ten dele chronologies, maar nie altyd nie; die boek begin met 'n aantal briewe wat tussen 2017 en 2019 geskryf is, en dit word gevolg deur briewe uit 'n vroeëre tyd. Die briewe moet gelees word binne die konteks van die tyd waarin hulle ontstaan het. In die eerste twee briewe, wat laaste geskryf is, deel die skrywers hul gevoelens en gedagtes oor die komende jaar – 'n jaar wat beloof om besonder uitdagend en dramaties te verloop.

Hans Ester en Chris van der Merwe

5

Tussen wanhoop
en hoop

1 januari 2019

Beste Chris,

Deze brief is ontstaan uit de behoefte om jou te laten weten hoe ik er mentaal voor sta.[8] Vanaf april 2018, het jaar van onze laatste brieven, heeft de tijd niet stilgestaan. Om recht te doen aan de tijd en om het heden – tegen beter weten in – zo lang mogelijk vast te houden, heb ik opnieuw naar de pen gegrepen. Het nieuwe jaar is nog maar net begonnen en het gepieker vult nu al mijn gedachten. Ik zou graag zonder voorbehoud willen instemmen

---

8   My geestestoestand.

met de algemene jubeltoon die zich uit in de beste wensen voor familie en vrienden. Het lukt niet zonder bijgedachten. Dat heeft niets met antipathie jegens bepaalde medemensen te maken. Het voorbehoud komt voort uit het gevoel dat cruciale ontwikkelingen binnen onze wereld onomkeerbaar zijn of onstuitbaar lijken. De gedachte dat onze medeschepselen het moeilijk hebben en in de knel raken, laat mij niet los. De dramatische vermindering van het aantal bijen en andere insecten op deze aarde is erg, maar spreekt minder tot de verbeelding dan de eilanden van plastic in de Grote Oceaan die de vissen bedreigen of de verkleining van de leefruimte van Aziatische tijgers. Zoals iemand in een Nederlandse krant opmerkte: we moeten geen heiningen om de natuur bouwen maar een hek om de mensen. Dat is de spijker op z'n kop.

Wat kan de regering van een land aan de bedreigingen voor dieren en planten doen? We zijn allen vermoedelijk wars van overheidsdwang en zien landen als China als schrikbeeld, maar we ontkomen niet aan de overweging om de bescherming van de natuur tegen de mens af te dwingen, onder meer door een maximaal aantal kinderen per gezin vast te leggen. Dat is kras en laat akelige associaties opkomen. Vrijwillige beperking van het aantal kinderen zou beslist de voorkeur verdienen.

Een vriendin schreef mij rond Kerstmis dat zij verlangt naar het einde der tijden en naar de nieuwe aarde en de nieuwe hemel. Ik kan niet anders dan haar terugschrijven dat ik naar niets anders verlang dan naar de bestendiging van de huidige aarde. Ik ga ervan uit dat deze schepping God de Schepper zo dierbaar is dat de vernieuwing op grond van de huidige aarde zal plaatsvinden. Sommige geloofsinhouden hebben veel weg van lafheid en luiheid. De huidige wereld met haar vervuiling en klimaatproblemen eist naar mijn diepste gevoel dat wij in verzet komen tegen de mentaliteit die alles vanuit de mens bekijkt en onverschillig is ten opzichte van de werkelijkheid buiten de mens.

Misschien overdrijf ik, maar de gedachte dringt zich aan mij op dat het begrip *heilig* binnen de Westerse cultuur in uitdrukkingen als "de heilige onschuld" een alledaagse, nietszeggende betekenis heeft gekregen of nauwelijks nog een rol speelt in het hedendaagse taalgebruik. *Heilig* is een zeer belangrijk begrip om het respect voor diegene uit te drukken die ver boven jou verheven is, van wie jij als mens in totale afhankelijkheid het schepsel bent. Zonder het Heilige verliezen de dingen hun eigenlijke wezen en kan de mens in de omgang met de dingen het respect en de eerbied thuis laten. Evenzeer geldt dat voor de omgang met de medemens, met je allernaasten. Het is kort door de bocht,[9] maar ik zie een nauwe relatie tussen het verlies aan heiligheid van mens en ding en de dominantie van misdaadfilms op de TV en van het vertonen van seksuele handelingen in films die niet op tedere intimiteit maar op ontluistering en dood zijn gericht.

Is het vieren van Kerstmis in deze verwereldlijkte of beter nog: onwetende cultuur niet hypocriet of inhoudsloos? Het is tijd om de *Theologie van de Hoop*[10] van mijn vroegere hoogleraar Jürgen Moltmann weer ter hand te nemen.

Heb jij gelegenheid en zin om hierop een reactie te schrijven? We raken niet uitgepraat. Gelukkig maar!

Hartelijke groeten,

Hans

12 Januarie 2019

Beste Hans,

Ek is dit roerend eens met jou – 'n mens vra jou af, is "het vieren van Kerstmis in deze verwereldlijkte of beter nog: onwetende cultuur niet hypocriet of inhoudsloos?" Daar is min dinge wat so die vervlakking van ons kultuur illustreer as die wyse waarop Kersfees gevier word. In die dorp waar ek met vakansie was, het 'n winkelier die idee gekry om vrolike Kersliedere op 'n elektriese orrel te laat speel in sy winkel. Dit het deurmekaar gedreun van Kersmelodieë, *Jingle bells* en *Die Heiland is gebore*, en saam met die Kersmusiek die geklingel van geldlaaie. Dit laat my dink aan die grappie wat vertel word van die ongelowige winkelier wat aan die einde van die Kerstyd

---

9   'n Haastige gevolgtrekking.
10   Jürgen Moltmann se *Theologie der Hoffnung* is vir die eerste keer in 1964 uitgegee.

sy winste nagegaan het, en toe begin neurie het: "Wat 'n vriend het ons in Jesus ..." Kersvader het die plek van Jesus ingeneem, en niks van Jesus se boodskap van eenvoud en selfopoffering het oorgebly in hierdie materialistiese viering van die geboorte van die Verlosser nie.

Jy is heeltemal reg dat die begrip "heilig" vandag niksseggend geword het, en dit het die lewe leeg gemaak. Min van ons kom in die gejaag van die lewe tot stilstand en verwonder ons oor die misterie van die skepping – van die kleinste, mikroskopiese dinge tot die magtige, oorweldigende kosmos. Selfs diegene wat besef dat die wêreld 'n wonderbaarlike plek is, sien dikwels nie dat die wêreld 'n skepping van 'n Skepper is wat ons aanbidding waardig is nie.

Heiligheid is 'n begrip wat elke faset van die lewe behoort te raak. Dit begin met 'n besef van die heiligheid van die Skepper – om respek te toon vir die Een wat ver bo jou verhewe is, en van wie jy volledig afhanklik is vir die lewe wat jou gegun word. Die begrip heiligheid raak ook die houding teenoor die medemens, dit vra dat ons die beeld van God in die naaste sien. Want in elke skepsel is daar spore van 'n Skepper, selfs al is die beeld van God in baie van hulle verduister. Verder is die ganse natuur heilig, 'n skepping van die Allerheiligste – maar ons sien dit dikwels as iets wat gebruik en misbruik kan word, en kom nie ons verantwoordelikheid na om dit te versorg en te bewaar nie. Die sekulêre mens van vandag het die skepping losgemaak van die Skepper, en sodoende die sakrale inhoud verloor wat 'n diepe sin aan die lewe gee.

Ons het nogal somber gedagtes so aan die begin van die jaar, 'n tyd wat veronderstel is om vol hoop en verwagting te wees. Saam met baie ander mense eggo ons die woorde waarmee Uys Krige se *Tram-ode* eindig:

> *Wat kan ek van die daeraad verwag?*
> *Slegs Sondagmôre in plaas van Saterdag.*

Is daar nog hoop?

Hartlike groete uit die Kaap de Goede Hoop,
Chris

Vrede, Versoening en Hoop

8 November 2017

Beste Hans,

Ek is so bly dat dit beter met Lieska gaan.[11] Ai, as iets 'n mens se kind tref, tref dit darem die ouer ook baie hard. Mag dit met haar steeds beter gaan. Ek sit hier in ons wonderlike[12] strandhuis met 'n pragtige uitsig oor die see, en tog is ek vol van somber gedagtes. In Suid-Afrika heers daar op die oomblik 'n gees van diepe neerslagtigheid. Dit word gevoed deur 'n groot teleurstelling in ons

---

11   Lieska Twickler-Ester onderging in oktober 2017 een ingrijpende operatie die
     volledig slaagde.
12   Heerlijk.

president, meneer Zuma, wat saam met sy netwerk van korrupte amptenare biljoene rande op hulself bestee het, en dit terwyl 'n groot deel van die land se mense vergaan van armoede en ellende. Die neerslagtigheid word verder gevoed deur 'n toenemende golf van moord, geweld en roof – waarskynlik is daar 'n verband tussen die armoede en die geweld. Nelson Mandela se reënboognasie val uitmekaar; rassisme neem toe, en die verdeeldheid langs rasselyne word sterker. In Europa, Brittanje en die VSA is daar weer die bedreiging van terreur; onskuldige mense word geteiken in 'n veldtog van haat. Is daar iets wat gewone mense kan doen om die toestand te verbeter? 'n Mens voel so verskriklik magteloos.

In Suid-Afrika is daar tekens dat die burgerlike samelewing in beweging kom om die situasie te beredder. Vertroue in die regering is op 'n laagtepunt, en baie mense voel dis gewone burgers se plig om vir verandering te werk. So was daar byvoorbeeld 'n tyd gelede 'n massale protesaksie waarin duisende mense geëis het dat die president moet bedank. Dit het Zuma nie tot bedanking gebring nie, maar in regeringskringe het die besef deurgedring dat hulle politieke party erg steun verloor as gevolg van korrupsie; dit het dan ook in die jongste munisipale verkiesings duidelik geblyk.

Protesaksies kan egter ook 'n verdelende uitwerking hê. Die afgelope week was daar groot optogte gemik teen die vermoording van plaasboere (en hulle werkers), maar vir baie swartmense was dit 'n negatiewe gebeurtenis. Dit het by hulle die indruk gewek dat protesgangers meer ontsteld is oor die moord op blankes as oor die moorde en verkragtings wat daagliks in die swart woonbuurte plaasvind. Dit sou soveel meer beteken het, glo hulle tereg, as daar landwyd protesoptogte teen alle geweld plaasgevind het – of die geweld nou op die plase of in die townships plaasvind, en of dit teen wit, swart of gekleurd gebeur.

Net voor die verkiesing van 1994 was daar landwye gebedsbyeenkomste. Mense van verskillende rasse en verskillende geloofsoortuigings het saamgekom om te bid vir versoening en vrede, en die verkiesings het inderdaad op 'n wonderbaarlik vreedsame wyse verloop. Vir baie mense was dit 'n wonderwerk – ook vir my. Dit bring my by twee punte wat myns insiens van groot belang is. Die eerste is dat ons weer op ons knieë moet gaan; ons moet weer ons afhanklikheid van God erken en die krag van gebed besef. Maar tweedens moet ons daarteen waak dat Christelike gebed 'n verdelende faktor in die samelewing word wat Christene teenoor nie-Christene opstel. Ek glo dat gebedsbyeenkomste oor die grense van dogma kan gaan. Is dit te idealisties om te dink dat mense van verskillende geloofsoortuigings saam kan bid vir vrede? En verder, moet Christene nie saamwerk met alle vredeliewendes nie – in byeenkomste, in protesaksies, in alle aktiwiteite wat vrede bevorder? "Salig is die vredemakers," het Jesus gesê, en die vredemakers is myns insiens nie tot Christene beperk nie.

'n Tyd gelede gesels ek met 'n (nie-gelowige) vriend oor die vele konflikte en oorloë deur die eeue heen. "All due to religion", was sy kommentaar. Ek het hom toe daarop gewys dat Fransiskus van Assisi, toe Christene tydens die kruistogte skandelike dade gepleeg het, na die Sultan in Egipte gegaan en verskoning gevra het vir die wandade van sy geloofsgenote. Godsdiens het twee gesigte, het ek vir my vriend gesê – die gewelddadige deelnemers aan die kruistogte, en mense soos Fransiskus van Assisi. Onder Christene is daar aggressiewe fundamentaliste sowel as heiliges met 'n inklusiewe liefde; ook onder die Moslems is daar aangangers van Isis sowel as vredemakers. Die vredeliewendes van verskillende gelowe behoort mekaar te vind en te ondersteun.

"Julle is die sout van die aarde", het Jesus gesê. Sout was in die antieke tyd die middel by uitstek teen voedselbederf. Ons moet nie die belangrikheid van die figuurlike sout onderskat nie. Daar is die bekende helde van die geskiedenis, mense soos Bonhoeffer, en in ons tyd, Desmond Tutu, wat sout van die aarde was en is; maar daar is ook vele onbekende soutkorrels wat die samelewing van verderf bewaar. Dit is die beste wat ek en jy kan wens: om soutkorrels in ons omgewing te wees!

Hartlike groete, van soutpot tot soutpot.

Chris

Twyfelaars wat glo

16 november 2017

Beste Chris,

In je brief van 8 november 2017 noem je terecht de verschijnselen in deze wereld die ons benauwen. We zijn als bezitters van technische hulpmiddelen over ontwikkelingen in onze wereld op zeer gedetailleerde wijze geïnformeerd. En toch kan ik het onbehagen niet onderdrukken dat uit het vermoeden voortkomt dat ik essentiële informatie mis. Vreemd is in de huidige berichtgeving over dreigementen, bombardementen en terreuraanslagen dat na de intensieve aandacht voor een bepaald gebeuren op de televisie geen volgende informatie volgt. De continuïteit in de verslaggeving ontbreekt. Hoe die continuïteit er uit zou moeten zien,[13] weet ik niet. Je kunt als lezer van een krant niet verwachten dat alle gebeuren van de hele wereld op de voet wordt gevolgd. Dat neemt echter niet het onzekere gevoel weg dat ik meende dat ik een bepaalde samenhang begreep en tot de gevolgtrekking kwam dat ik onderweg uit de trein ben gevallen, terwijl die trein doordendert.[14]

Onzekerheid alom dus. Dan doemt de vraag naar een tegenactie op. Wat kunnen wij vanuit onze onrust en boosheid stellen tegenover het geweld dat we via de nieuwsmedia in overweldigende proporties zien? Tot voor kort konden we ons in Nederland nog in slaap wiegen met de gedachte dat het ver van ons bed was en dat de ruïnes van steden in Irak en Syrië het gevolg zijn van een gewelddadige cultuur van het Midden-Oosten. Maar door de burgeroorlogen in het voormalige Joegoslavië waren er al barsten in ons wereldbeeld, of beter: Europabeeld, ontstaan. Nu zitten we met het feit dat op moord gerichte aanslagen vlakbij ons plaatsvinden en vermoedelijk ook in hartje Amsterdam of op het Utrechtse Centraal Station zouden hebben plaatsgevonden, wanneer de Binnenlandse Veiligheidsdienst de organisatoren van de aanslag niet tijdig van hun bed zou hebben gelicht. Het gevaar is nabij en toch heerst er in Nederland parallel aan de onzekerheid een soort overtuiging dat rondom dit vredige landje een onzichtbare,

---

13 Sou moet lyk.
14 Voortdreun.

beschermende muur staat. Misschien speelt hierbij zelfs een gevoel van uitverkiezing door een hogere macht een rol.

Hoe het ook met de overlevingsmechanismen van de Nederlander is gesteld, wij moeten de rampen van nu onder ogen zien. De media hebben ons de appel van de kennis laten eten en die kennis legt ons een zware morele verplichting op. Het positieve van een over alle scheidingen van natie, volk of taal heengaande verbondenheid is ook voor mij een vreugdevol teken. Wij hebben inderdaad gedacht dat we over volledige autonomie beschikten en we vergaten dat we afhankelijk zijn van de Schepper wiens creaturen we zijn. Ik moet aan de denker uit de Romantiek, Friedrich Schleiermacher, denken die sprak van[15] "schlechthinnige Abhängigkeit", pure afhankelijkheid, van de mens van zijn/haar Schepper. Het gebed is wat nodig is.[16] Het gebed is ootmoed en bezinning. Ik heb het gebed meer en meer ervaren als een weg naar openheid voor datgene wat groter, wijzer en heiliger is dan ik als mens ooit zou kunnen zijn, en daarmee als een weg naar zuiverheid in mijn denken en doen. Dat mensen van heinde en verre in het gebed met elkaar verbonden zijn, is een grote troost te midden van alle rampspoed en geruchten van rampspoed.

De verbondenheid van mensen onderling leidt in mijn ogen naar een diep besef dat deze planeet aarde op een gruwelijke manier wordt geplunderd. Het motto van velen lijkt inderdaad "Na ons de zondvloed". Zonder enige schroom vliegt de onnadenkende medemens naar verre bestemmingen en legt zich qua mobiliteit en consumptiegedrag geen beperking op. Onder deze omstandigheden is het onze plicht om de kwetsbare natuur, het immens fijne samenspel van dieren en planten, tegen de brute mens te beschermen. Dat de natuur stuk wordt gemaakt, raakt mij het meest van alle vormen van geweld die ik onder ogen krijg. Het tempo van afbraak van de natuur is zo hoog dat de mensheid zo spoedig mogelijk tot drastische geboortebeperking moet overgaan. Afrika gaat een ramp tegemoet, wanneer de bevolking zich op deze onverantwoorde wijze blijft vermeerderen.

---

15 Wat gepraat/gespreek het van.
16 Friedrich Schleiermacher het van 1768-1834 geleef.

Het zou mooi zijn, wanneer aartsbisschop Tutu hierover een verstandig woordje zou zeggen. Ook deze verantwoordelijkheid vloeit voort uit onze opdracht, rentmeesters te zijn van de aarde. Mij gaat het woord "eerbied" door het hoofd. "Eerbied" is voor mij het sleutelwoord tot een betere wereld: eerbied voor de planten en dieren als medeschepselen en eerbied voor onze naaste die voor ons geen lustobject of slaaf moet zijn.

Ik rond hier voortijdig af en groet je hartelijk vanuit een Nederland dat onderweg is naar de winter,

Hans

22 November 2017

Beste Hans,

Baie[17] dankie vir jou brief. In Nederland én in Suid-Afrika het die 21ste eeu ons uit die gerustheid en selftevredenheid van die einde van die vorige eeu geruk. Ook in Suid-Afrika ervaar ons dit waaroor jy skryf: "Nu zitten we met het feit dat op moord gerichte aanslagen vlakbij ons plaats vinden". Daar is 'n bedreiging in albei lande, nie net van menselewens nie, maar ook van Moeder Natuur, van wie ons vir ons lewens afhanklik is. In Suid-Afrika stel ons ook, soos jy, die vraag: "Wat kunnen wij vanuit onze onrust en boosheid stellen tegenover het geweld dat we via de nieuwsmedia in overweldigende proporties zien?"

Jy noem tereg die verbondenheid van alle mense, oor die grense van taal en nasionalisme heen. Ek hou so baie van Robert Frost (1874-1963) se gedig *The silken tent*, wat oor dieselfde tema handel, en 'n liefdevolle vrou vergelyk met 'n tent, gebind met koorde van liefde aan "everything on earth". Dit eindig so:

> ["She] ...
> seems to owe naught to the single cord,
> but strictly held by none, is loosely bound
> by countless silken ties of love and thought
> to everything on earth the compass round,
> and only by one's going slightly taut
> in the capriciousness of summer air

---

17 Veel.

is of the slightest bondage made aware.

Jy noem die belang van gebed. Dit is vir my goed dat jy gebed nie soseer sien as 'n manier om van God te kry wat jy wil hê nie, maar as 'n manier om self verander te word, sodat ons deel van die oplossing kan word in plaas van deel van die probleem. Ek wil terugkeer tot die beeld van Jesus, dat ons sout van die aarde moet wees. Die sout mag nie sy smaak verloor nie, het Jesus gesê, anders het dit geen nut meer nie. Dis egter ook belangrik om te onthou dat die sout nie maar net in die soutpot moet bly nie, maar deel moet word van die voedsel, anders het dit geen waarde nie. Ons moet nie *van* die wêreld wees nie, maar ons moet wel *in* die wêreld wees, het Jesus gemaan – die wêreld moet ons invloed ten goede ervaar.

Dis egter nie altyd so maklik om te weet wat goedheid behels nie – in die lewe van 'n enkeling of van 'n nasie. Soms is daar tye waar 'n leier sy onderdane lei tot grootsheid, tot 'n suiwer goedheid wat byna ondenkbaar was. Dit het in Suid-Afrika gebeur onder leiding van Nelson Mandela, met die etiese inspirasie van mense soos Desmond Tutu. Ek dink ook aan wat Churchill gesê het, toe mense hom die "British lion" genoem het. Sy antwoord was: "I am not the British lion, the British nation is the lion. I only gave the roar". Hy was slegs die woordvoerder in die heroïese weerstand van 'n nasie teen die aanslae van die Nazi-magte.

Soms is daar egter situasies waar dit nie so maklik is om te weet wat goed en reg is nie. Ek dink dikwels aan Van Wyk Louw se *Germanicus*,[18] waar Germanicus die onderskeid tref tussen "die glansende groot tye" in die geskiedenis wanneer 'n leier sy volk tot grootsheid lei, en tye waarin die mense "waansinnig binne is van breuke" en dit vrugteloos is om te probeer ingryp. Wat staan 'n mens dan te doen? Dan is die keuse waarskynlik nie tussen reg en verkeerd nie, maar tussen verkeerd en nog meer verkeerd. Dit is die situasie waarin Bonhoeffer hom bevind het, toe hy besluit het om deel te word van 'n moordkomplot op Hitler. Het hy hiermee 'n goddelike gebod oortree of het hy 'n heldhaftige daad van weerstand teen die kwaad probeer

---

18 Dit is een in 1956 gepubliceerd drama, waarin Louw de klassieke elementen van de Griekse tragedie met christelijke ideeën verbindt.

verrig? Aan die einde van Van Wyk Louw se drama kom Germanicus tot die gevolgtrekking dat dit soms nodig is om "die verkeerde" te doen uit die regte[19] oorwegings:

> 'n Mens die moet ook modderig wees
> as jy wil mens-wees – óf as jy wil heers ...

Is goedheid dalk meer kompleks as wat ons dink? Is dit soms geregverdig om 'n morele wet te oortree op grond van 'n ander, hoër morele wet? Ek weet nie ...

Hartlike groete uit Suid-Afrika, op 'n dag dat ons buurland, Zimbabwe, moontlik 'n nuwe, hoopvoller era betree met die bedanking[20] van Robert Mugabe.

Chris

30 november 2017

Beste Chris,

Jouw citaat van het gedicht van Robert Frost laat opnieuw zien dat jij als Zuid-Afrikaan uitstekend geïnformeerd bent over de Engelstalige letterkunde. Deze kennis is in Zuid-Afrika veel wijder verbreid dan in Nederland. Het heeft blijkbaar ook voordelen om in een meertalig land op te groeien. Van de kennis van het Engels bij Nederlanders heb ik geen hoge pet op.[21] Ik vrees dat men hier te lande gauw tevreden is met de beschikbare talenkennis en na een mondje Engels zelfvoldaan de wereld in kijkt. Laat ik eerlijk bekennen dat ik onlangs bij het lezen van *Little Lord Fauntleroy*, het door Frances Hodgson Burnett honderdwintig jaar geleden geschreven jeugdboek, af en toe een woordenboek nodig had. Jullie pikken het Engels automatisch op, wanneer jullie door Kaapstad of Johannesburg lopen! Om even terug te keren naar het gedicht van Robert Frost: het beeld van de tent en de tentharingen is in mijn

---

19 Juiste.
20 Aftreden. Robert Mugabe heeft gedurende bijna vier decades (1987-2017) aan het hoofd van Zimbabwe gestaan, eerst als premier, daarna als president.Met verloop van tyd werd het verzet tegen zijn bewind steeds sterker, omdat Mugabe zich meer en meer als een dictator gedroeg en de economie van Zimbabwe drastisch verslechterde. In 2017 werd hij na een staatsgreep gedwongen om af te treden.
21 Is ek nie baie beïndruk nie.

ogen zeer gewaagd en interessant. Zou het genade hebben gevonden in de ogen van de bewonderenswaardige feministe Mary Wollstonecraft?

De doorslaggevende vraag in jouw brief heeft betrekking op het verlangen naar een betrouwbaar oriëntatiepunt, een ethisch anker, nu het leven met drastische onzekerheden wordt geconfronteerd. Ik zie met respect dat jij bepaalde mensen als leiders van een land of van de mensheid uit het geheel van een groep ziet oplichten met inzichten en daden die inspirerend zijn en tot navolging uitnodigen. Ik deel je mening dat wij open moeten staan voor wat voorbeeldige geesten als Dietrich Bonhoeffer en Nelson Mandela als boodschap hebben gebracht. Terecht stel je dat de onderscheiding van goed en kwaad niet zo gemakkelijk is.

Ik zou die laatste gedachte zelf naar de voorbeeldige mensen als Bonhoeffer, Tutu en Mandela willen uitbreiden. Niet, om deze grote geesten te negeren, maar om het element van de dialoog, van vraag en antwoord in het contact met hen en hun geschriften en handelingen in te brengen. Ik kan de navolging van grote leidslieden alleen maar zien met inbegrip van mijn complexe gevoelens naar hen toe. Ze zijn voor mij namelijk niet eenduidig. Bonhoeffer zag de wereld vanuit een elitaire sociale omgeving. Zijn visie op Christus leidt tot vraagstelling en discussie. Aan Mandela zou ik de vraag willen voorleggen, waarom hij bij de transformatie van Zuid-Afrika de bezitters van het kapitaal zodanig heeft ontzien dat er nu een wanhopige onderklasse van proletariërs is ontstaan. En met aartsbisschop Tutu wil ik graag in gesprek gaan over zijn negatieve oordeel over de staat Israël. Zelfs met Christus wil ik in gesprek. Hoe dierbaar Christus voor mij ook is, ik wil Hem aan de tand voelen, bijvoorbeeld over het verhaal over die irritante Verloren Zoon.

Ik neig er zelfs toe om mijn hoogschatting van de door jou genoemden – ik denk ook aan Dag Hammerskjøld - uit te drukken in mijn behoefte om hen met twijfels en vragen te bestoken. Twijfels zijn essentieel bij de benadering van waarheid. Er is maar één gebied waar geen twijfels thuis horen. Dat is het territorium van de liefde voor die ene mens die wij onvoorwaardekijk lief hebben. In alle andere gevallen zijn vragen heilzaam. Is de grote mens met ideeën, gedachten over mens en God en met een visie op goed en kwaad niet hol van binnen, maar solide en vervuld van iets wezenlijk goeds, dan kan ik mij toeëigenen waarvan ik weet dat het bij mij hoort.

Dat menselijk goede – dat is voor mij een Wet van Meden en Perzen – moet aandacht hebben voor de kwetsbaarheid van de schepselen naast de mens. Anders verlies ik meteen mijn vertrouwen in die uitzonderlijke mens die drager is van het goede. Wat is mijn gevoel bij het zien van de dieren en planten die God geschapen heeft? Mijn dagelijkse ervaring is dat ik naar de planten en bomen om mij heen kijk met de bijgedachte dat hun bestaan niet vanzelfsprekend is. Misschien is die zorg[22] wel het grootst in de relatie tot de planten, omdat zij weerloos zijn tegenover het mechanische geweld van de mens. Dieren zijn ook kwetsbaar, maar hun zintuigen zijn zo verfijnd gebouwd dat ze zich tot op zekere hoogte tegen de mens kunnen verdedigen. Dieren kunnen ons in het beste geval een stapje voor blijven. Vooral voor de vogels geldt echter dat er wereldwijd jacht op hen gemaakt wordt. De vele miljoenen vogels die in de landen rond de Middellandse Zee elk jaar worden geschoten of gevangen, krijgen nauwelijks aandacht, terwijl de kranten elke dag vol staan met nieuws over de ellende van vluchtelingen.

Deze onevenwichtigheid is het gevolg van het geloof in de mens als Kroon van de Schepping. Ik denk hierbij aan de volkomen tegengestelde uitspraak van de duivel tegenover God in Goethe's *Faust*, dat de mens zijn verstand gebruikt "om beestachtiger dan ieder dier te zijn". Of deze woorden complimenteus zijn naar de dieren toe, valt te betwijfelen, maar het is een terechte oproep aan de mens om een toontje lager te zingen.[23] Bescheidenheid lijkt mij voor de mens nu noodzakelijk om de ecologische bedreiging van onze tijd niet nog groter te maken.

Voor een gezonde band van de mens met de haar/hem omringende natuur is niet iedere staatsvorm geschikt. Wanneer wij de waarde van een gemeenschap afmeten aan de gemeenschappelijk beleden waarden,[24] zoals respect voor de individuele mens, dankbaarheid jegens de Schepper, betrouwbaarheid in de omgang met anderen, deugdzaamheid,

---

22 Bekommernis.
23 'n Bietjie meer beskeie te wees, letterlik "'n toon laer te sing".
24 Waardes wat gemeenskaplik bely word.

arbeidzaamheid en een liefdevolle omgang met gezinsgenoten, is daar de regeringsvorm aan toe te voegen die het dienen door de overheid in het middelpunt plaatst en de burger vrijwaart van geweld, fysieke en geestelijke onderdrukking. De onderlinge vrede en de harmonische omgang met dieren en planten zie ik het beste verwezenlijkt in een samenleving zonder heersende klasse, zonder (mannelijke) machtspretenties jegens de vrouw, een samenleving van algemene deelname aan de besluitvorming en van een eerlijke verdeling van de vruchten van de arbeid. Ik hoef je niet te zeggen dat de belastingontduikingen via exotische eilanden, de wijdverbreide vormen van speculeren en gokken[25] (denk aan de *Bitcoin*) en het algemene misbruik van de vrouw als seksueel voorwerp het tegendeel vormen van het geformuleerde ideaal. Zuid-Afrika zou dit ideaal kunnen belichamen, maar het is ten prooi gevallen aan de hebzucht.

Gaat hetzelfde met Zimbabwe gebeuren? De nieuwe president is in het verleden misdadig bezig geweest met de moordpartij op de aanhangers van Joshua Nkomo. Heeft hij zich bekeerd? Er heerst alom vrolijkheid in Harare, maar zullen deze feestvierders in staat zijn om een stabiele, door waarden gedragen samenleving gestalte te geven?

Vanuit een zeer koud Nijmegen (de woorden uit Job over de "schatkamers van de sneeuw" gaan door mijn hoofd) groet ik je hartelijk,

Hans

9 Desember 2017

Beste Hans,

Dit is seker die laaste brief van die jaar, dus wil ek jou en Reina die allermooiste toewens vir die Kersgety. Mag dit 'n tyd van vrede wees vir jou en Reina, 'n tyd van hernude vreugde oor die geboorte van die Een wat die wêreld 'n nuwe gedaante gegee het. Mag 2018 ook gevul wees met goeie dinge vir jou en jou geliefdes, mag dit 'n jaar van volkome herstel vir Lieska wees.

---

25 Dobbel.

Ek en Biebie vertrek volgende week na ons strandhuis, maar voor die vertrek moet ek eers 'n resensie voltooi van Elsa Joubert se jongste boek, *Spertyd*. Dis 'n boek oor die ouderdom, gepubliseer net na die outeur se 95ste verjaardag – 'n merkwaardige werk. Wat my opgeval het, is die verskille tussen hierdie boek en Karel Schoeman se *Slot van die dag*. Laasgenoemde handel ook oor die ouderdom – die ouderdom van 'n man wat totaal vereensaam het, wie se enigste geselskap uiteindelik op die internet gevind word. Dit gee die leser 'n insig in die redes waarom hierdie man uiteindelik besluit het om sy lewe te neem. Elsa Joubert skryf ewe eerlik oor die verskrikkinge van die ouderdom, maar by haar word die ellendes gebalanseer deur troosryke dinge wat nie in die ouderdom verdwyn nie. Haar humorsin het sy behou; sy was in staat om opnuut vriendskappe te sluit in die aftreeoord; haar kinders, kleinkinders en agterkleinkinders is steeds vir haar 'n ryke bron van blydskap en ondersteuning, en ook haar geloof het behoue gebly. In die voorlaaste hoofstuk, getitel "Stilte", kom aangrypende dele voor:

> Miskien is daar nie woorde om U mee te beskryf nie. Is U verby woorde. Maar ek weet van U en somtyds, net somtyds, ken ek U. Nie van sien nie, maar van voel, en is voel nie net so 'n sintuig as sien nie? Net 'n flentertjie van u stilte en dit is Al. En vir altyd (p. 195).

En op die volgende bladsy:

> Miskien is dit wat ek as kind op die berg gaan soek het, of op Hermanus in die rotse, nie avontuur nie. Onbewus het ek geweet van die Stilte, toe ek ver gaan loop het, op die rotse, ver van mense, my ma wat so onrustig was, ek het geweet iets wag daar, iets sal kom. Later het oom Vaatjie my geleer: "Jy hoef nie berge of kranse te gaan klim nie. Jy kan net jou oë sluit en in die Binnestilte gaan. Dan ervaar jy die Onbekende, die lieflike eenwees met alles binne-in jou en rondom jou. Dan leef jy in hierdie ligte ekstase, die liefde vir alles oorrompel jou".

Nou terug na enkele van die sake wat jy in jou laaste epos[26] genoem het. Jy wys op die swakhede van mense wat as voorbeelde dien – Tutu, Mandela

---

26 Email.

22

en Bonhoeffer. Ek het ook gedink aan Luther, die man wat die genade en vryspraak van God opnuut[27] ontdek het, wat tog sulke verskriklike dinge oor die Jode gesê het, asook die opstand van die boere so wreed help onderdruk het. Ons moet weet dat ons helde meestal voete van klei het, dat ons nie van hulle moet verwag om perfek te wees nie – dan sou hul menslikheid immers verdwyn. Alleen by Jesus kon ek nie kleivoete ontdek nie, maar vir Hom is ons nie in staat om volledig te volg nie. Daarom het ons ook rolmodelle nodig wat ons kan eer ondanks hul swakhede, wat ons inspireer juis omdat hulle nie volmaak was nie. Abraham is vir my so 'n voorbeeld – een wat leuens vertel het aan die Farao om homself te beskerm en daarmee sy vrou in die gevaar gebring het, en wat tog 'n geloofsheld was. Jakob was 'n skelm, maar hy het met God geworstel en 'n nuwe mens geword met 'n nuwe naam, 'n aartsvader van die volk Israel.

Jou besorgdheid oor plante en diere is vir my voortreflik. Ek is getref deur die uitspraak van die duiwel in *Faust*, dat die mens sy verstand gebruik om "beestachtiger dan ieder dier te zijn". Dit het my laat dink aan Langenhoven wat gesê het, hoe meer hy van mense agterkom, hoe liewer raak hy vir sy hond.[28] Jesus het in sy samevatting van die Wet gepraat oor liefde vir die naaste en vir God, maar nie die liefde vir die plante en diere as riglyn gestel nie. Tog is sy liefde vir die natuur duidelik in die Bergpredikasie, waarin die voëls van die hemel as voorbeeld vir die mens genoem word, en die skoonheid van die lelies in die veld die heerlikheid van Salomo oortref. As Jesus vandag geleef het, glo ek, sou hy gepreek het teen die huidige verwaarlosing en vernietiging van die plante- en dierelewe, want dit is deel van die skepping van sy hemelse Vader. Dit is vir my die wonder van Jesus se liefdeswet, dat dit in elke tyd en eeu 'n nuwe betekenis kan kry. Die liefdeswet raak nooit uitgeput nie, dit verander in elke situasie, maar bly steeds getrou aan sigself – aan versorging waar dit nodig is, en welwillendheid teenoor alles en almal in die skepping van God.

Mag ons in die jaar wat voorlê, steeds veel liefde ontvang en gee – die liefde wat die sout van die aarde is en die wêreld van verrotting bewaar.

Met hartlike groete aan jou en Reina, van my en Biebie.

---

27 Opnieuw.
28 Des te meer houdt hij van zijn hond.

12 april 2018

Beste Chris,

De eerste drie maanden van het jaar 2018 zijn omgevlogen.[29] Wat is hiervan overgebleven in het geheugen en in de dagelijkse belevingen? Het terugtreden van president Jacob Zuma was een grote gebeurtenis. Het vreemde is dat we er zo lang op hebben zitten wachten dat het zijn spectaculaire karakter goeddeels had verloren. Het was eerder een soort anti-climax. Mocht Zuma ooit veroordeeld worden voor corruptie en andere misdadige handelingen, zal dat niet erg opzienbarend zijn. Het is geen politiek einde als dat van wijlen kolonel Ghaddafi is geweest. Bij een toekomstig proces vrees ik dat ik tegen alle rationele overwegingen in toch ook een beetje medelijden zal krijgen met die baas met dat verfomfaaide hoofd. Kun je deze gevoelens en gedachten volgen of ervaar jij de politieke veranderingen als geheel anders?

Van de boeken die ik las, maakte *Spertyd* van Elsa Joubert indruk op me, in weerwil van de titel die de Nederlandse lezer aan de Duitse bezetting herinnert. Dit autobiografische boek komt op mij als een eerlijke, kritische zelfbeschouwing over. Sterk vind ik Elsa Jouberts inzicht dat zij gauw een afkeer heeft van andere mensen en vaak de eenzaamheid verkiest boven het gezelschap van anderen. Het moet voor Klaas Steytler[30] niet gemakkelijk zijn geweest om zich naast deze markante persoonlijkheid te handhaven. Dat was ook mijn indruk uit deel twee van Elsa Jouberts autobiografie.

Omdat ik het woord "lojale verset" van Van Wyk Louw altijd als een ethisch zuivere en voor de Zuid-Afrikanen noodzakelijke houding in cultuur en politiek heb beschouwd, trof mij pijnlijk de uitspraak van Elsa Joubert in *Spertyd* dat zij deze vorm van verzet te mager vindt en aan gewelddadig verzet de voorkeur zou hebben gegeven. Zelfs al zou dit in de lijn liggen van Poppie Nongena uit de roman *Die swerfjare van Poppie Nongena*, dan ben ik desondanks van mening dat geweld geen optie is, zolang er nog andere mogelijkheden bestaan. Eigen initiatieven op onderwijsgebied ontplooien en jonge mensen van welke kleur ook staatsrechtelijke inzichten en waarden

---

29 Verby gevlieg.
30 Elsa Joubert se eggenoot.

bijbrengen, daar zie ik meer in. Burgerlijke vrijheid in de praktijk brengen door bepaalde vormen van gezag niet te erkennen, daar zie ik veel in.

Terloops, toen ik vele jaren geleden bij het bezoek aan een tentoonstelling van zwarte kunstenaars bij de Randse Afrikaanse Universiteit (thans University of Johannesburg [RAU]) ervoor pleitte om tegen de officiële reglementen in aan zwarte studenten de mogelijkheid te bieden, in grote getallen bij RAU een master-opleiding te volgen, reageerde de aanwezige hoogleraar Afrikaans en Nederlands alsof hij door een wesp werd gestoken. De eveneens aanwezige dichteres Elisabeth Eybers vond mijn opmerkingen ongepast en ging niet naast mij staan, hetgeen ik wel van haar als mijn dierbare vriendin had verwacht. De tijden zijn grondig veranderd en de verdedigers van de apartheid lijken wel van de aardbol verdwenen te zijn.

Het probleem dat veel Nederlanders thans bezighoudt, is het gegeven dat volwassen mensen achter politieke leiders aanhollen die er geen gezonde en solide overtuigingen op na houden. Het politieke midden van christen-democraten, liberalen en sociaal-democraten is uitgehold, terwijl partijtjes in de flanken floreren die razendsnel opkomen en even vlug weer vergaan. We ontkomen niet aan de vraag, wie nu werkelijk in de politieke besluitvorming en bovenal in het staatsrecht en de staatsleer geïnteresseerd zijn. De meest elementaire kennis over de bevoegdheden van de politieke lichamen en over de totstandkoming van wetten ontbreekt. Wanneer dat op nationaal vlak al zo problematisch is, hoe moet het dan op Europees vlak wel niet liggen? Daar wordt het gevaarlijk, omdat de onbekendheid met de verantwoordelijkheden, bevoegdheden en verworvenheden van de Europese Unie zo groot is dat "Brussel" als de bron van alle kwaad in de wereld wordt beschouwd. Luiheid is troef.[31] Men kijkt liever naar praatprogramma's op de tv. Hoe zal Zuid-Afrika de luiheid om te denken en inzicht te verkrijgen te lijf gaan? Gaat de nieuwe president de natie daarin voor?

Had ik je geschreven dat ik het boek *Toen ik nog jong was* van Justus van Maurik heb gelezen? Een kostelijk boek uit 1900 over Amsterdam tijdens de tweede helft van de negentiende eeuw. Van Maurik schrijft over dagelijkse dingen als

---

31   Luiheid is oorheersend.

het aanlengen[32] met water van de per boot aangevoerde melk, de ratten[33] in het IJ, over de Amsterdamse kermis, over armoede, drankmisbruik, onhygiënische logementen[34] en over vechtpartijen. Heel fraai zijn de hoofdstukken over het Amsterdamse toneel. Met dit boek begrijp je iets van de mentaliteit van de Amsterdammers. Ook van de VOC?[35]

Voor vandaag groet ik je hartelijk,

Hans

17 April 2018

Beste Hans,

Baie dankie vir jou epos van enkele dae gelede. Dit was vir my interessant om jou reaksie op *Spertyd* te lees. Soos jy, het ook ek groot waardering vir die eerlikheid waarmee dit geskryf is, en ook vir die behoud van Elsa se geloof en naasteliefde selfs wanneer die liggaam afgetakel raak. Haar kritiek op die rigsnoer van Van Wyk Louw, naamlik "lojale verset", het my ook opgeval. Ek dink, ondanks hierdie kritiek, is die beginsel tog diep in haar ingegraveer. By die lees van haar *Reisiger* het ek opgemerk dat sy self worstel tussen die pole van "lojaliteit" en "verset". Sy is ten diepste lojaal aan die Afrikaanse taal en letterkunde, en haar verset vloei juis voort uit haar lojaliteit. So ook is sy gewortel in die godsdiens wat vir die Afrikaner van soveel belang is, en juis daaruit spruit haar kritiek op die onreg wat ons in die naam van godsdiens gedoen het. Ook sy is bepaal deur die tradisie waaruit sy voortgekom het, en lojaliteit en verset is met mekaar verstrengel in haar reaksie op die tradisie.

Jy noem dat dit nie aldag maklik vir Klaas Steytler moes gewees het om saam met haar te leef nie. Dis waarskynlik waar, maar met die lees van *Reisiger* was ek tog ook sterk onder die indruk van hoe lief sy vir hom was, en ook hoe afhanklik sy van hom was. Ek was die spreker by die bekendstelling van *Ons oorlog*, die boek van Klaas wat postuum gepubliseer is. Elsa het vertel

---

32 Verdunning.
33 Rotte.
34 Losieshuise.
35 De Verenigde Oost-Indische Compagnie, of die Verenigde Oos-Indiese Kompanjie.

hoedat sy tot op daardie dag die foto's van hom in die huis omgedraai het, met die rugkant na voor – dit was vir haar te pynlik om daarna te kyk. Op die dag van die bekendstelling het sy egter die foto's weer omgedraai, en vir die mees prominente foto van Klaas het sy vertel dat sy boek vandag bekendgestel gaan word. Dit was vir my 'n ontroerende teken van hoe geheg sy aan hom was, en hoe belangrik dit vir haar was dat Klaas se nagedagtenis vereer moet word.

Soos jy, is ek ontsteld oor die verbrokkeling van die politieke middelgrond. Ons is lui, soos jy gesê het, en hou meer van simplistiese uitsprake, in politiek sowel as godsdiens, as van nuansering. Met die algemene verkiesing wat in 2019 vir Suid-Afrika voorlê, sal die simplistiese uitsprake waarskynlik al hoe meer en al hoe erger word. Julius Malema van die EFF[36] weet baie goed hoe om met halwe/kwart waarhede vele stemme te werf.

Ek wissel tussen woede en medelye teenoor Jacob Zuma. Hoe vernederend moet die val van hierdie eens magtige man nie vir hom wees nie! Maar ongelukkig is Zuma kennelik nie van plan om stilweg te verdwyn nie. Hy is soos die spreekwoordelike "cat on a hot tin roof" – die geld om hom in sy hofsake te help, het opgedroog, en tronkstraf lê moontlik voor die deur. Daar is aanduidings dat hy sy bes gaan doen om die proses teen hom as kwaadwillig voor te stel, en homself as die onskuldige slagoffer. Vir ondersteuning sal hy waarskynlik op die tamboer slaan van Zoeloe-identiteit. En so sal hy probeer om, soos in die dae toe hy die mag gehad het, steeds te ondermyn en te verdeel.

Ek was baie beïndruk met Ramaphosa se staatsrede. Hy weet kennelik wat die land nodig het vir voorspoed en vrede, maar die probleem is dat hy vir die realisering van sy idees die ondersteuning van sy party nodig het, en voldoende stemme in die verkiesing. Daar is aanduidings dat daar nog baie Zuma-ondersteuners in die ANC[37] is, en baie van hulle is nie onskuldig aan korrupsie nie. Sal hy van hulle ontslae kan raak? Die DA[38] is besig om steun

---

36 Bij de Economic Freedom Fighters gaat het om een radicale politieke partij die onder leiding staat van Julius Malema.

37 Het African National Congress is de regerende partij van Zuid-Afrika.

38 De Demokratiese Alliansie/Democratic Alliance is de op één na belangrijkste partij in Zuid-Afrika. Zij staat onder leiding van Mmusi Maimane.

te verloor, lyk dit my, maar die EFF groei – dis van hierdie kant dat sy mag bedreig word. Hoe sal Ramaphosa dit hanteer? Dit is opmerklik dat die ANC die EFF gesteun het in die mosie wat in die parlement aanvaar is ten gunste van onteiening sonder vergoeding. Dis ook duidelik dat hy sy flikkers na die rassistiese EFF gooi om by die ANC aan te sluit – wat sal dit tot gevolg hê as so 'n vereniging plaasvind? Saam kan hierdie twee partye 'n twee-derde meerderheid in die parlement hê wat die grondwet na goeddunke kan verander – die grondwet wat vir so baie van ons 'n basis van hoop gebied het.

So wissel hierdie land tussen hoop en wanhoop, tussen blydskap en teleurstelling. Ek vra myself af, wat staan die Christen te doen in so 'n wêreld? Ek besef ons moet realisties genoeg wees om te weet dat die utopie nooit op aarde bereik sal word nie, maar meen tog dat ons idealisties genoeg moet wees om die vlammetjie van hoop lewend te help hou. Mag ons draers van hoop wees deur ons woorde en ons dade, en deur die nastreef van die morele waardes wat die toets van die eeue deurstaan het. En mag ons getroos en versterk word deur die Een wat trou was tot die dood, wat opgewek is tot 'n ewige heerlikheid, en wat bevestig dat die goeie uiteindelik wel oor die kwade triomfeer.

Met hierdie hoopvolle einde groet ek voorlopig.

Hartlike groete,
Chris

Terug in die tyd

Die begin van die briefwisseling in 2013

AKTUELE TEMAS

11 augustus 2013

Beste Chris,

Reina en ik hebben de laatste drie maanden veel zorgen gehad om Reina's vader die Alzheimer kreeg en wiens gezondheid snel verslechterde. Nu is mijn schoonvader op de gesloten afdeling van een verzorgingstehuis in Utrecht-Overvecht. Wij waren zo gefixeerd op de situatie van Reina's vader met het aanvragen van voogdijschap en dergelijke dingen meer dat het een heerlijke afwisseling was toen mijn broer Henk ons in juli uitnodigde om naar Bretagne te komen. Henk heeft zijn prachtige huis met fraaie boomgaard en siertuin aan een Engels echtpaar verkocht. Hij trekt nu bij zijn vriendin Marja in. Marja woont eveneens vlakbij Mur de Bretagne. Ik had jou en Biebie meen ik al verteld dat Henks Zuid-Afrikaanse vrouw Gail twee jaar geleden overleed. Wij zijn zeer blij dat Henk in Marja een lieve nieuwe levensgezellin heeft gevonden.

Jouw besluit om een punt te zetten achter de cursussen aan de universiteit, begrijp ik goed, Chris. Ik geef nog incidenteel een gastcollege[39] in Utrecht, Gouda (Hogeschool De Driestar) of hier, maar ik heb het gevoel dat ik dat in Nijmegen niet meer moet doen. De laatste keer kreeg ik het vervelende[40] gevoel dat ik er niet echt meer bij hoorde. Wel blijf ik verbonden aan het Hoger Onderwijs voor Ouderen in Nijmegen. Vanaf januari zal ik met collega Etty Mulder over Thomas Manns *Doktor Faustus* een collegereeks over het Faustmotief in literatuur en muziek geven. Ook zal ik een bijdrage leveren aan een ander college over *Bildung*, wat mij betreft, specifiek over de *Bildungsroman*.

Zo dikwijls denk ik terug aan die geweldige dag toen wij samen optraden in Stellenbosch.[41] Ik hoop dat ons boek ook na dat uitstekende vraaggesprek van jou met Joan Hambidge aandacht heeft gekregen. Heel leuk[42] dat ik die middag in Stellenbosch Biebie's moeder heb leren kennen. Biebie's moeder vertegenwoordigt voor mij precies die mooie Afrikaner-cultuur waarvan Hennie Aucamp het verdwijnen betreurt.

Chris, graag zou ik een begin willen maken met onze briefwisseling over enkele belanghebbende, centrale onderwerpen. In alle openheid kunnen we onze visies op problemen uitwisselen. Daarna kunnen wij besluiten om de correspondentie (naar het voorbeeld van Coetzee/Austin) uit te geven. Ik zie de volgende onderwerpen:

∞ Het christelijk geloof: Bijbel, openbaring, contextualiteit van de Bijbel, het probleem van verzoening in Christus;

---

39 Gaslesing; lesing as besoekende dosent.
40 Onaangename.
41 Die bekendstelling van Hans Ester, Chris van der Merwe en Etty Mulder se *Woordeloos tot verhaal: Trauma en narratief in Nederlands en Afrikaans* in 2012.
42 Aangenaam.

- ∞ De mogelijkheden en onmogelijkheden van een op Christi leer gebaseerde ethiek van het menselijk handelen;
- ∞ De aantrekkingskracht van de kerk als organisatie en de weerstand tegen het instituut kerk;
- ∞ De literatuur in het algemeen als simulatieruimte met verminderd risico;
- ∞ De literatuur als legaat[43] van de cultuur, wij als erfgenamen met een legaat onder last; en
- ∞ De toekomst van de Europese cultuur in een tijdperk van globalisering, oftewel Amerikanisering.

Wil je eens kijken of deze lijst jou aanspreekt? Graag stuur ik je een paar artikelen van de laatste maanden, zodat je misschien iets van aanknopingspunten voor onze briefwisseling vindt.

Spoedig meer, Chris. Ik ga in bed nog wat lezen in de roman *Gloria victis* van de thans volledig vergeten Duitstalige, Tsjechische schrijfster Ossip Schubin. Op 15 september zal ik over Ossip Schubin een kleine voordracht houden in de Duitse stad Bocholt.

Hartelijke groeten aan Biebie en jou,
Reina en Hans

13 Augustus 2013

Beste Hans,

Ek is so jammer om van Reina se vader te verneem. Die ouderdom neem soms skrikwekkende vorme aan, en dit is vir die naasbestaandes ook nie maklik nie. Maar dit is goeie nuus van julle broer, en ook van die rustydjie in Bretagne. Ek het foto's van Bretagne gesien en gedink dat dit een van die omgewings is wat ek baie graag sou wou besoek.

Die onderwerpe wat jy noem, lyk werklik vir my boeiend, en ek sien daarna uit om die artikels te ontvang wat jy in jou epos noem. Ek sien ook uit na die

---

43 Erflating.

briefwisseling rondom hierdie temas. By jou lys van temas wil ek graag die volgende byvoeg:

∞ Hoe rym die idee van 'n liefdevolle God met die verskriklike rampe wat die kinders van God tref (Job)?

∞ Hoe pas die Christelike temas van sonde, verlossing en oordeel in 'n sekulêre wêreld? En hoe pas dit in by die soeke na dialoog met ander godsdienste en met nie-godsdienstige humaniste? Is hulle veroordeeldes of verlostes, of is die Christelike raamwerk glad nie van toepassing op hulle nie?

∞ Het die Christelike godsdiens troos te bied teen die verskrikkinge wat die ouderdom dikwels bring? Ek dink hier aan Reina se pa.

∞ Wat maak 'n moderne leser met dele van die Bybel wat skynbaar volkome strydig is met moderne etiek? Ek dink hier byvoorbeeld aan God se opdrag aan Abraham om sy seun Isak te offer.

Laat weet wat jy van hierdie temas dink.

Hartlike groete uit 'n koue en nat Kaapstad,
Chris

Om Isak te Offer

Beste Hans,

Die bespreking van Stevo Akkerman se boek *Donderdagmiddagdochter* het my diep geraak.[44] Om 'n kindjie na enkele ure aan die dood af te staan, moet een van die ergste dinge wees wat 'n mens kan tref. Hierdie boek het my herinner aan herhaalde tydings wat ek die laaste tyd gekry het, van mense wie se kinders of naasbestaandes plotseling gesterf het. Die afgelope week is John de Gruchy, vooraanstaande teoloog en emeritus-professor van die Universiteit van Kaapstad, se nuwe boek bekend gestel, getiteld *Led into mystery*. Hierin worstel De Gruchy met die betekenis, of liewer die skynbare betekenisloosheid, van die ramp wat hulle gesin getref het toe sy seun Steve, ook 'n bekende teoloog, onverwags verdrink het. 'n Paar weke vroeër het ek

---

44   Vergelyk die addendum: Verslag van de jury van de CLO-juryprijs 2014.

gehoor van Wentzel van Huyssteen, wat grootgeword het in Suid-Afrika en later 'n gerekende teoloog aan die Universiteit van Princeton geword het, wie se seun skielik gesterf het in die fleur van sy lewe, die liefling van die familie. Wentzel vertel dat daar in hierdie stadium by hom geen berusting is nie, net eindelose trane ... Dit laat 'n mens dink aan William Barclay, wie se dogter voor sy oë verdrink het, ook aan C.S. Lewis wat na sy vrou, Joy, se dood *A grief observed* geskryf het, waarin hy worstel met die vraag of die God wat hy dien, in werklikheid 'n sadis is. Die lys van pynlike sterftes hou aan en aan – dit is waar wat Van Wyk Louw geskryf het: "Niemand tref dit móói met die heelal nie".

In Audrey Blignault (1916-2008)[45] se boek *Om die son te aanskou*, geskryf nadat haar man in 'n motorongeluk gesterf het waarin sy ook ernstig beseer is, vertel sy die volgende verhaal: 'n Indiese vrou was ontroosbaar na die dood van haar geliefde seun. Ten einde raad gaan sy na die Boeddha om advies en vertroosting te vind. Hy gee haar die opdrag om vir hom 'n handvol mosterdsaad te bring "uit 'n huis, uit 'n tuin waar nog niemand gesterf het nie". Sy het van huis tot huis gegaan, maar nêrens kon sy 'n gesin vind waar daar nie oor 'n afsterwe getreur is nie. Uiteindelik het sy besef wat die Boeddha haar wou leer – dat die dood 'n lewenswerklikheid vir elke mens is, dat sy nie alleen in haar smart is nie.

Stevo Akkerman vind dit onmoontlik om die dood van sy kind te aanvaar – anders as sy vrou, wat berusting vind deur haar godsdiens. Daarom vind hy die verhaal van Abraham wat gewillig was om sy seun Isak te offer, so aanstootlik. Watter vader wat sy kind liefhet, sal so iets oorweeg? As jy so 'n opdrag van God kry, is dit jou plig om dit te weier – daar is tog 'n moraliteit wat hoër gaan as so 'n primitiewe Godsbevel! Die verhaal van Abraham wat God gehoorsaam wanneer hy beveel word om sy geliefde seun Isak te offer, is een wat om baie redes steeds weer na my terugkom. Dis 'n verhaal waarmee ek ook worstel, maar my reaksie is nie so eenduidig soos dié van Akkerman nie.

45 Audrey Blignaut was vooral bekend door haar schetsen en essays. Gedurende een lange periode was zij presentatrice van een radiorubriek over boeken. Blignaut heeft veel gedaan om de leescultuur onder Afriikaanssprekenden een blijvende plaats te verschaffen.

Op die eerste vlak lyk dit of God se bevel onteenseglik immoreel is, teenoor Abraham sowel as teenoor Isak, en dat dit die morele weg is om so 'n opdrag teen te staan. Gestel ék sou beveel word om een van my twee kinders op 'n altaar vas te bind, keelaf te sny en as offer te verbrand, weet ek seker wat ek sou doen, of liewer, wat ek nie sou doen nie. En as ek verneem dat dit God is wat dit van my verwag, sou ek God teengaan, met gevoelens van angs en tevredenheid – angs omdat ek bang is vir die straf van God op my ongehoorsaamheid, maar selftevredenheid omdat ek so 'n goeie vader is, beter as God, die sogenaamde "Hemelse Vader". Ek is nie gewillig om soveel kwaad aan my kind te doen nie, selfs nie as God dit sou vereis nie.

Toe ek besig was met *Ancient tales for modern times*,[46] my boek oor Abraham en sy kinders, was hierdie hoofstuk vir my 'n besondere uitdaging. Ek het op die internet gaan kyk na skilderye oor die offer van Abraham. Daar is 'n menigte van hulle, maar die een wat my die meeste bygebly het, is die een wat Caravaggio in 1603 geskilder het. Die onbegrip en angs op die gesig van Isak is aangrypend – geen sprake van stille berusting in die daad van sy vader nie. Dit is vir my interessant dat as 'n mens Isak met die ander aartsvaders vergelyk (Abraham, Jakob, Josef), dan lyk dit of hy nie dieselfde kragtige persoonlikheid as die ander het nie. Ek het al baie gewonder of hy dalk 'n lewenslange knou gekry het deur hierdie traumatiese ervaring, toe hy gedink het sy pa gaan hom vermoor.

Ek sukkel met hierdie verhaal op die realistiese vlak; ek soek daarom betekenis op die simboliese vlak, ek soek na troos deur te let op verbande tussen hierdie geskiedenis en die res van die Bybel. Die pyn wat Abraham ervaar deur die gedagte dat hy sy geliefde seun gaan verloor, en dit nogal deur sy eie hand, is 'n druppel in God se lydingsbeker wat toegelaat het dat sy geliefde Seun gemartel en gekruisig word. In die donkerte van hierdie ervaring kom Abraham die naaste aan die hart van die liefdevol-lydende God in wie Christene glo. Die verlossing van Isak op die rand van die dood wys vooruit na Jesus se opstanding. Dit herinner daaraan dat die verhaal waarin Christene glo, nie net een van diepe lyding is nie, maar ook van uiteindelike blydskap en triomf.

---

46   Van der Merwe, C. 2008. *Ancient tales for modern times.* Kaapstad: Lux Verbi.

Gestel Caravaggio is reg in sy voorstelling van Isak, dan kan 'n mens Isak se angs interpreteer as vooruitwysing na die angs van Jesus in Getsemane. Die Bybel gee geen aanduiding dat Isak, selfs al was hy met angs vervul, sy vader teengegaan het of probeer weghardloop het nie. Gestel dat sy vader aan hom verduidelik het dat die God wat hulle tot sover gelei en versorg het, en wat betekenis aan hul lewe gee, die offer vereis, en dat dit 'n hoër en onbekende doel dien, en gestel dat Isak die verhaal van sy vader aanvaar – dan kan sy offer heenwys na die offer van Jesus, wat homself vrywillig gegee het tot in die dood.

Die verhaal van die offer van Isak wys nie net heen na die offer van Jesus nie, maar dit het vir my ook 'n diepsinnige toepaslikheid gekry op die lewe van elke mens. Soos Abraham, word daar van ons verlang om niks van God terug te hou nie, om alles in die hand van God oor te gee, selfs (en veral) dit waarvoor ons die liefste is. Ons besit niks wat ons nie van God ontvang het nie, daarom mag ons niks as ons eie besit hanteer nie – in alle dinge moet ons God dank en God se wil soek. Ons kan niks met blydskap besit as ons dit nie eers in God se hand oorgegee het nie. Die een wat naarstiglik vasklou aan besittings of geliefdes, leef voortdurend in angs om dit te verloor. Ek glo dat God niks van waarde van ons wil wegvat nie, maar dat Hy verlang dat ons alle gawes met vreugde en in vryheid geniet. Dan is daar voortdurend 'n wederkerige vrye gee en ontvang tussen Skepper en skepsel – wat van God ontvang is, word aan God oorgegee en weer terug ontvang uit die hand van God, as 'n gelouterde gawe.

Daar is twee verwante probleme wat deur die verhaal na vore kom: die eis om niks van God terug te hou nie, en die soeke na vrede wanneer 'n onverwagte ramp ons tref. Abraham wys heen na die vryheid van die een wat niks van God weghou nie en ten slotte dit wat afgegee is, in blydskap van God terug ontvang. Isak wys heen na die vrede van berusting wat die een kenmerk wat God se wil (uiteindelik) aanvaar. Ek hou van die idee dat Isak deur diepe angs moes gaan voor hy berusting kon vind – net soos Jesus deur angs tot vrede gekom het. Ek hou ook van die verhaal van Job, wat sy woede teenoor God geuiter het voordat hy ten slotte kon sê dat hy in sy opstandigheid gepraat het van dinge waarvan hy nie weet nie, en nie as gelyke met God kan redeneer nie (Job 42:3-

36

6). Die mooiste van alles is dat God gehou het van die manier waarop Job gepraat het – van Job se eerlike worsteling met die diepste vrae van die lewe (Job 42:8). God hou nie van die vroom praatjies van Jobstroosters nie.

Wat treffend is van die boek Job, is dat Job ten slotte erken hoe min hy weet, en so sluit ek af, in die goeie geselskap van Job, en erken dat ek gepraat het oor dinge waarvan ek weinig weet!

Met hartlike groete,

Chris

17 oktober 2013

Beste Chris,

Zoals ik al vertelde, kwam ik in een boekwinkel in het Chinese Guangzhou (Kanton) een boek over Caravaggio tegen, waarin ik onmiddellijk het schilderij van het offer van Izaäk heb opgezocht. De angst in het gezicht van Izaäk trof mij net zoals het jou deed. Hier is absoluut geen sprake van berusting en overgave, maar van een alles beheersende angst over wat er aan akeligs komen gaat. De uitbeelding van de scène is volledig overeenkomstig de bedoeling van Caravaggio om het menselijke, de diepste en meest basale[47] emoties zichtbaar te maken. Vandaar die lelijke koppen en gruwelijk grote voeten op schilderijen die qua titel over Maria en het kindje Jezus gaan. In zekere zin problematiseert hij een canonisch geworden verhaal en haalt hij de religieuze "bovenbouw" er vanaf. Dat maakt zijn werk aantrekkelijk en ook tot steen des aanstoots.

Je zult in het vraaggesprek met Stevo Akkerman in het *Nederlands Dagblad* opnieuw zien hoe ernstig en waardig Akkerman met het vraagstuk van Gods aanwezigheid in het terugnemen van een kind omgaat. Jij hebt begrip voor zijn weigering om de dood van zijn kind te aanvaarden en om zijn vrouw te volgen in haar niet-opstandige houding. De tegenstelling tussen Stevo Akkerman en zijn vrouw gaat zelfs nog verder. Akkermans vrouw zoekt de schuld voor

---

47 Basiese.

37

het uitblijven van genezing, dus voor het sterven van hun dochtertje, in "een gebrek aan vertrouwen in Gods Almacht". De rollen worden daarmee omgedraaid. Niet God heeft dit sterven laten gebeuren, maar de vader door zijn kleine geloof. Het is geen wonder dat hier een bron van vervreemding lag[48] en dat de emoties tussen de vader en de moeder binnen een zeer kort tijdsbestek volledig omslaan van positief naar negatief. Dit greep mij nog meer aan dan het sterven van het kind. Misschien, omdat ik in mijn hart vrees dat een dergelijke omslag[49] ook in de meest stabiele en liefhebbende relaties kan voorkomen.

Je schrijft dat je zou hebben geweigerd, wanneer God jou in de positie van Abraham zou hebben geplaatst. Ik was blij om dat te lezen. Ik voel er precies zo over. Wanneer God een dergelijk offer verlangt, is het in mijn ogen zelfs de diepste en heiligste plicht om te weigeren om aan dit euvele spel mee te doen en om nee te zeggen. Abraham was toch een slimme en oprechte man. Hij had met God in discussie moeten gaan en moeten zeggen: "U kunt niet twee, aan elkaar tegengestelde boodschappen aan mij overhandigen. Als U het goed met mij meent en uit mij een volk wilt laten voortkomen dat tot heil van de gehele mensheid zal dienen, dan moet U bij mij niet met zulke rariteiten aankomen. In Uw eis spreekt U zichzelf tegen. U wilt dat ik deze jongen Izaäk als geschenk van U koester en mij met heel mijn wezen aan hem hecht.

Dan kunt U niet tezelfdertijd zeggen: "En nu gaan we eens kijken of je ook in staat bent om je liefde voor je kind overboord te zetten". Het onaanvaardbare van deze hele geschiedenis ligt in het gegeven dat God met zijn bevel aan Abraham om zijn zoon Izaäk te offeren tegelijkertijd zijn plan met Abraham met betrekking tot de geliefde zoon doorkruist. Abraham had aan God zijn tegenstrijdigheid moeten voorhouden, hij had moeten "hadern"[50] met God, zoals het in de Luther-vertaling van de Bijbel staat. Dan had Abraham de rol gespeeld die naar mijn overtuiging bij de verhouding van God en mens hoort. Dat had Abraham beter begrepen, toen hij ter wille van zijn neef Lot God soebatte om Sodom en Gomorra te sparen. En God liet zich vermurwen,

---

48 Gelê het.
49 Ommekeer.
50 Twis.

alleen de inwoners van de genoemde steden waren op een uiterst vreemde manier collectief het noorden kwijt.[51] Er zijn meer verhalen waarin God met zich laat praten, bereid was tot onderhandelen en inschikken. Dat is de ware Joodse houding. Die had ook hier voor de hand gelegen.

De delen van je brief waarin je de parallel schetst tussen Abraham en zijn bereidheid om Izaäk te offeren, met de goede afloop daarvan, enerzijds en Gods bereidheid om zijn Zoon te offeren voor het heil van de mensheid anderzijds bezorgden mij een schok. Omdat Christus het centrum van het christelijk geloof is, is het verhaal van Christus' sterven en opstanding zogezegd met terugwerkende kracht van doorslaggevende betekenis voor de keuzes van Abraham en voor wat er met Izaäk gebeurt. Dat is zeer overtuigend. Maar de parallel leidt ook tot nadenken over de aard van de beide "gebeurtenissen" en over het wezen van het offer. Ik kom allereerst tot een vraag, een vraag met betrekking tot Gods bedoeling met Jezus Christus. Vergeef me, wanneer ik nogal triviaal aan het redeneren sla. Mijn motief is van de meest serieuze aard.

Het verschil tussen Abraham en God in relatie tot hun geliefde zoon ligt daarin dat God in tegenstelling tot Abraham geen opdracht krijgt van een nog hogere Macht om zijn zoon te offeren. De keuze om "toe te laten" (zoals jij het omschrijft) of te "organiseren" dat Christus lijdt en sterft, ligt bij God zelf. God had ook een andere keuze kunnen maken. Abraham kon dat in principe niet, hij kon alleen maar gaan razen en tieren,[52] hetgeen hij overigens achterwege liet.

Je voelt wel wat mijn probleem is: van een bepaalde duiding van Gods offer van zijn Zoon, Jezus Christus, uitgaande, krijgt de opdracht aan Abraham een acceptabele betekenis. Ik vind de parallel mooi of verhelderend, maar er knaagt iets in mij, namelijk de vraag of er wel sprake is van een parallel. Mijn twijfel leidt niet tot heldere gedachten. Ik ben blij dat je mijn gepingpong wilt lezen. Mijn probleem om tot helderheid te komen ontstaat, omdat de ene veronderstelling niet losgekoppeld kan worden

51 Die kluts kwyt raak.
52 Rasend te kere gaan.

39

van de andere veronderstelling. Over het lijden van Christus schrijf jij dat God het "toelaat". Vervolgens schrijf je over het geloof van christenen in de "liefdevol-lijdende God". Is het juist om daaruit te concluderen dat de gedachte van het plaatsbekledende lijden van Christus waardoor God zich als het ware met zichzelf verzoende, naar de rand is verschoven? Als die accentverschuiving inderdaad de bedoeling is, dan heeft dat grote gevolgen voor de rollen die de betrokkenen spelen. Dan is namelijk het lijden van Christus het gevolg van de boosheid van deze wereld, een wereld die Christus ondanks alle Hem aangedane ellende niet opgaf. In dat geval is Christus de ware, nieuwe mens die tot in de dood zichzelf bleef en daarom na Zijn dood door God werd opgenomen.

Ik heb het gevoel dat ik hier op een punt ben aangekomen waarop ik jou wil laten uitspreken. Laat ik je vooral verzekeren dat dit schriftelijke gesprek voor mij van het grootste belang is. Alleen het gesprek is in staat om hierin tot een eerlijke basis van denken en voelen te geraken en zodoende tot hogere inzichten te komen.

Wees hartelijk gegroet,

Hans

27 Oktober 2013

Beste Hans,

Baie dankie vir jou e-pos, en ook vir die koerantberig oor Stevo Akkerman. Ek moet sê, my simpatie lê meer by Akkerman as by sy vrou. Die siening dat God alle gebede om genesing *moet* verhoor, en as dit nie gebeur nie is dit as gevolg van 'n te swak geloof, het al by baie mense groot pyn en skuldgevoelens veroorsaak, asook twyfel aan hulself en aan hul God. Ek sien dit anders: Jesus het wel verklaar dat ons sal kry wat ons van God vra, maar die voorwaarde is dat ons in hom bly en sy woorde in ons (Johannes 15:7). Daar moet myns insiens altyd by die bidder die sensitiewe soeke na die wil van God wees – die wil van God kan anders wees as wat ons verlang. Jesus stel self die voorbeeld in Getsemane, waar hy sy verlange stel dat die bittere beker van hom weggeneem word – maar dan aanvaar hy tog die wil van

God wat na die kruis lei, wat sy marteling en dood sal meebring maar ook verlossing vir die mensdom.

Ek het verskriklik baie gehou van jou siening dat God by Abraham moes gepleit het om sy seun te spaar, dat hy by God moes gepleit het soos wat hy vir Sodom en Gomorra gepleit het. Ekself is 'n groot voorstander van pleit by God, selfs van woede teenoor God, soos wat ons by Job kry. Vir my is een van die mooiste tekste in die Bybel Job 42:7. Nadat Job sy woede teenoor God gelug het en God hom gekapittel het oor sy vermetelheid om met God te argumenteer, kom die slotreaksie van God: Job moet vir sy vriende bid, want hulle "het nie reg van my gespreek soos my kneg Job nie". God het gehou van Job se eerlike worsteling, selfs van sy kritiek op God!

Nou wil ek tog optree as advokaat vir die verteller van Genesis. Merkwaardig is die vele stiltes in die verhaal. Ons weet nie wat Abraham gedink het voordat hy na Moria vertrek het nie. Ons weet nie wat hy gedink het tydens die drie dae dat hy op reis was nie. Ons weet ook nie wat hy vir Sara gesê het nie, indien enigiets. Nou wil ek argumenteer dat die leser die ruimte gelaat word om die *Leerstellen* (die "leë plekke", dit wat nie gesê word nie) in te vul. Dan word dit moontlik dat Abraham wel sy twyfels teenoor God uitgespreek het, sy onbegrip oor wat God hom opgedra het; dat God vir hom (soos vir Job) laat blyk het dat die mens nie kennis kan dra van die volle omvang van God se raadsplan nie: Abraham moet God gehoorsaam, God weet beter, God ken die afloop van die gebeure. Die verhaal is 'n pleidooi vir geloof wat kennis en begrip transendeer.

Jy vra of die gedagte van die "liefdevol-lydende God" die idee van die plaasvervangende lyding van Jesus na die rand skuif. Dit was nie my bedoeling nie. Die lyding, sterwe en opstanding van Jesus is so 'n groot misterie dat ons dit nooit in 'n samevattende sisteem kan vasvang nie; die een siening hoef nie die ander te kanselleer nie, hulle kan saam bestaan. Van Wyk Louw het geskryf:

> My brein die kry die waan
> dat ek, omdat ek altyd sirkel sien,
> die sfeer-self kan verstaan.

Ons mense wil sluitende sisteme hê, "sirkels" wat ons volkome kan begryp en beheer, maar die "sfeer-self" gaan bo ons begrip uit. Die gedig eindig pragtig:

> Iets staan in sterre-en-helderte geskryf
> en ek skryf ná in stof.[53]

As die groot Van Wyk Louw slegs naskryf in stof, wat moet ek van my ou skryfseltjies sê?

Hartlike groete tot 'n volgende gesprek,
Chris

7 Desember 2013

Beste Hans,

Baie dankie vir die twee knipsels wat jy vir my gestuur het: die een oor die priester-digter Huub Oosterhuis en die een oor Maarten van Rossem se siening van die sin van die lewe. Oosterhuis lyk my na 'n boeiende figuur, maar ek kan nie saamstem met die siening wat hy in sy jeug gehad het: dat God van hom verwag om sy verlange na vaderskap te onderdruk en soos Abraham sy seun op te offer nie. Biebie herinner my gedurig daaraan dat die les van die Moria-geskiedenis daarin geleë is dat God juis NIE wou hê dat Abraham sy seun moet opoffer soos dit by heidennasies destyds die gewoonte was nie. God wou nie sy seun "afvat" nie, God het alleen verlang dat Abraham se sin vir prioriteite reg moet wees, dat sy seun nie sy afgod word nie, en dat hy die innerlike vryheid moet hê om dit wat van God ontvang is, aan God oor te gee – maar dan in die hande van 'n God wat vertrou kan word met Abraham se belange.

Wat my opgeval het, was die teenstrydigheid by Van Rossem, die teenstelling tussen die konklusie van sinloosheid en die geloof wat hy aan betekenis heg. Hy skryf "Uiteindelijk is er niets dat geldt voor heel het universum. Het leven is een kermis van ijdelheid ...", maar dan eindig hy met "Ik geef betekenis aan mijn leven door mij te verwonderen, door te lezen, door mij

---

53 Die gedig "Ex unguine leonem" uit die bundel *Tristia*.

zo nu en dan op te winden, door elke ochtend niet in mijn bed te blijven liggen en te zeggen: 'Het dient nergens toe' – kortom, door te leven". Dit lyk my nie na 'n "kermis van ijdelheid" nie!

Vir Van Rossem kom die betekenis van die lewe persoonlik en subjektief tot stand; vir hom sou dit ellendig wees as daar 'n God bestaan wat 'n objektiewe betekenis aan die lewe gee. Soos ek dit sien, is daar wel 'n God wat betekenis aan die lewe gee, maar die betekenis word nie objektief, dit wil sê buite die gelowige om, verleen nie. Dit kom tot stand in 'n persoonlike verhouding, in 'n voortdurende gesprek met God, in 'n lewe waarin die eie wil en die wil van God wat in die gesprek uitkristalliseer, in harmonie met mekaar gebring word. Hierin is Abraham vir ons die eerste groot voorbeeld in die Bybel – iemand wat met God gewandel het. God se wil neem myns insiens nie vir alle mense een vaste patroon aan nie – die liefde waartoe God inspireer, kom in elke nuwe situasie op 'n nuwe manier tot uiting. Anders as Van Rossem, is ek baie[54] dankbaar dat ek nie met my eie beperkte insig, en my eie dikwels dwase voorkeure, my lewenslot en lewensin moet bepaal nie.

Hartlike groete, en die allermooiste wense vir jou en Reina vir Kersfees en die nuwe jaar, ook van Biebie.

Chris

11 december 2013

Beste Chris,

De vragen naar aanleiding van de Moria-geschiedenis raak ik maar moeilijk kwijt. Biebie heeft helemaal gelijk wanneer zij zegt dat het bijzondere aan deze geschiedenis is dat Izaäk juist niet geofferd hoeft te worden. Maar, dat wist Abraham niet op het moment dat hij de opdracht van God kreeg. God gaf hem een bevel. Wie was hij dat hij daarvan zou kunnen afwijken? Echter, gesteld dat Abraham had gedacht: "God zegt dat nu wel van dat offer, maar Hem kennende weet ik dat Hij mij slechts op de proef stelt". Dan zou van een

---

[54]   Erg.

43

totale overgave geen sprake zijn geweest, omdat Abraham de opdracht bij voorbaat al relativeerde. Ik wil er mee zeggen dat Abraham, wanneer hij echt meende dat God dit offer van hem verlangde, bereid was om in het heidense ritueel mee te gaan.

Het valt vanuit deze laatste gedachte gezien aan Abraham te verwijten dat hij niet tot God gezegd heeft dat hij aan dit heidens ritueel niet wilde meewerken, dat hij van God een hogere dunk had gehad. Hiermee zou Abraham het betere beeld van God tegen de resten van andere godsdiensten in, de God die het offer eiste, hebben uitgespeeld. Dat zou nog eens geraffineerd zijn geweest: Abraham brengt God op het betere spoor! In het kader van de oppositie tegen de valse godenverering door de volkeren in de omgeving van Abraham had God van Abraham kunnen verlangen dat Abraham zou zeggen dat hij niet kon geloven dat God dit offer serieus meende: "U bent immers totaal anders dan de valse goden". Ja, dat zou echt prachtig zijn geweest: dat God Abraham op de proef stelde om te zien of Abraham Hem wel echt kende als de God die Zijn beloften gestand doet en uiteraard geen mensenoffer verlangt. Nu valt Abraham door de mand.[55] Uiteraard heb ik deze geschiedenis nu een vreemde draai gegeven. In de Bijbel wordt Abraham geprezen voor zijn gehoorzaamheid. Hij was immers bereid om zijn zoon te offeren.

Het kan niet anders zijn dan dat alle haken en ogen[56] van deze geschiedenis in de traditie van de Bijbeluitleg aan bod zijn gekomen. Ken jij een rabbi die hierover iets wezenlijks heeft gezegd? Bij het lezen van jouw brief moest ik denken aan mijn oude (inmiddels overleden) Joodse vriend André Kaminski die tijdens het gesprek dat ik op 22 april 1989 in Zürich met hem voerde, over Job en over Abraham sprak. Het gesprek is in het tijdschrift *Deutsche Bücher* gepubliceerd. André Kaminski zei letterlijk:[57]

> Die Geschichten aus der Bibel sind widersprüchlich für uns. Ich lese sie alle mit grösster Anteilnahme, als ginge es um mich selbst. Aber ich wehre mich auch gegen viele biblische Geschichten.

---

55 Abraham stel teleur, hy val letterlik "deur die mandjie".
56 Alle probleme/moeilikhede.
57 Ester, H. 1983. Gespräch mit André Kaminski. In: Van Ingen, F. et al. *Deutsche Bücher*, 19(3):182-183

Und ich glaube nicht, dass Gott mit diesen Geschichten immer einverstanden ist. Die Geschichte von Hiob würde mich vollkommen beglücken, da sie mir das Schicksal des Menschen auf dieser Welt erklärt. Aber ich kann nicht akzeptieren, dass Gott eine Wette abgeschlossen hat mit dem Teufel. Sie haben miteinander gewettet, wird er sich halten oder wird er sich nicht halten, wird er Gott verraten oder wird er zu Gott stehen? Das kann ich nicht akzeptieren.

Ich lese die Bibel mit einer Naivität und ich kann nicht zulassen, dass Gott zu einem Spieler mit dem Schicksal seiner Geschöpfe wird. Die Geschichte von Abraham und Isaak ist für mich schauerlich, ein Spiel mit dem Leben und dem Tod, das ich nicht akzeptieren kann. Ich bin der Meinung, dass die, welche diese Kapitel der Bibel geschrieben haben, wahrscheinlich noch halbe Heiden waren. Die biblische Geschichte ist für mich ungefähr das Beste, was je geschrieben wurde an Literatur. Ich habe nichts gelesen, was mich so erschüttert wie die biblischen Geschichten. Aber andererseits will ich die Bibel nicht einfach so kritiklos akzeptieren. Die biblische Geschichte ist ein Kommentar zu Gott, aber sie ist nicht Gott. Und wenn dieser Kommentar zu Gott gottesfremd und manchmal sogar diabolisch ist, dann lehne ich ihn ab.[58]

---

58 Nederlandse vertaling: De verhalen uit de Bijbel zijn voor ons tegenstrijdig. Ik lees deze verhalen en ben sterk geboeid, alsof het om mijzelf gaat. Maar, ik verzet mij ook tegen veel Bijbelse verhalen. En ik geloof niet dat God het altijd eens is met deze verhalen. De geschiedenis van Job zou mij volkomen kunnen bevredigen, omdat deze geschiedenis het lot van de mens op deze aarde verklaart. Maar ik kan niet accepteren dat God een weddenschap heeft gesloten met de duivel. Ze hebben het met elkaar over de vraag: zal hij standvastig blijven of zal hij niet standvastig blijven? Zal hij God verraden of zal hij God trouw blijven? Dat kan ik niet accepteren. Ik lees de Bijbel op een naïeve manier en ik kan niet toelaten dat God tot een speler met het levenslot van zijn schepselen wordt. Het verhaal over Abraham en Izaäk is voor mij gruwelijk, een spel met het leven en met de dood dat ik niet kan aanvaarden. Ik ben van mening dat degenen die deze hoofdstukken van de Bijbel hebben geschreven nog halve heidenen waren. De Bijbelse geschiedenis is voor mij ongeveer het beste dat ooit als literatuur werd geschreven. Ik heb niets gelezen dat mij zo diep aangreep als de verhalen van de Bijbel. Maar anderzijds wil ik de Bijbel niet eenvoudigweg kritiekloos accepteren. De Bijbelse verhalen vormen een commentaar bij God, maar ze zijn God niet zelf. En wanneer dit commentaar bij God vreemd is aan het wezen van God en soms zelfs diabolisch is, dan verwerp ik dit commentaar.

Aldus André Kaminski. Het citaat leidt misschien een beetje af van ons gesprek, omdat Kaminski Job en de gehele Bijbel erbij betrekt. Het probleem waar het verhaal van Abraham en Izaäk ons mee confronteert (en de reden dat Kaminski van half heidendom praat), is de rol van God in het menselijk bestaan. Met "rol" bedoel ik niet primair ons denken over God maar Gods doorwerking in ons leven, Zijn sturing in datgene wat ons gebeurt en overkomt. In het leven van Job zijn de plagen die Job treffen, een uitvloeisel van Gods beschikking, van Gods autonome zeggenschap over Jobs leven. Job weet niet dat hij de hoofdrol speelt in een weddenschap. Bij Abraham en Izaäk heeft God als het ware een weddenschap met Zichzelf gesloten. De dingen die in deze geschiedenissen gebeuren, zijn geregisseerd door God. Hij neemt het initiatief, laat het toe, is erbij betrokken.

In ons leven gaat het bij de vraag naar de aanwezigheid van God om de dingen die gebeurd zijn. Wij bidden weliswaar om Gods bijstand in ons leven en vragen ook om concrete vervulling van ons gebed, of beter gezegd: we kunnen in algemene zin bidden of om de vervulling van een concreet verlangen bidden. Achteraf kennen we het werkelijke verloop van ons leven. Abraham had het betrekkelijk gemakkelijk: hij communiceerde rechtstreeks met God. Wij moeten zelf de stem van God hoorbaar maken. Dit ervaar ik als een troost en als een probleem. Ik leef vanuit het gevoel dat God in mijn leven aanwezig is en op cruciale punten in mijn leven heeft ingegrepen. Maar, ik aarzel om ook de lelijke facetten van mijn leven, mijn kwade gevoelens, mijn verkeerde keuzes, mijn tekortschieten, op het conto[59] van God te schuiven. Mijn gevoel zegt me dat God almachtig is en de Bijbel heeft dat gevoel schitterend verwoord. Maar tezelfdertijd leef ik met het andere gevoel, namelijk dat de menselijke angst en wanhoop zo groot kunnen zijn dat het leven een uitzichtloze bedoening is.

Waarom hadden vrienden van ons niet in de gaten[60] dat hun dochter door de "vriendelijke" buurman werd misbruikt? Met het gevolg dat zij de zelfmoord van dit meisje als jonge vrouw niet hebben kunnen verhinderen. Wat voor keten van oorzaak en gevolg wordt hier zichtbaar? Het voorbeeld

---

59   Om God daarvan te beskuldig.
60   Waarom het ons vriende nie besef …

is de dramatische toespitsing van de ervaring van een tekort, tekort aan empathie en wil, die ieder van ons in zijn leven heeft. Waar is Gods hand voor mij onmiskenbaar te zien of te voelen zodat ik weet dat ik op het rechte spoor blijf? Waar was Hij aanwezig en waar was Hij niet? Nee, ik heb geen zin om mijn leven als de inzet van een weddenschap te beschouwen, maar dat ik voortdurend keuzes maak en naar Gods aanwezigheid in deze keuzes zoek, dat staat als een paal boven water.

Over Gods presentie in ons leven wil ik graag jouw gedachten horen. Ik heb het woord "voorzienigheid" niet gebruikt, omdat het teveel in de richting van een lotsbestemming gaat, maar misschien zit ik er helemaal naast en zouden we wel degelijk over de "voorzienigheid God" moeten spreken.

Ik zie uit naar je antwoord. Maar misschien ben je veel te druk met voor-drachten naar aanleiding van je nieuwe boek. Dat gun ik je trouwens van harte.

Aan Biebie en jou onze beste wensen voor een stil en rijk Kerstfeest.

Hartelijke groeten van huis tot huis,

Reina en Hans

7 Januarie 2014

Beste Hans,

Sjoe, maar dit was 'n boeiende en insiggewende e-pos wat jy geskryf het! Ek wou nie met 'n antwoord begin terwyl ons met vakansie was nie, maar nou is ons (tydelik) terug in die Kaap en wil ek 'n reaksie waag. Maar eers moet ek jou hartlik bedank vir die wonderlike knipsels wat ek eergister ontvang het – die een oor my spirituele held en rolmodel C.S. Lewis, oor die kinderlike geloof van Marten van Willigen, oor Lucebert as jazz-entoesias, ensovoorts. Enkele gedagtes na aanleiding van jou gedagtes.

Ek het baie simpatie vir jou idee dat Abraham met God moes gestry het toe hy die vreemde opdrag ontvang het om sy seun te offer. "Abraham brengt God op het betere spoor", skryf jy. Hier wil ek wel iets byvoeg– ons het ons insigte van

Twyfelaars wat glo

God ontvang. Abraham kon God hoogstens aan God se eie opdragte herinner het in verband met die offer van kinders – Abraham kan nie "beter weet" as God nie, hy kan alleen redeneer met die redelike vermoë wat hy van God ontvang het. Soos Paulus skryf: "Wat het ons wat ons nie ontvang het nie?" Oor die algemeen is ek egter 'n groot voorstander van worstel en stry met God, soos wat Job gedoen het – 'n bloot passiewe aanvaarding van "God se wil" is vir my onmenslik. Daarom hou ek so van die slot van die boek Job, waar God sê dat die kritiese Job reg oor Hom gepraat het, anders as Job se vriende.

Wat André Kaminski gesê het, vind ek besonder insiggewend – veral sy siening van die boek Job. Ek het 'n keer 'n bespreking van die boek Job bygewoon onder leiding van my vriend, die teoloog Douglas Bax, waar hy vertel het dat baie geleerdes meen dat die begin en einde van die boek Job (die prosa-gedeeltes) baie ouer as die res is. Die grootste deel van die boek – die middelste deel in poësievorm – is 'n reaksie op die raamvertelling aan die begin en einde van die boek.

Die passiewe aanvaarding wat uit die inleiding spreek, die gelate aanvaarding van alles wat God met Job laat gebeur, is die stimulus vir 'n alternatiewe houding wat volg – 'n kritiese worsteling met God, waarin Job uiteindelik nie die finale openbaring kry van alles wat met hom gebeur het nie, maar waarin hy wel ten slotte getroos word deur die herinnering aan die wysheid van God wat in die skepping tot openbaring kom. Hy begryp God nie, maar die God wat hemel en aarde geskep het, weet beter as hy – dit kan hy wel aanvaar. Dan tob Job nie langer oor sy ellendes nie, maar bid hy vir sy vriende – en verbeter sy eie omstandighede daarmee saam.

Hierdie siening van die twee dele van die boek sluit aan by Kaminski se beskouing dat die inleidende deel van die boek Job 'n verouderde, half-heidense teologie bevat – die res van die boek lewer kritiek op hierdie Godsbeskouing. Terloops, dieselfde Douglas Bax het 'n keer aan my gesê dat nie alles in die Bybel die Woord van God is nie. Toe ek hom vra watter dele, het hy as voorbeeld die opdrag van Samuel aan Saul genoem, om die hakskeensenings van al die diere van die vyand (ek dink dit was die Amelekiete) af te sny. Vir my is die Bybel 'n grootse narratief waarin die

48

voorstelling van God geleidelik ontwikkel van 'n aggressiewe en jaloerse God tot 'n liefdevolle Vader.

Wat die aanwesigheid van God in die menslike lotgevalle betref, stem ek met jou saam: ons is nie marionette nie, en God trek nie bloot[61] toutjies nie. Ek onthou 'n vriend van my wie se seun doodgery is deur 'n dronk motoris, se antwoord, toe ek hom vra hoe die gebeure sy Godsbeskouing raak: dat dit nie God se skuld is as 'n man hom aan drank te buite gaan en dronk motor bestuur nie. Nie al die verkeerde dinge wat op aarde gebeur, is God se skuld nie!

Daar bly groot vrae oor wat geen mens kan beantwoord nie – soos jy noem, van die kind wat deur die "vriendelike buurman" misbruik is. Ten dele is dit natuurlik die buurman se skuld – maar kon God nie iewers 'n stokkie voorgesteek het nie? Ek dink ook aan natuurrampe soos tsoenami's – wie se skuld is dit nou? Ek raak radeloos as ek 'n antwoord op sulke vrae probeer vind. Vir my het Victor Frankl se *Man's search for meaning* gehelp. Volgens Frankl is dit die mens se verantwoordelikheid om sin aan sy lewe te gee. Om sin te gee, beteken nie om alles te begryp nie, maar om die situasie waarin jy verkeer, na jou beste vermoë op 'n sinvolle manier te verwerk.

Ek onderskei tussen 'n "God van ver" en 'n "God van naby". Van ver lyk die handelinge van God so dikwels onbegryplik. Daar is soveel ruimte vir kritiek op God, maar die God van naby, die God wat deur sy Gees met ons en in ons is, is vir my 'n Trooster. Ek word ook getroos deur die gedagte dat God sigself in Jesus as 'n liefdevolle God geopenbaar het wat saam met ons ly. Hy is nie die meedoënlose veraf toeskouer waarin vele mense glo nie.

Dit is vir eers genoeg.

Met hartlike groete, ook aan Reina, en van Biebie.

Chris

---

61 Alleen maar.

5 februari 2014

Beste Chris,

Hartelijk dank voor je e-post met de twee belangrijke onderwerpen van onze uitwisseling. Voordat ik daar nader op inga, wil ik je eerst zeggen dat ik je brief van 7 januari 2014 met gretigheid heb gelezen en meerdere keren heb herlezen, daarbij al een reactie formulerend die tot dit moment nog niet op papier terecht is gekomen. Dat wil ik nu dus graag doen.

Wanneer ik nadenk over de rolverdeling tussen Abraham en God, gaat het inderdaad wel erg ver om te stellen dat Abraham God op andere gedachten brengt, om het menselijk te formuleren. Jij stelt dat ook het vermogen om te redeneren een gave is die van God afkomstig is en dat wij in onze verbeelding de rollen niet moeten gaan omdraaien. In mijn hart weet ik dat je gelijk hebt en dat het een onjuiste visie is op de verhouding van de mens tot God, wanneer de mens in de dialoog met God opeens de eerste viool denkt te kunnen spelen. Het doet een beetje denken aan Nietzsche's Zarathoestra die tegen de zon zegt: "Wat zou jij zijn zonder degene voor wie je schijnt!" En toch kan ik de gedachte niet van mij afzetten dat God gevoelig is voor zinvolle, in zekere zin: dappere argumenten. Ik vind het een opperste vorm van humor dat de mens zijn eigen nietigheid vergeet en God ter verantwoording roept.

Het heeft iets ontroerends dat de mens, zoals Job in zijn worsteling, God vraagt om zich te verantwoorden voor wat Hij heeft laten gebeuren. Ik moet hierbij denken aan het boek *De akkerman uit Bohemen* van Johann von Saaz (ik meen uit de veertiende eeuw) die God voor de voeten werpt dat Hij de geliefde vrouw van deze boer heeft laten sterven. Bij het lezen van je brief gingen mijn gedachten ook in de richting van de graalridder Parsifal die evenmin mals is met zijn verwijten aan God en dan door de kluizenaar Trevrizent op de werkelijke verhouding van God en mens wordt gewezen. Dat is de houding die jij in je brief duidelijk uitspreekt.

Voor de opvatting van Victor Frankl valt veel te zeggen. Ik ben blij dat je hem ter sprake brengt. Ongetwijfeld is een actieve, zinvolle wijze van handelen binnen een gegeven situatie verreweg te verkiezen boven getob over de ondoorgrondelijkheid van het bestaan. Maar aan de andere kant ontkomen wij er niet aan om onze keuzes in het leven achteraf kritisch te beoordelen op hun zinvolheid, ook al bestond er eenduidigheid over die zin op het moment waarop gekozen werd. Daar komt nog bij dat ieder mens terugkijkend op zijn/haar leven een patroon ziet. Het leven is geen reeks van afzonderlijke keuzemomenten om zin te scheppen. Het leven is eerder een keten van schakels die met elkaar zijn verbonden en een betekenis lijken te openbaren die je als mens dan probeert te "lezen". Hier komt God om de hoek kijken, oneerbiedig geformuleerd. Wanneer wij in ons leven een betekenisvol patroon waarnemen, en wanneer wij weten dat God de Schepper almachtig is, is het onontkoombaar om het patroon van ons leven met God in verband te brengen.

Tja, en dan komen de vragen naar het waarom. Abraham zou – in het geval dat Izaäk echt was geofferd, een daad waartoe hij in staat was – achteraf geen zinvol verband in zijn gehoorzaamheid aan deze opdracht hebben gezien. Je merkt wel, Chris, dat ik moeite heb om te formuleren wat mij blijft dwarszitten in dit verhaal. Ik probeer het moment van aanvaarding en het komen tot een zinvolle conclusie zo lang mogelijk uit te stellen. Omdat ik het schreeuwend onrechtvaardig vind dat God Zijn schepsel Abraham zo op de proef stelt.

In dit verband is de vraag naar de betekenis van bidden zeer groot. Daarover wil ik erg graag je gedachten horen. Wanneer bidden de vraag is om de nodige kracht te ontvangen om zinvol (in de geest van God) te handelen, dan hangt alles af van mijn juiste bewustzijn van Gods bedoeling met ons leven. Mogelijk vernauw ik nu al meteen de toegang tot belangrijke vragen. Ik wacht daarom eerst af hoe jij over de betekenis van het bidden denkt, voordat ik mijn benadering nog verder in het nauw breng.[62]

Aan Biebie en jou, mede namens Reina.

Een hartelijke vriendengroet,

Hans

---

62   In die moeilikheid bring.

51

Gebed

Beste Hans,

Ek sou graag met jou wil gesels oor die uiters belangrike tema van gebed. Hier is 'n paar gedagtes ter aanvang.

Ek en Biebie is nou toevallig by Johannes 15 met ons stiltetyd. Daar lees ons gister verse 7 en 8, baie relevant tot ons gesprek. Ek gee dit weer soos in die amptelike Afrikaanse vertaling van 1983:

> As julle in My bly en my woorde in julle, vra dan net wat julle wil hê, en julle sal dit kry.
> My Vader word juis daardeur verheerlik dat julle baie vrugte dra en my dissipels is.

'n Oppervlakkige lees kan maklik die volgende interpretasie oplewer: Hier gee Jesus ons die vrypas[63] om te vra net wat ons wil hê, en ons sal dit verkry. As beloning vir ons goeie gedrag (dat Jesus se woorde in ons bly), kan al ons wense in antwoord op gebed vervul word. So 'n interpretasie sal baie goed pas in die kraam van die moderne tydsgees, wat gesteld is daarop om so veel as moontlik vir onsself te verkry – en wat dit veral op materiële dinge toepas. So 'n siening word maklik die kern van 'n "voorspoed-teologie"[64]– vra vir meer geld, vir 'n deftiger motor, vir 'n groter huis, ensovoorts, en dit sal aan jou gegee word. Dan is ons gou by 'n teologie van hebsug.

Wat beteken dit egter om in Jesus te bly, en om sy woorde in ons te laat bly (vers 7)? Die beeld wat in Johannes 15 gebruik word, is die beeld van die wingerdstok en sy lote. As ons in Jesus bly, aan Hom verbonde is, dan vloei die lewegewende sap vanuit die wingerdstok na die lote, die lote word getransformeer ooreenkomstig die lewe wat in die wingerdstok is. Dit is 'n lewe wat gekenmerk word deur die begeerte om te dien, wat nie in die eerste plek gedien wil word nie – dis 'n lewe van liefdevolle selfopoffering. Dít is die lewe wat die loot van die wingerdstok ontvang. Só word ons Jesus se dissipels, sy navolgers, in 'n lewe van diens en offervaardigheid.

In dieselfde hoofstuk word daar genoem wat dit beteken om waarlik Jesus se dissipels te wees: dit behels dat ons vrugte moet dra. "Vrug dra" beteken vir my nie net dat ons goeie dade moet doen nie – dit ook, natuurlik – maar dat ons goeie mense moet wees. Galasiërs 5 praat van die "vrug van die Gees", en begin dan met liefde, blydskap en vrede. Dis die vrugte waarvoor ons moet bid. Jesus het ons hierin die groot voorbeeld gestel, toe hy in Getsemane gebid het dat die bitter beker by hom moet verbygaan, maar toe bygevoeg het: "Laat nogtans nie my wil nie, maar u wil geskied" (Lukas 22:42). Wat gebeur het, was noodsaaklik vir die redding van die mensdom, dit het vrugte voorsien wat blywend is (Joh 15:16), en 'n ewige heerlikheid aan Jesus verskaf. Dit het ook die Vader verheerlik, omdat dit die Gees van die Vader in Jesus was wat gelei het tot so 'n liefde, 'n liefde tot die kruisdood toe. Ons behoort diep na te dink oor die pynlike waarhede

---

[63] Vrijbrief.
[64] Engelse vertaling: "prosperity gospel".

wat vervat is in Johannes 15:8: "My Vader word juis daardeur verheerlik dat julle baie vrugte dra en my dissipels is".

Johannes 15:7-8 kan dus op twee maniere geïnterpreteer word: een wat die hebsug en materialisme van ons tyd kan voed en versterk, en een wat lei tot die navolging van Jesus in diensbaarheid, offervaardigheid en gehoorsaamheid aan die liefdeswil van God. Laasgenoemde is die ware weg van die evangelie.

Dit laat my nou dink aan wat Francis Collins (2007) geskryf het in sy boek *The language of God*. Collins is 'n wêreldbekende bioloog wat uit ateïsme oorgegaan het tot die Christelike geloof. Hy skryf:

> Prayer is not, as some seem to suggest, an opportunity to manipulate God into doing what you want Him to. Prayer is instead our way of seeking fellowship with God, learning about Him, and attempting to perceive His perspective on many issues around us that cause us puzzlement, wonder, or distress (p. 220).

So, dis hopelik genoeg vir die begin van 'n gesprek!

Hartlike groete,
Chris

4 maart 2014

Beste Chris,

Sedert een dag zijn wij terug uit de liefelijke Eifel in Duitsland waar we vanuit het zogenaamde jachthuis de heuvel afkeken naar de velden en de sparrebossen en naar de herten die daar aan het grazen waren en uiterst waakzaam de omgeving in de gaten hielden.[65] Het is daar een uitgestrekt gebied van dode vulkanen. Overal liggen lavastenen[66] en je kunt begrijpen dat onze lange wandeling er niet gemakkelijker op werd toen ik alvast enkele zware stenen in mijn rugzak stopte om mee naar Nijmegen te nemen. De stilte

---
65 Dopgehou het.
66 Lawaklippe.

gedurende de avond en nacht rondom het jachthuis is zo verkwikkend dat ik nu al terugverlang. In het jachthuis zijn alle voorwerpen herinneringen aan de jacht en aan het wild, waarvan het "Rotwild", dus de herten, bovenaan staan. De borden waarvan je hier eet, vertonen een fazant.[67] De kandelaars en het tafelkleed laten reën[68] zien. De kamer is versierd met vijftien geweien[69] van herten en reën, aan de muren hangen schilderijen met herten en wilde zwijnen daarop afgebeeld. Twee ervan zijn van de hand van een zekere meneer Frey. Deze schilder heeft blijkens de begeleidende tekst er een "ereprijs" op een jachttentoonstelling in 1954 mee verworven. Opvallend genoeg bevindt zich op de achterkant van de twee schilderijen een op het hout geplakte tekst die vertelt waar de heer Frey geboren is en waar hij al tentoonstellingen heeft gehouden. Onder meer in Krakau en Praag. Dat moet dus vóór 1944 zijn. Na 1945 zat men in Krakau niet op deze schilderijen te wachten. De geschiedenis is derhalve niet te vermijden. Vroeg of laat kom je de geschiedenis tegen.

Toen ik je zeer waardevolle gedachten over het gebed, over het ware gebed, las, moest ik aan ons eerdere onderwerp terugdenken. Ook daarbij ging het om de vraag naar de verhouding van de mens tot God bij de dingen die in het leven gebeuren. Wanneer het stramien van ons leven tot in de fijnste bijzonderheden vastligt, past ons alleen maar een soort gehoorzame passiviteit. Maar, wanneer we met God in gesprek kunnen treden om onze gedachten te richten, te ijken als een weegschaal, om zuiver te zien en te handelen, zijn wij actieve medespelers in de tijd.

Naar aanleiding van de twee wegen van het gebed die jij in je brief schetst, moest ik aan de situatie denken waarin twee biddende mensen zich bevonden: de een bad God om zonneschijn, een heldere lucht en warmte zodat het tuinfeest een succes zou worden en niet "in het water zou vallen" en de ander, een boer, bad God, op hetzelfde moment en een kilometer verder, om regen, aangezien het gewas zou verdorren zonder het water uit de hemel. Als ik mocht kiezen, zou ik het gebed van de boer verhoren, maar daar gaat het uiteraard helemaal niet om. De anekdote drukt ons met de neus op het vraagstuk van het vinden van het zuivere gebed. Het eerste gedeelte van de

---

67   Fisant.
68   Klein wildsbokkies.
69   Horings.

tekst uit Johannes 15, vers 7-8, zou ik net als jij (jullie) nooit uitleggen als een vrijbrief om God als gulle Sinterklaas te beschouwen die royaal vervult wat wij ook maar zouden vragen.

Het cruciale punt is: hoe bid ik zodanig dat mijn gebed mij nader tot God brengt? Mijn dagelijkse ervaring is dat de vrucht van mijn gebeden niet in de eerste plaats een vervulling van een persoonlijke wens is die op een uiterlijke verandering van mijn levenssituatie gericht is. Mijn kostbaarste gebed is een gebed om een zuivere blik op mijzelf en op anderen in mijn omgeving. Aannemende dat ik niet de enige ben die in het leven ervaart dat negatieve gevoelens de verhouding van mens tot mens kunnen blokkeren of tot vijandigheid laten uitgroeien, is het mijn oprechte bede tot God om woorden te geven die de verhoudingen een wending ten goede geven of om zonder woorden en rechtstreeks vanuit de wereld die wij niet zien en die er wel degelijk is, een innerlijke verandering te bewerkstelligen.

Onze wereld, de eigene in het klein en de grote wereld van verhoudingen op het niveau van volkeren en naties, is vol conflicten. In wezen is ons leven een voortdurende aanvaring met anderen, al is het alleen maar dat wij voortdurend oordelen over de ander. Bij elk binnenkomen in een winkel of in een gezelschap, begint de beeldvorming. We nemen elkaar de maat, bepalen onze eigenwaarde in relatie tot de ander en laten ons leiden door de begeerte naar dingen of naar schoonheid die het handelen van de ander dicteert. De bekende mimetische begeerte: ik begeer wat jij begeert. Deze vloek van het menselijk bestaan is alleen maar te overwinnen door de bevrijding die het gebed ons schenkt. Uit het tweede gedeelte van de aanhaling uit Johannes 15 zou ik het deel over het "vrucht dragen" naar voren willen halen. Die vrucht zie ik in eerlijkheid ten opzichte van degene die op mijn weg komt. Maar, ik verwacht die eerlijkheid ook van de persoon die ik ontmoet en aan wie ik recht probeer te doen.

Het tweede deel van de aanhaling uit Johannes kan ik met "dienst aan de naaste" verbinden wanneer die dienst betekent dat ik de ander respecteer en help om zichzelf te helpen. Het woord "offer" zit naar mijn gevoel dichtbij het opgeven van jezelf en van je gerechtvaardigde emoties. Hier wil ik in de volgende brief graag nader op ingaan. Dit is heel wezenlijk. Ik moet onmiddellijk denken aan het verhaal *Heer en knecht* van Leo Tolstoj waarin het offer zo'n centrale rol speelt. Mijn vraag is: hoe gaan we zuiver met dit begrip om, ook en niet in de laatste plaats met betrekking tot het leven van Christus en de betekenis voor ons leven van Christus' leven.

Morgen verder, Chris.

Intussen hartelijk groeten aan jullie beiden van huis tot huis,

Hans

6 maart 2014

Beste Chris,

Jouw brief nog eens doorlezend, treft mij het citaat van Francis Collins. Bidden kan gemakkelijk op de rand van manipulatie verkeren. Het zoeken naar de blikrichting van God spreekt mij bijzonder aan. Ik zie die toe-eigening van de blikrichting van het ware en het goede vanuit de beweging van het gesprek met God. Het geduld van God kan heel veel "maars" (als een vorm van tegenspraak) hebben, nee – lijden[70] is een beter werkwoord. Als de intentie van mijn en onze kant goed en oprecht is, zal God het gesprek niet afbreken. Hierbij is het wel van groot belang om te beseffen dat de aard van mijn gebed mede is bepaald door de stabiele, vredige omgeving waarbinnen ik kan bidden. Op het volgehouden, vertrouwensvolle bidden komt zeer veel meer druk te staan, wanneer een medemens je pijnigt en vernedert.

Wat zou een mens in een extreme situatie van geweld moeten bidden? In het boek van Elliot Perlman, *The Street Sweeper*, komen beschrijvingen uit het Duitse concentratiekamp Birkenau voor die alle zin, ook de zin van het bidden, te boven gaan. Deze gebeurtenissen laten mij tot de vraag komen: waarom heeft God hier niet gezegd: "En nu is het genoeg. Ik ruim die hele helse boel op?" Ik wil graag weten of Etty Hillesum in haar brieven en dagboeken op een dergelijke vraag ingaat. Waarbij ik wel besef dat Etty Hillesum in het doorgangskamp Westerbork de ergste verschrikkingen niet heeft

---

70 Verdra, duld.

meegemaakt. Die kwamen later. Over de allerlaatste gruwel is mij geen verslag van een slachtoffer bekend, omdat het gas volstrekt dodelijk was.

Maar, ik moet mij corrigeren. In Vasili Grossmans *Leven en Lot* (2016) is een beschrijving van de laatste momenten van Sofja Osipovna vóór het sterven in de gaskamer:

> De jongen met zijn tengere vogellichaam was eerder gestorven dan zij. Ik ben moeder geworden, dacht ze. Dat was haar laatste gedachte. Maar in haar hart was nog leven: het trok zich samen, leed pijn en had medelijden met u, levenden en doden.

Het grootse aan deze vrouw is dat zij een ruimte van vrijheid heeft behouden, een emotie die meer is dan haar persoonlijke ellende. Misschien kunnen we Sofja Osipovna's medelijden als een gebed beschouwen. Ik weet het niet. Hier legt de grootsheid van de emotie ons het zwijgen op. Ik zie uit naar je reactie op deze vragen waarin ik nu, al denkende over het gebed, verzeild[71] ben geraakt. Deze laatste woorden van mijzelf klinken me opeens zeer banaal in de oren. De echo is niet aangenaam.

Met mijn aanhaling uit Grossman in het achterhoofd moet ik terugdenken aan de door jou geciteerde uitspraak van Christus uit Johannes 15. Wanneer er zelfs geen handeling vanuit oprechte liefde meer mogelijk is (behalve een laatste gevoel van medelijden), wat heeft bidden dan voor zin? Christus spreekt over vragen en over het ontvangen van het gevraagde. Kan dat een algemene waarheid zijn die altijd geldig is? Is deze ultieme situatie van uitzichtloosheid (bij Perlman en Grossman) niet de toets voor de zuiverheid van ons denken over het gebed? Je merkt wel, Chris, dat ik er niet uitkom. Misschien dat het "offer" hier toch een soort zin zou verschaffen, maar de verbinding van extreem lijden en offer kan ik niet accepteren. Vraag na vraag!!

Ik zie uit naar je reactie. Ontvang een hartelijke groet,

Hans

---

71 Verdwaal.

Jesus en die Samaritaanse Vrou

10 Maart 2014

Beste Hans,

Baie dankie vir jou gedagtes oor gebed. Ek hou verskriklik baie van jou sin: "Mijn kostbaarste gebed is een gebed om een zuivere blik op mijzelf en op anderen in mijn omgeving". Gebed is inderdaad nie 'n middel om God te manipuleer tot ooreenstemming met ons begeertes nie, maar 'n middel om ons te hervorm tot God se uitkyk op die wêreld. Ek stem ook heelhartig saam met jou stelling wat Girard in herinnering roep: "De bekende mimetische begeerte: ik begeer wat jij begeert. Deze vloek van

61

het menselijk bestaan is alleen maaar te overwinnen door de bevrijding die het gebed ons schenkt".

Ek wil tog 'n aanvulling hierby voeg. Dit kom my voor as ek sommige van Christus se uitsprake oordink, dat ons die wêreld deur gebed kan en moet verander. Dit lyk my of God, in groot nederigheid, op ons wag om in antwoord op ons gebede die hemelse goedheid aan die wêreld te skenk. Op dié manier word ons kanale van God se welwillendheid, en dan word die skeiding tussen gebede en werke vaag. Want gebed is ook 'n goeie werk, iets wat ons doen om te voorsien in die behoeftes van die wêreld waarin ons woon. Die Christelike Studente-Vereniging in Suid-Afrika het die leuse: Bid en werk. Vir my is bid werk, en werk is bid. Gebedsversuim is 'n ernstige oortreding van nalatigheid – God wil nie bloot buite ons werksaam in die wêreld wees nie, maar in ons en deur ons. Een van die wonders van gebed is dat dit nie ruimtelik beperk is nie – ons kan bid vir die heil van mense en situasies wat ver van ons verwyderd is.

Ek moet egter erken dat ek nog allerlei onsekerhede het. Ek bid vir vrede in Israel, maar die vrede bly weg; ek bid vir die situasie in Sirië, en dit word skynbaar nie beter nie. Hoe bid 'n mens vir vrede in 'n wêreld wat vrede nie ken nie? En hoe moet jy reageer as jy gebid het dat God geliefdes bewaar, en vreeslike dinge gebeur met hulle? Die antwoord weet ek nie. Die laaste tyd lê ek dikwels 'n persoon of 'n situasie voor God, met die erkenning dat ek nie presies weet hoe om vir hulle te bid nie. En ek vra dan dat die goedheid van God oor en met hulle sal wees. Verder bid ek steeds meer vir diegene wat die sout van die aarde is – hulle wat soek na vrede in onrus-geteisterde gebiede, hulle wat heling wil bring in situasies van gebrokenheid. Ek bid dat God hulle sal versterk en bemoedig.

Gister in die kerk het ons 'n preek gehoor na aanleiding van Jesus se ontmoeting met die Samaritaanse vrou (Johannes 4). Die prediker het daarop gewys dat die vrou aanvanklik die gesprek gevoer het oor water wat die liggaamlike dors kan les, maar Jesus wou praat oor water wat die mens se diepste dors les – die dors na God. Later wou die vrou met slimpraatjies laat blyk dat sy darem iets van die geskiedenis van haar voorvader Jakob weet, en dat háár mense ook deel van God se verbond is. Maar Jesus dring dwarsdeur die masker wat sy voorhou, en vra haar: "Gaan roep jou man". Jesus weet dat sy 'n losse lewe lei; sy versoek lei tot 'n dramatiese wending in die gesprek. Vir my is die belangrike punt, wat by ons tema aansluit, dat die betekenisvolle gesprek met God begin met die erkenning dat ons tekortskiet vir die ontvangs van God se goedheid – ons het God se vergiffenis en genade nodig. Water kry sy volle betekenis in die dorre woestyn; alleen diegene wat dors het, se dors word geles. Die selftevredenes en hooghartiges het nie 'n plek by die put van Sigar nie. Hierdie waarheid het Jesus ook geleer met die gelykenis van die Fariseër en die tollenaar – laasgenoemde se gebed is verhoor, en hy het geregverdig huis toe gegaan, in teenstelling met die eiegeregtige Fariseër.

Ek hoor graag jou reaksie op my gedagtes. Môreoggend vind die bekendstelling van my boek *Die wonder van die goddelike liefde* plaas as deel van die Woordfees op Stellenbosch. Dink daaraan in jou gebede!

Hartlike groete,

Chris

13 maart 2014

Beste Chris,

Graag wil ik nog op jouw e-post van 10 maart reageren. Er staan veel gedachten in jouw brief die een mooie handreiking bieden voor een verder gesprek. Je ruwt tekstgedeelten op die vanzelfsprekend leken en daarmee niets levends meer hadden. Binnenkort ga ik op meer punten in. Maar vanavond wil ik een reactie geven op jouw uitleg van Johannes 4, de ontmoeting van Jezus met de Samaritaanse vrouw. Laat ik vooropstellen dat ik een gevoel van sympathie heb voor deze vrouw die tot een geminachte groep behoort. Ik vind het daarom een uitstekende zet van haar om over haar voorvader Jakob te beginnen. Zij legitimeert zich met de verwijzing naar het verbond. Met de verwijzing naar Jakob dwingt zij Jezus tot het bekend maken van zijn plaats op de hiërarchische en genealogische ladder. Dat getuigt wel van moed en scherpzinnigheid.

De Samaritaanse vrouw heeft uiteraard in de eerste plaats de zorg om voldoende drinkwater en daarom komt ze steeds weer terug op het water dat zij met zoveel moeite uit de put moet halen. Waarom doet Jezus daar zo moeilijk over? Laten we het begin niet vergeten: Jezus vraagt de Samaritaanse vrouw om hem water te geven. Het ligt voor de hand dat zij op de maatschappelijke ongelijkheid ingaat alvorens de gevraagde handeling te verrichten. Waarom nu zou de Samaritaanse vrouw in de situatie waarin de rollen zouden zijn omgekeerd, meteen om het levende water van de relatie met God hebben gevraagd? Dat verwacht Jezus van haar, terwijl hij zelf om het water vroeg om zijn dorst te lessen.

Ik vind het niet helemaal zuiver (eerlijk) hoe Jezus deze vrouw behandelt. Uitgangspunt is dat Joden niet met Samaritanen omgaan. Daarom is de vrouw verbaasd. Logisch zou een reactie van Jezus zijn geweest in de geest van "het water verandert niet door de hand die het aanreikt. De hand dient het water en daarom vervult de hand datgene wat de Schepper met het water bedoelt. Uw hand verricht een handeling die net zo zuiver is als het water van de put. De ontvanger van het water zal geen oordeel uitspreken over de hand als drager, nee, zal die hand zegenen. Maar uw leven is niet in overeenstemming met Gods bedoeling met dat leven. U hebt de ware liefde niet nagestreefd. Die liefde is een put waarvan het levende water nooit vertroebeld of onzuiver is".

Je ziet, Chris, dat ik een aardig robbertje aan het vechten ben[72] met deze tekst. Ik begrijp niet waarom Jezus plotsklaps over Gods genade spreekt in Johannes 4. Jezus kan toch op zijn vingers natellen dat de Samaritaanse vrouw niet doorheeft[73] dat hij over het water op twee niveau's spreekt. Nog erger is het wanneer Jezus tegen de vrouw zegt dat zij niet weet wat zij aanbidt, terwijl wij (de Joden) weten wat zij aanbidden. In plaats van een schrobbering had de Samaritaanse vrouw een royale aanmoediging verdiend. Het bevreemdt mij dat Jezus zich er zo gemakkelijk van afmaakt door te zeggen dat het heil uit de Joden is en daarmee hun verhouding tot God boven de zoektocht van de Samaritaanse vrouw stelt. Dit is geen voorbeeld.

---

72 Besig is om te worstel.
73 Nie verstaan.

Je hebt me aardig aan het denken (en fantaseren) gezet, Chris. Nu ben ik razend benieuwd naar je reactie. Maar, laat ik morgen eerst nog eens op je brief ingaan. Genoeg voor vandaag.

"Der schnelle Tag ist hin/die Nacht schwingt ihre Fahn/und führt die Sterne auf ...", zoals een dichter vier eeuwen geleden schreef.[74]

Wees hartelijk gegroet,

Hans

14 maart 2014

Beste Chris,

Je hebt een geweldige week achter de rug met de presentatie van je nieuwe boek.[75] Er zijn vast nog mooie reacties bij gekomen. Het verhaal van Johannes 4 heeft mij intensief bezig gehouden. Ik kom maar niet los van de beginsituatie die door de Samaritaanse vrouw duidelijk naar boven wordt gehaald. De Samaritanen golden immers voor de Joden als onrein. Dat was de reden waarom de Joden vaak[76] de omweg via het Over-Jordaanse kozen[77] om vanuit het noorden naar Jeruzalem te komen. In het verhaal negeert Jezus de constatering van de vrouw dat de vraag om water van een Jood aan een Samaritaanse hoogst opmerkelijk is. Jezus noemt vervolgens de "gave Gods" om de onwetende vrouw op een gemiste kans te wijzen, de kans namelijk om Jezus om het levende water te vragen. Dat levende water zou haar op haar verzoek dan gegeven zijn. De Samaritaanse vrouw gaat verder in de lijn van haar oorspronkelijke gedachte en vereenzelvigt het levende water met het water uit de put dat dient om de dorst te lessen. Vervolgens is het Jezus die zich opnieuw als de gever van het levende water presenteert en met het levende water de garantie/belofte verbindt dat de drinker "in eeuwigheid" niet meer zal dorsten.

---

74 Afrikaanse vertaling: Die snelle dag is verby, die nag swaai haar vaandel en bring die sterre te voorskyn. Uit: Gryphius, A. 1650. *Das Andere Buch*.
75 Van der Merwe, C. 2014. *Die wonder van die goddelike liefde: Sinvolle waardes vir die lewe*. Kaapstad: Lux Verbi.
76 Gereeld, dikwels.
77 Gekies het.

Dat de twee visies op het water niet overeenstemmen heeft vooral te maken met het gegeven dat Jezus het sociale probleem negeert en termen introduceert die buiten het kader van zijn aanvankelijke verzoek om water vallen. Voor de vrouw moet de "gave Gods" in de eerste plaats het water uit de put zijn geweest. Jezus wil haar kapittelen en gebruikt een begrip dat veel te vaag is en niet door deze vrouw in haar sociale positie kan worden begrepen. Dat het levende water de dorst eeuwig zal lessen, lijkt mij een vreemde uitspraak binnen een cultuur waarin nauwelijks sprake is van een leven na dit leven. Waarom draait Jezus er zo omheen? Waarom roept hij de Samaritaanse vrouw niet meteen op om haar zondige leven zonder gehoorzaamheid aan Gods geboden vaarwel te zeggen en in een levende relatie tot God te treden? Hij zou haar ook als zijn zuster kunnen omhelzen en alle lelijke conventies opzij kunnen schuiven.

Bij het bovenstaande ben ik uitgegaan van het verhaal zoals ons dat is overgeleverd. Is het denkbaar dat er hiaten in het verhaal zitten? Wie heeft het gebeurde, de ontmoeting en het gesprek bij de put doorverteld zodat het kon worden opgetekend? De discipelen waren er in ieder geval niet bij, want die waren naar de stad (in Samaria?) gegaan om eten te kopen. Zoals het verhaal nu voor ons ligt, is het bedoeld om de Samaritaanse vrouw voor te stellen als iemand die de essentie van het geloof in God niet heeft begrepen. Daar wil ik tegenin brengen dat Jezus geheel anders met de vrouw had kunnen spreken dan hij nu doet. Hij gaat aan de sociale scheiding voorbij met zijn verzoek om water. Maar deze scheiding keert later in de vorm van een reprimande terug. Mijn vraag aan Jezus zou zijn geweest: waarom suggereert u dat de Samaritaanse godsdienst dwaling is en de godsdienst der Joden de waarheid?

Heeft deze vrouw op het moment waarop zij spreekt over het aanbidden van God niet in de geest en in de waarheid aanbeden? En vervolgens: wat maakt u nu zo bijzonder dat u zich verheft boven de aanbidding van deze vrouw en op het moment waarop het op klare taal aankomt (namelijk in het gesprek met de discipelen) opnieuw in beelden spreekt en daarmee opnieuw een geheimzinnige sluier over uw opdracht op deze aarde legt?

Ik weet niet of ik de juiste toon heb getroffen, Chris. Mij stoort een soort arrogantie in het spreken van Jezus. Ook dit woord "arrogantie" is sterker dan wat ik voel. Ik denk dat mijn aarzeling om het verhaal te lezen zoals jij het mooi hebt samengevat ligt in mijn weigering om het verhaal te lezen vanuit het dogma met betrekking tot Jezus' lijden en sterven en wederopstanding zoals de kerk dat later heeft geformuleerd. Ik wil in gesprek met Jezus en hem om opheldering vragen over vaagheden in zijn verkondiging. Ik denk eerlijk gezegd dat de discipelen dat ook hebben gedaan naar aanleiding van de gelijkenissen die Christus vertelt.

Mocht je door mijn emotie heen een echt vraagstuk ontwaren,[78] dan waardeer ik je reactie bijzonder.

Ik groet je zeer hartelijk!

Hans

15 maart 2014

Beste Chris,

Na mijn vorige brieven aan jou kom ik tot het besef dat ik toch wat ben afgedwaald van het oorspronkelijke onderwerp. Ik wacht even op jouw reactie om daarna ons gesprek te vervolgen over de belangrijke betekenis van het gebed in het menselijk leven. Een punt dat ik wil aanroeren is het traditionele gebruik om Christus deel te laten uitmaken van het gebed tot God. Hier komen we weer terug bij een eerder gegeven, namelijk dat Christus toezegt of garandeert dat wat wij vragen ons ook gegeven zal worden. In de praktijk is daaruit een gebed "om Jezus' wil" geworden, waarbij de beslissing van God gekoppeld wordt aan de voorspraak van Christus. De vraag is of wij daar niet eens grondig over na moeten denken. Wat is hier aan de hand? Heeft Christus ooit bedoeld dat wij zijn woorden herhalen om extra kracht te verlenen aan ons gebed? Maar, wanneer wij God als eenheid zien, als Schepper die in zijn dialoog met ons als een onverwisselbare en herkenbare partner werkzaam

---

78   Agterkom.

is, dan is het toch helemaal niet nodig om Jezus Christus nog eens in het bijzonder te noemen?

Chris, ga je niet wanhopen dat ik opnieuw iets overhoop haal?[79] Ik stuur je per slakkenpost een artikel van vermoedelijk een dominee uit het *Nederlands Dagblad* over de betekenis van het Joodse volk in relatie tot Jezus en tot ons als gelovigen. Hier ligt een onderwerp waarover ik zeer, zeer graag je visie wil horen. Het is een brandend onderwerp waarover we helderheid moeten krijgen!

Wees hartelijk gegroet,

Hans

23 Maart 2014

Beste Hans,

Jammer dat ek nou eers op jou eposse antwoord, maar soos jy weet, het ek nogal 'n bedrywige tyd agter die rug met my verjaardag en die bekendstelling van *Die wonder van die goddelike liefde*. Ek het nou weer rustig jou drie eposse gelees en die goeie nuus is, ons het nog baie om oor te gesels!

Terug na die Samaritaanse vrou, voordat ons weer by die gebed uitkom. Ek wil begin met jou vraag of "er hiaten in het verhaal zitten?" Ek dink dit is beslis die geval. Die dissipels was nie teenwoordig toe die gesprek plaasgevind het nie; Jesus moes dit later aan hulle vertel het, en met so 'n vertelling gee 'n mens natuurlik nie verbatim weer wat gesê is nie, jy hou jou by die essensies. Johannes het ook op sy beurt vertel wat hy by Jesus gehoor het – dus, 'n oorvertelling van 'n oorvertelling. Daarom kan die dialoog soms 'n abrupte indruk maak wat nie noodwendig ooreenstem met die oorspronklike gesprek nie. Johannes, in sy oorvertelling, fokus (soos wat hy steeds in sy evangelie doen) op die simboliese laag van 'n gebeurtenis, en daarom stel hy veral belang om in sy weergawe die simboliek van die water te beklemtoon. Daarby is dit belangrik om die sentrale tema van Johannes se evangelie te onthou

---

soos wat hy dit in sy inleiding formuleer: "In Hom was daar lewe, en die lewe was die lig vir die mense" (Johannes 1:4). Die twee motiewe wat sentraal in die hele evangelie staan, is lig en lewe. Johannes stel die vraag wát die ware lewe behels, en wat dit is wat lig in ons (simboliese) duisternis bring. Die water van die Samaritaanse vrou hang ten nouste saam met die eersgenoemde motief van ware (ewige) lewe.

Jesus se woorde spruit myns insiens nie uit arrogansie nie, maar uit mededoë. Hy wat die mens deurskou, weet wat haar diepste behoefte is, en dit is waarby hy wil uitkom. Die nuwe lewe wat hy aan haar wil gee, is nie moontlik sonder dat sy erken en afstand doen van wat verkeerd is nie. Jesus het nie na die wêreld gekom om bloot 'n sousie oor ons ou lewe te strooi nie, hy bring 'n meer radikale vernuwing wat 'n totale aflegging van die oue vereis. Dit is waarom hy die gesprek stuur in die rigting van die vrou se promiskue lewe. Wanneer die vrou hom betig omdat hy, wat 'n Jood is, water vra van 'n Samaritaanse vrou, bring dit hom feitlik outomaties by die vrou se behoefte aan water wat die ware lewe gee. Water in Johannes 4 het meer as een simboliese betekenis: dit herinner aan die mens se diepe geestelike dors wat, soos Augustinus gesê het, slegs deur God geles kan word – sonder daardie spirituele water vergaan die mens in 'n dorre geestelike woestyn. Maar die gedeelte herinner ook aan water wat reinig. Beide betekenisse is op die vrou van toepassing – sy het die ware lewe nodig wat God aan haar wil gee, maar dit kan alleen langs die (pynlike) weg van innerlike reiniging ontvang word.

Wanneer Jesus aan die vrou verklaar dat die geloof van die Samaritane foutief is, die geloof dat hulle op die berg Gerisim kan aanbid en die tempel in Jerusalem kan ignoreer, dan is hy nie beterweterig nie – hy weet gewoon beter. Hy wys egter verder daarop dat ook die Jode se siening beperk is – hulle dink die tempel in Jerusalem is van kardinale belang by die aanbidding van God maar, sê Jesus, daar kom 'n tyd wanneer die mense God in gees en waarheid sal aanbid. Hy verwys hier klaarblyklik na die uitstorting van die Heilige Gees, deur wie mense die teenwoordigheid van God kan beleef, nie alleen by die tempel nie, maar ook in 'n lewe wat ver van Jerusalem verwyderd is. Met ander woorde, Jesus bring verruiming en vernuwing in die siening van die Jode sowel as die Samaritane. Vir Jesus gaan dit om die waarheid wat vry maak, en daarby wil hy die Samaritaanse vrou uitbring (soos vir die Jode).

Ek wil ook iets sê oor die begrippe "arrogansie" en "nederigheid". Sowel nederigheid as arrogansie word dikwels verkeerd verstaan, ook binne die Kerk (so sê ek in my arrogansie). Die nederigheid van Jesus, wat as ons voorbeeld dien, beteken nie dat hy 'n houding het van "ekskuus dat ek lewe", van voorgee dat hy minderwaardig is nie, soos wat nederigheid dikwels voorgestel word – dít is valse nederigheid. Die essensie van Jesus se nederigheid is dat hy nie gerig word deur die soeke na eer en status nie, en dat hy gewillig is om die skanddood[80] van die kruis te aanvaar as dit nodig is vir die redding van die mensdom. Jesus sê wel dinge wat arrogant, selfs godslasterlik voorkom, soos wat dit ook tydens sy verhoor deur die hoëpriester ervaar is (Matteus 26:65). Jesus verklaar byvoorbeeld dat hy een met die Vader is, en hy is deurgaans baie bewus van die besondere plek wat hy in die heilsgeskiedenis inneem. 'n Mens kan hieruit aflei dat Jesus nie net arrogant is nie, maar dat hy 'n vorm van grootheidswaan het – of 'n mens moet aanneem dat hy ís wat hy beweer, en dat hy doodgewoon die waarheid praat, 'n waarheid waarvan die mense nie bewus is nie. 'n Mens kan Jesus wel seker van arrogansie beskuldig – tensy hy die waarheid praat!

Hartlike groete van huis tot huis.

Chris

5 april 2014

Beste Chris,

Veel later dan mijn bedoeling was, klim ik nu weer – overdrachtelijk – in de pen om je te antwoorden op je inhoudelijk zeer rijke brief van 23 maart 2014. Ik had je al geschreven dat ik jouw uitleg van het verhaal uit Johannes over Jezus en de Samaritaanse vrouw bij de waterput als geheel mooi en inspirerend vind. Je accentueert het belang van het symbolische in het gehele Evangelie naar Johannes. Daarmee heb je ook de sleutel genoemd

---

[80] Vernederende dood aan het kruis.

waarmee het verhaal zich voor jou opent. Van Wyk Louw zou hier zijn anekdote over het orgeltje in de dorpskerk aanhalen, het orgeltje waarop door een oud gemeentelid altijd een dun straaltje muziek is geproduceerd. Maar, wanneer een echte organist uit de stad het orgeltje bespeelt, blijkt het instrument tot veel meer klanken in staat te zijn, zij het dat de kerk nu vol stof is uit de orgelpijpen die vele jaren niet gebruikt werden.

Is mijn uitleg die van de organist en de simpele handgrepen? Het is zeker waar dat ik het verhaal niet vanuit de symboliek heb gelezen. Ik las[81] het met een zekere mate van irritatie, omdat Jezus de Samaritaanse vrouw wel veel zegt en haar terechtwijst, maar in de grond van de zaak in raadselen spreekt. Dat zij innerlijke (en uiterlijke) reiniging nodig heeft, zal ik niet betwijfelen. Echter, het verhaal vertelt niets over de mannen met wie zij intiem omging. Hebben die haar misschien bedrogen? Was ze te goedgelovig? Wanneer je hier je hoofd schudt, geef ik je onmiddellijk gelijk. Ik was even de sleutel kwijt. Precies hier ligt het kruispunt waarop wij ieder een andere richting inslaan. Het Evangelie naar Johannes wordt gezien als het Evangelie dat op grond van de kennis der andere Evangeliën is geschreven. Wellicht denk jij daar heel anders over, hetgeen ik ten volle respecteer. Maar, waar onze visies en interpretaties weer samenkomen, is inderdaad het fijne kleed van symbolische betekenissen dat over de bijna idyllische scène is gedrapeerd. Ik zie die betekenissen wel, maar ik laat ze pas als mogelijke uitleg toe wanneer ik op grond van wat ik lees en mij in mijn verbeelding voorstel, ben uitgevraagd. Ik stel het moment waarop ik gelovig naar dit verhaal kijk, zo lang mogelijk uit.

Per slakkenpost stuur ik je een mooi artikel uit het *Nederlands Dagblad* van redacteur Aaldert van Soest over het bidden voorafgaande aan de maaltijd. Hij haalt de nog altijd beroemde Nederlandse theoloog Heiko Miskotte aan die in zijn boekje *De weg van het gebed* over het bidden aan tafel onder meer schreef: "In dit gebed plegen wij de grote revolte tegen de ontmenselijking van het bestaan". Geen jongere van nu zal deze bombastische taal nog kunnen begrijpen, maar we kunnen daar wel een aanspreekbare uitleg van geven: in onze cultuur van het snelle en overal en altijd beschikbare voedsel

---

81 Het gelees.

verliezen we uit het oog en uit het hart dat we afhankelijk zijn, dat het niet vanzelfsprekend is dat we gevoed worden en dat we God dienen te danken[82] voor de genade die in dit kostbare voedsel tot uitdrukking komt. Natuurlijk moeten we heel Miskotte's boekje lezen en zijn woorden gebruiken, maar los van Miskotte's verdere context zou ik het verwoorden zoals ik heb gedaan. Als je de dankbaarheid uit het hart wegneemt, neem je de ware menselijkheid weg. Dat is de strekking van het citaat en daar ben ik het van ganser harte mee eens.

Voorafgaande aan vergaderingen vanuit het Christelijk Literair Overleg – je herinnert je nog onze tocht naar Amersfoort voor de CLO-literatuurdag – word ik vaak geacht te bidden voor een vruchtbare samenkomst die recht doet aan Gods bedoeling met ons en voor een veilige thuisreis. Het is gebruikelijk om ieder gebed af te ronden met "Dit vragen wij U om Jezus' wil". Hiermee heb ik meer en meer moeite. Waarom is de wil van Jezus nodig om onze bede bij God neer te leggen? Wat impliceert zo'n slotzin? Ervan uitgaande dat God en Christus één zijn, is dit een overbodige formule (die trouwens is afgezakt tot een onbeduidend cliché). De waarde van het gebed wil ik in geen enkel opzicht in twijfel trekken. Juist niet! Omdat het gebed het gebied van het Allerheiligste betreedt, luistert het zeer nauw om daar zo zuiver mogelijk in te handelen. Ik besef dat mijn vragen over de "geadresseerde" van het menselijk gebed dicht bij de vraag naar de rol van Christus binnen onze toenadering tot God komen.

In jouw uitleg van het verhaal over Jezus en de Samaritaanse vrouw spreek je over de door Christus belichaamde waarheid die vrij maakt, over het lenigen van de diepe menselijke, geestelijke dorst. Op dit punt is van het grootste belang dat de genoemde betekenissen worden uitgelegd. Laten we daarover verder praten. Dan komen we vanzelf uit bij de zin van het lijden en sterven en het opstaan uit de doden van Christus. Wil jij hierop inhaken of maak ik mij er nu te gemakkelijk van af?

Ontvang voor vandaag een hartelijke groet uit een Nederland waar alles in bloei staat en de lof van de Schepper prijst,

Hans

---

[82] Behoort te dank.

Erfsonde en die offer van Jesus

19 april 2014

Beste Chris,

Voor onze uitwisseling is het artikel van Willem-Jan Otten bijzonder inspirerend, althans zo heb ik het ervaren. Mij verduidelijkt het de goede en verkeerde keuzes die ik mijn leven heb gemaakt. Vreemd genoeg zijn het de verzuimen uit mijn kinderjaren die mij het duidelijkst voor ogen staan.

Onlangs moest ik een lezing houden bij het Hoger Onderwijs voor Ouderen. Toen ik vertelde dat het werk van Franz Kafka ook als symbolisering van de erfzonde kan worden opgevat, protesteerde een oude heer op de achterste rij heftig en verontwaardigd: het Jodendom kent immers de erfzonde niet, zoals Augustinus die leert. Afgezien van de noodzakelijke discussie hierover in het kader van de Kafka-interpretatie, wil ik met jou op de vraag ingaan, of het mogelijk is om uit de Joodse traditie een soort erfzonde als gevolg van de zondeval af te leiden. Kan dat niet, dan ligt hier een diepe kloof tussen jodendom en christendom.

Aan Biebie en jou

Een gezegend Paasfeest wensend,
Reina en Hans

20 April 2014

Beste Hans,

Ek het vandag eers kans gekry om behoorlik aan jou eposse en die artikel van Otten aandag te gee. Ek was naamlik vir 'n week in Kemptonpark in verband met die nuwe amptelike[83] Afrikaanse Bybelvertaling. Dit is 'n reuse-taak, en dis vir my uiters stimulerend om as letterkundige deel daarvan te wees. Die vertaalde Nuwe Testament en die Psalms het so pas verskyn – die strewe is om so getrou as moontlik aan die bronteks te bly, maar daar word van voetnote gebruik gemaak om dit wat vir die leek onverstaanbaar sal wees, te verduidelik. Byvoorbeeld: ons behou terme soos 'efa', 'gomer', 'talente' (in die gelykenis), en verklaar hulle dan in voetnote. Geen vertaling kan ooit vlekkeloos wees nie, maar ek is werklik beïndruk deur die moeite wat gedoen word om die vertaalde teks so betroubaar as moontlik, in goeie Afrikaans, weer te gee.

Die artikel van Willem-Jan Otten was vir my aangrypend, diepsinnig; ek voel soos wat ek oor C.S. Lewis voel – ek wil nie 'n woord mis van wat hierdie man skryf nie. Dis boeiend hoe sy artikel aansluit by die tema van die erfsonde wat jy in een van jou eposse noem. Die onderskeid wat hy maak tussen "lewe" en "oorlewe" in die film *Twelve years a slave* is vir my besonder verhelderend.

---

83 Officiële.

Dit het my laat dink aan die opstel van Van Wyk Louw, "Kultuur en krisis" in *Liberale nasionalisme*, waar hy die laaste groot versoeking noem wat 'n volk kan tref: om blote voortbestaan te kies bo voortbestaan in geregtigheid. Ek het ook gedink aan Karel Schoeman (1939-2017) se grootse roman, *Die uur van die engel*, met 'n verhaal wat onverbiddelik afstuur op die openbaring van die skuld van die verlede van die Afrikaners, wat wederregtelik grond van die Basters[84] afgeneem het. Die roman bring ook as kontrasfiguur die skuldlose Danie Steenkamp in – 'n ware Christus-figuur wat die skuld van die volk dra.

Dit sluit so goed aan by Otten se artikel, wat die somber skuld van die slaaf Solomon kontrasteer met die Een wat die egte lewe bo blote oorlewing gekies het, vir wie ons in die Paastyd gedenk. Dit was vir my insiggewend hoe Otten sy moeder se kampervaring met die film en met Pase verbind – die feit dat die een se oorlewing dikwels ten koste van 'n ander is (erfsonde), en dat die beste mense, diegene wat outentieke lewe kies, dikwels nie oorleef nie.

Nou is ons by die tema van die erfsonde. 'n Mens kry die indruk uit die film dat die slaaf Solomon 'n goeie mens is, bo die gemiddelde, en tog swig hy onder ekstreme druk en kies hy vir blote oorlewing, sodat hy ten slotte net kan herhaal: "Forgive me …". Dit is vir my so menslik, die mens wat tekortskiet ondanks sy hoë strewe. Jy vra of die tema van die erfsonde ook met die Joodse tradisie (sonder Jesus as Messias, sonder Paulus se teologie) verbind kan word. My antwoord sal wees: inderdaad, hoewel nie so eksplisiet en prominent nie. Die Judaïsme ken immers ook die verhaal van die verdrywing uit Eden; ook hulle weet dus van die verwydering tussen God en mens as gevolg van opstand en oortreding. Hierdie kritiese siening van die mens word bevestig in die boeke van die profete, waarin dit 'n konstante tema is dat die uitverkore volk Israel die straf van God verdien, dat hulle goddeloosheid hulle in ballingskap laat gaan het, ver van die tempel, en dus ver van die belewing van die teenwoordigheid van God.

---

84 Bevolkingsgroep van gemengd ras in Zuid-Afrika.

Die duidelikste vooruitwysings na Jesus en die betekenis van sy offer kom in Jesaja voor, veral in die dele oor die lydende kneg van die Here. Hier staan Jesaja 53:5 uit:

> Maar Hy is ter wille van ons oortredinge deurboor, ter wille van ons ongeregtigheid is Hy verbrysel; die straf wat vir ons die vrede aanbring, was op Hom, en deur sy wonde het daar vir ons genesing gekom.[85]

Jy stel 'n baie prikkelende vraag: "Het is gebruikelijk om ieder gebed af te ronden met 'Dit vragen wij om Jezus' wil'. Hiermee heb ik meer en meer moeite. Waarom is de wil van Jezus nodig om onze bede bij God neer te leggen? Wat impliceert zo'n slotzin?" Vir my sluit hierdie vrae aan by wat jy oor die tafelgebed geskryf het – dat dit 'n uiting is van afhanklikheid van God en van dankbaarheid. Jy skryf tereg: "Als je de dankbaarheid uit het hart wegneemt, neem je de ware menselijkheid weg". Die frases "om Jesus wil" en "in die naam van Jesus" hou verband met dankbaarheid en verwys na die verlossingswerk wat Jesus vir die mens verrig het; of anders gestel, wat God in Jesus verrig het (hierdie woorde moet natuurlik nie gedagteloos as stopwoorde gebruik word nie). Dit bring 'n mens by die ou vraag, waarom God nie maar kan gee wat ons vra nie, sonder dat ons Jesus daarby betrek.

Vir my is die idee aanvaarbaar wat Dirkie Smit op 'n keer geskryf het, dat daar 'n skeur deur die hart van God loop, 'n skeur tussen geregtigheid en genade, tussen woede oor die sonde en ontferming oor die sondaar. Hierdie skeur is deur Jesus geheel; anders gestel, God is self genees deur die offer wat gebring is.

Ook die mens is verlos van 'n onbenydenswaardige posisie voor God, die posisie van 'n oortreder. Geen mens kan voor God "menseregte" opeis nie, want die skaal is teen ons gelaai as gevolg van skuld; maar as vrygespreekte kind van God, as broer van Jesus, kan ons met vertroue na God gaan, ons hoef nie te pleit soos slawe nie. Sodoende gee die frases "om Jesus wil" en "in die naam van Jesus" die grond vir ons dankbaarheid en ons vertroue, 'n vertroue wat nie op ons verdienste berus nie, maar op die identifikasie met

---

[85] Aangehaal uit die amptelike vertaling van 1953.

die Een wat nie gefaal het nie. Ek het geen pretensie dat ek die geweldige kwessie van geregtigheid en genade, van skuld en plaasvergangende lyding, volkome kan begryp of verklaar nie, maar die paar gedagtes sal hopelik die begin wees van 'n gesprek tussen ons wat verheldering kan bring.

Ek en Biebie gaan 2 Mei vir drie weke na Italië. Ons sien so daarna uit – ons fokus op Noord-Italië: Milaan, Padua, Ravenna, Florence en dan Toskane. Die reis bevat alles wat ons geniet en waarin ons belangstel: natuurskoon, kuns, geskiedenis, godsdiens, voedsel en wyn. In dié tyd sal ek nie eposse ontvang nie, maar ons sit ons gesprek voort aan die einde van Mei.

Hartlike groete ook aan Reina,
Chris

12 juni 2014

Beste Chris,

Ben je weer helemaal geland in Kaapstad of spookt Italië met dat gevoel dat je over de gewijde grond van een oeroude cultuur loopt nog door in je gedachten? Ik spreek nu over het levensgevoel in Rome. Nergens heb ik mij zo dikwijls verwonderd als in Rome, ook, omdat ik daar gezichten van vrouwen zag die van een onbeschrijfelijke schoonheid waren. Er is iets edels in die Italianen. Ik weet dat ik overdrijf en toch kreeg ik dat gevoel.

Over je voorlaatste brief van 23 april heb ik lang nagedacht. Het centrale onderwerp was en is de erfzonde. Allereerst de vraag of het Joodse geloof ook de erfzonde kent. Ik deel jouw logica wanneer je over de verbanning uit de Hof van Eden schrijft en daarin een aan alle geslachten voorafgaande initiële zonde ziet. Aan Joodse gelovigen zou ik graag de vraag voorleggen of binnen de Joodse uitleg van de geschiedenis van Adam en Eva hun misstap als schuld aan alle geslachten daarna wordt doorgegeven of dat daarmee weliswaar de onvolmaaktheid de wereld in is gekomen, maar dat de menselijke natuur in wezen hierdoor niet is aangetast. Voor de zuiverheid van ons denken hierover is het van belang dat wij de geschiedenis van Adam en Eva, die als de zondeval wordt aangeduid, niet gaan uitleggen vanuit een visie op Christus die een vrucht van de traditie van de Schriftuitleg is. Vanuit duidelijke kennis van de Joodse interpretatie van het verhaal over Adam en Eva moet het mogelijk zijn om beide richtingen met elkaar te vergelijken. Met de visie op de mens en zijn zondige of onvolmaakte natuur moet het mogelijk zijn om ook een beeld te krijgen van de rol die de Messias binnen het Jodendom speelt. Ik heb nergens ooit gelezen dat de Messias binnen het Jodendom plaatsvervangend de schuld der mensheid op zich neemt en daarvoor de straf van God ontvangt.

Je voelt al aan mijn manier van redeneren dat ik niet a priori bereid ben om de visie op Christus zoals die in de Apostolische Geloofsbelijdenis wordt geformuleerd over te nemen. Hoewel, ik moet dringend de Geloofsbelijdenis erop nalezen of dat plaatsbekledende lijden van Christus daarin expliciet wordt genoemd. Wat jij schrijft over de Afrikaanse Bijbelvertaling is van het grootste belang. Het komt erop aan om te weten wat in de oorspronkelijke tekst staat. Alles draait om de verhouding van de mens tot God. Ook mijn levensgevoel zegt mij dat mijn keuzes vaak niet in overeenstemming zijn met Gods bedoelingen met ons als mensheid en met mij als individu. Mijn bewustzijn stijgt dus boven de verkeerde keuzes uit en bevestigt wat God in Goethe's *Faust* tot de duivel zegt: "Ein guter Mensch in seinem dunklen Drange/Ist sich des rechten Weges wohl bewusst".[86] Van die "dunkler Drang" maken we in onze eigen omgeving, in onszelf en in de woelingen onder die naties, genoeg mee. Veel plezier heeft God aan Zijn schepping niet beleefd.

Tegelijkertijd laat God Zijn schepping niet los, al weten we niet hoe God aanwezig is tussen ons. Heel het spreken van God is erop gericht om de wereld en ons weer heel te maken. Daarvoor heeft Christus geleefd en is Christus gestorven en uit de doden opgestaan. Maar, waarom moest Christus een straf ondergaan als gevolg van onze tekortkomingen en verkeerde handelingen? Cruciaal bij dit punt is de vraag of het woord "straf", respectievelijk "bestraffing" in de oorspronkelijke tekst voorkomt. Dat Christus een verzoening tot stand bracht tussen de miserabele werkelijkheid der mensen en de mens volgens Gods voorstelling is de basis waarop ik

---

86 Nederlandse vertaling: "Een waar mens weet, ook in zijn blind verlangen, het onderscheid wel tussen kwaad en goed". Uit: Goethe, Johann Wolfgang Von. 1982. *Faust.* Adama van Scheltema, C.S. (tr.). Amsterdam: Wereldbibliotheek.

sta en probeer om zuurstof toe te laten tot een geloof dat door formules is dichtgetimmerd.

Hier moet ik helaas afbreken, Chris. Over een uur vindt de promotie van mijn oud-studente Erika Poettgens plaats en ik wordt geacht[87] tijdens de plechtigheid een vraag te stellen. Het proefschrift gaat over Hoffmann von Fallersleben, de ontdekker van de oude Nederlandse letterkunde.

Zo spoedig mogelijk neem ik de pen weer op. Dit is alles van levensbelang!

Heel hartelijke groeten,

Hans

20 juni 2014

Beste Chris,

In het gesprek dat je met Louise Viljoen in de Protea Boekwinkel in Stellenbosch voerde, noemde je tot mijn grote vreugde de romans van Karel Schoeman. Je ging onder meer op *Die uur van die engel* in. Ook in je voorlaatste brief noem je die roman. Je hebt het over Danie Steenkamp die zonder schuld is en de schuld van het volk draagt. Een soort post-figuratie van Christus. Mij intrigeert dit enorm. Ik had je al geschreven dat ik niet meer exact wist hoe het in de Apostolische Geloofsbelijdenis was geformuleerd. Achteraf was dat onzin, want die tekst is in mijn geheugen gegrift.

De betekenis van het sterven van Christus tegen de achtergrond van de zondigheid van de mens wordt in de Apostolische Geloofsbelijdenis niet uitgelegd. In de belijdenis van Nicea is sprake van "die om ons menschen en om onze zaligheid, is nedergekomen uit den hemel, en vleesch is geworden van den Heiligen Geest uit de maagd Maria, en een mensch geworden is..." In de Geloofsbelijdenis van Athanasius uit 333 staat over Christus "die geleden heeft om onze zaligheid ..." In de Dordtsche Leerregels uit 1618/1619 staat te lezen (hoofdstuk 2, nr. 2): "Maar alzoo wij zelven niet kunnen genoeg doen, en ons van den toorn Gods bevrijden, zoo heeft God uit oneindige

---

87   Daar word van my verwag ...

79

barmhartigheid zijnen eeniggeboren Zoon ons tot eenen borg gegeven, die, opdat hij voor ons zou genoeg doen, voor ons of in onze plaats, zonde en vervloeking aan het kruis geworden is". En nr 3: "Deze dood des Zoons Gods is de eenige en volmaakte offerande en genoegdoening voor de zonden; van oneindige kracht en waardigheid, overvloediglijk genoegzaam tot verzoening van de zonden der gansche wereld". Het is verbazingwekkend hoe gedetailleerd de kerkelijke leer ten aanzien van Christus is geformuleerd.

In de Gereformeerde Catechismus wordt door middel van vragen en antwoorden een afgeronde beschrijving van het geloof geboden. Naar aanleiding van de vraag naar het lijden schrijft de catechismus: "Dat Hij aan lichaam en ziel, den ganschen tijd zijns levens op de aarde, maar inzonderheid aan het einde zijns levens, den toorn Gods tegen de zonde des ganschen menschelijken geslachts gedragen heeft, opdat Hij met zijn lijden, als met het eenige zoenoffer, ons lichaam en onze ziel van de eeuwige verdoemenis verloste, en ons Gods genade, gerechtigheid en het eeuwige leven verwierve"[88] (alles geciteerd volgens de zeer oude spelling).

In deze laatste omschrijving is opvallend dat ook het leven van Christus op aarde als het dragen van Gods toorn wordt gezien en niet alleen de dood aan het kruis. Dat is al een ruimere visie op Christus dan wanneer de focus vooral op Golgotha gericht is. Het lijkt mij bijzonder aantrekkelijk en uitdagend om al deze belijdenisgeschriften te lezen vanuit de brandende vraag of er "open plekken" in deze redeneringen zitten. Ik zou zelfs zo ver willen gaan om te zoeken naar die vragen die onuitgesproken zijn opgenomen en geneutraliseerd in de vragen die nu gedrukt voor ons liggen. Maar misschien is het zelfs beter om de Hebreeuwse Bijbel, de Evangeliën en de brieven van Paulus opnieuw te lezen, met begrip en met argwaan. Nee, ik moet zeggen: met een soort alertheid en met een scherpte van gehoor die de onderliggende teksten en emoties laat verstaan.

Ik kan deze dogmatische stellingen en artikelen niet anders lezen dan als krampachtige pogingen om van het geloof een gesloten, leerbaar en de menselijke geest beheersbaar systeem te maken. Historisch zal een

---

88   Sou verwerf.

dergelijk gesystematiseerd geloof volkomen gerechtvaardigd zijn. Hoe had je anders hele volkeren bij de les moeten houden? Maar voor ons gelden andere wetten. Wij hebben de twintigste eeuw achter de rug waarin mensen zodanig gemarteld zijn en zo geleden hebben dat de dood aan het kruis daardoor overschaduwd wordt, om een buitengewoon vreemde en onbevredigende beeldspraak te gebruiken. Met het voorgaande wil ik absoluut geen pleidooi houden voor een radicale afkeer van het christelijk geloof. Ik mag wel zeggen: integendeel. Het gaat mij om het toelaten van noodzakelijke vragen, in de hoop en ook in het vertrouwen dat we er samen uit komen, en dat we er als menselijke gemeenschap die gelooft dat God onze Schepper is, zodanig uit komen dat we geen constructies plaatsen op de plek van onze diepste innerlijke overtuiging.

Karel Schoeman kent het geloof door en door. Hij was jarenlang monnik. Jij hebt helemaal gelijk met je opmerking tijdens het gesprek in Stellenbosch dat spiritualiteit integraal deel uitmaakt van een aanzienlijk gedeelte van de Afrikaanstalige (en Nederlandse) letterkunde. Ik moest tijdens jullie gesprek ook denken aan Etienne Leroux met de onschuldige zondebok, het onnozele[89] kind van Henry van Eeden en Salome Silberstein in de roman *Een vir Azazel*. De reus wordt gedood in een reinigend ritueel dat in wezen een schijnritueel is.

Chris, we zetten dit gesprek voort. We hebben het nog nauwelijks over de ethische keuzes in ons leven gehad. Welke betekenis heeft Christus voor jou wanneer het om de keuzes in je leven gaat? En dan zijn we natuurlijk ook weer terug bij het centrale onderwerp van het gebed. Toen ik afgelopen donderdag (op de laatste dag dat het nog mogelijk was om de bibliotheek op Keizersgracht 141 vóór de restauratie te bezoeken) in Amsterdam was, spraken mij op het stationsplein een man en een vrouw aan. Zij vroegen mij of ik wilde dat zij voor mij zouden bidden. Is jou ooit zoiets overkomen? Ik vond het heel mooi en heb gezegd dat ik er de voorkeur aan gaf[90] om zelf te bidden. Zij vroegen[91] mij toen, voor wie of wat ik zou bidden. Ik antwoordde dat ik voor mijn dierbaren wilde bidden, tot God bidden dat zij geen

---

89 Onskuldige.
90 Gegee het.
91 Het gevra.

verdriet zouden hebben. Later, tijdens de wandeling naar de Keizersgracht, realiseerde ik me dat mijn grootste zorg op dit ogenblik het voortbestaan van de aarde geldt. Ik ben bang dat het met deze aarde spoedig afgelopen zal zijn. Hoeveel meer ellende van mensen onderling en hoeveel meer roofbouw door de hele mensheid kan deze eenzame planeet verdragen? Daar liggen mijn grootste zorgen die uiteraard direct gekoppeld zijn aan mijn gedachten over onze drie kleinkinderen.

Aan Biebie en jou,

Heel hartelijke groeten,
Reina en Hans

27 Junie 2014

Beste Hans,

Wat 'n plesier is dit om jou eposse te ontvang, en ook jou knipsels! Sedert ek laas aan jou geskryf het, het daar twee pakke knipsels van jou hier aangekom. Ek vind hulle uitermate boeiend en stimulerend. Ek gee net 'n paar van my reaksies daarop. Die toespraak van die patriarg Bartholomeus 1 was pragtig. Ek het so pas aan 'n volgende boek begin skryf (die voorlopige titel is *Gesprek sonder einde*)[92] en ek sal die patriarg beslis aanhaal. Sy siening van die belangrikheid van ekologiese versorging is in die kol.[93] Ek het ook gehou van die reaksie van Wilfred van de Poll op die professor in sterrekunde se siening. Dit het my laat dink aan die onderskeid wat die Engelse taal maak tussen die begrippe "discover" en "invent". Vir my gaan dit in religieuse besinning en optrede nie om die "invention of God" nie, maar om die "discovery of God". George Ellis, 'n vermaarde wetenskaplike van die Universiteit Kaapstad, opper dieselfde gedagte in 'n boek waarvan hy medeskrywer is – die titel is *On the moral nature of the universe*.

Ek was besonder geboei deur die bespreking van Paul Verhaege se boek oor identiteit. Sy bevinding dat die jongmense van vandag wat met angs en

---

92 Die toespraak van die patriarg word in *Gesprek sonder einde* (pp. 38-39) bespreek.
93 In de roos.

depressie leef omdat hulle so bang is om verloorders (*losers*) te wees, klop volkome met wat ek onder die jeug waarneem.

Die berig oor die boek van dominee Offringa oor die geloof, of liewer ongeloof van sy gemeentelede in die Betuwe was vir my interessant maar ook onthutsend. Vir my stel dit ernstige vrae oor die bestaansreg van die Kerk as gemeentelede opmerkings soos die volgende maak: "Ons leven is echt niet anders dan dat van degene die niet naar de kerk gaan", "ik zie dat heel praktisch. Zo eet ik biologische groente", en "Maar je houdt wel losse delen over. Het geloof dat er ooit was is in stukken uiteengevallen. Om die fragmenten gaat het".

Ek is bang dat, met al die stukkend-brekery, die Christelike geloof as lewende werklikheid ook in stukke uiteenval; dat, by wyse van spreke, die kind met die badwater uitgegooi word. Ek vra my af of ons nie die Kind na ander badwater moet oordra wat vir die moderne mens aanspreek nie – dieselfde Kind, maar ander badwater, ander woorde en formulerings.

Daar is soveel punte wat jy opper wat 'n bespreking verdien, ons het 'n dag of meer nodig om daaroor te kan gesels. Ek is nie van plan om die Afrikaanse Letterkunde-Vereniging se kongres by te woon nie, maar ek hoop dat ek jou wel in Kaapstad te siene sal kry as jy na die kongres kom, dan kan ons rustig gesels. Ek maak nou net enkele opmerkinge. Ek is baie getref deur die volgende sin in jou epos: "Ik kan deze dogmatische stellingen en artikelen niet anders lezen dan als krampachtige pogingen om van het geloof een gesloten, leerbaar en de menselijke geest beheersbaar systeem te maken". Ek is dit volkome met jou eens – die groot misterie van die volle betekenis van die lewe, sterwe en opstanding van Jesus kan nooit in 'n enkele geslote sisteem vasgevang word nie. Dit is nodig om Van Wyk Louw, ons albei se gids, weer aan te haal:

> My brein die kry die waan
> dat ek, omdat ek altyd sirkel sien,
> die sfeer-self kan verstaan.
>
> Wat ek van mense van van God wil meen,
> word in my dofheid dof.

> Iets staan in sterre-en-helderte geskryf
> en ek skryf na in stof.[94]

Dit is begryplik dat teoloë geslote, begrypbare sisteme probeer vorm, maar dis belangrik om nie hulle sirkels met die sfeer te verwar nie.

Soos jy, hou ek ook nie van die idee van 'n toornige God wat daarop uit is om die mens te straf nie; en dat Jesus (gelukkig) tussen die arme mensdom en die toornige God ingetree het. Ek wil wel 'n kwalifikasie byvoeg by besware oor die toorn van God: daar is plek vir woede in 'n etiese sisteem – woede oor wat een mens onregverdiglik aan 'n ander doen of gedoen het. Hierdie woede is nou verbonde met meelewing vir die slagoffers van onreg en geweld. Jesus se woede met die reiniging van die tempel is hiervan 'n voorbeeld. Dit gaan nie vir Jesus om persoonlike wraak nie, meen ek, maar om woede omdat die leiers van die volk wat die mense na God moet lei, van die tempel 'n rowersnes gemaak het. Self het hulle nie in die teenwoordigheid van God getree nie, en ander het hulle verhinder om dit te doen.

Verder is dit vir my belangrik om vas te hou aan die eenheid van Jesus met God, die saamsnoer van die wil van Jesus met dié van God – al bly dit 'n misterie. Die belang van hierdie eenheid is dat Jesus se offer dan tegelyk beskou kan word as God se offer – dit gaan nie om 'n mensliewende Jesus en 'n gewelddadige God nie. Die volle betekenis van daardie offer – dis 'n misterie te groot vir my om (volledig) onder woorde te bring. Maar ek sluit vir jou twee stukke van Dirkie Smit in wat in sy weeklikse rubriek in die dagblad *Die Burger* verskyn het – Dirkie is in baie opsigte vir my 'n rigsnoer. Die een stuk, 'Ecce homo?', hou verband met die betekenis van Jesus se dood op Golgota, die ander een het te make met die kwessie dat Jesus nie die enigste persoon is wat swaar gely het nie – die geskiedenis van die 20ste eeu het talle ander voorbeelde. Ek hoor graag wat jy van die stukke dink.

Hartlike groete, en baie dankie vir die stimulerende gesprek.

Chris

---

94   Die gedig "Ex unguine leonem" uit die bundel *Tristia*.

11 julie 2014

Beste Chris,

Zonet[95] heb ik een envelop met knipsels op de post gedaan richting jouw adres. Er zullen zeker stukken bij zijn die jou interesseren. Ik denk vooral aan het stuk van de theoloog Bram van de Beek (van de VU,[96] ook hoogleraar in Stellenbosch) over het gezag van de leiding in de kerk. Bij Van de Beek[97] zie je een diep wantrouwen jegens de cultuur in de confrontatie met de kerk. Hij ziet de cultuur als vijandig en relativerend ten opzichte van de onaantastbare kern, Jezus Christus. Dat het geloof zelf door alle eeuwen heen door de cultuur is beïnvloed, laat Van de Beek terzijde. De consequentie van Van de Beeks mening is dat de culturele context van het geloof als schadelijk en afbrekend wordt beschouwd. Het mijden van de wereld is het gevolg.[98] Dat dat niet gaat,[99] is een bijkomend probleem. Het praktische gevolg van Van de Beeks redenering is dat je als gelovige de wereld kan en moet negeren. Hier op aarde is het heil niet te vinden. Dat is zijn motto. Naar jouw mening over Van de Beeks stellingname ben ik zeer benieuwd.

Voor je brief en de twee stukken van Dirkie Smit dank ik je zeer hartelijk. Om jouw voorstel om het badwater te vervangen heb ik veel plezier gehad en dat bedoel ik positief. Dat voorstel is raak en het brengt met één metafoor weer lucht in de discussie. Je brief heb ik meerdere keren gelezen om je uiteenzetting goed tot me te laten doordringen. In een vorige brief had ik aangevoerd dat de vormen van lijden gedurende de twintigste eeuw zo gruwelijk waren dat de kruisdood van Christus zelfs milder overkomt dan bijvoorbeeld de medische proeven in Auschwitz door dokter Mengele (die later door een katholieke organisatie aan een vluchtadres in Zuid-Amerika is geholpen). Mij trof daarom het op deze vergelijking betrekking hebbende commentaar van Dirkie Smit in *Die Burger*. Letterlijk zegt Smit: "Die Bybelse getuienis is merkwaardig sober. Op geen manier stel dit sy lyding voor as

---

95 So pas.
96 Vrije Universiteit Amsterdam.
97 Van de Beek, A. 2006. *Literatuur en cultuur*. Barneveld: Driestar.
98 Die gevolg is die vermyding van die wêreld.
99 Dat dit onmoontlik is.

die ergste ooit nie". En verderop: "Dit suggereer nêrens dat sy fisieke lyding erger was as die van ander vóór en ná Hom nie". Vervolgens zegt Smit dat wij ons de diepte van het lijden van Christus op het moment van verlatenheid door God niet kunnen voorstellen, omdat het hier gaat om een scheur die door het hart van de eeuwige God zelf loopt. Deze formulering brengt in mij wel het een en ander in beweging.

Ook in het tweede stuk – 'Ecce homo?' – over de kostbaarheid van de mens in de ogen van God op grond van het offer dat God voor die mens brengt, staan mooie gedachten die grote aantrekkingskracht hebben. Dirkie Smit beroept zich op de Bijbel en zegt dat de Bijbel hierover duidelijk is. Het zou interessanter en overtuigender zijn geweest, wanneer hij zich niet achter het menselijk onvermogen om dit te begrijpen had teruggetrokken. Waarom zou ik vinden dat de Bijbel hierover duidelijk is? Met een dergelijke argumentatie is de discussie meteen gesloten. Misschien is de Bijbel over de betekenis van het offer van Christus wel helemaal niet duidelijk en lezen wij de teksten door de bril van gecanoniseerde interpretaties.

Zitten daar niet de dofheid en het stof waarover Van Wyk Louw in zijn indrukwekkende gedicht schrijft? Gesteld dat we niet de lijn van Dirkie Smit volgen en terugkeren naar de vraag wat de dood en de opstanding van Christus voor ons betekenen, dan zullen we de grondbegrippen uit de Bijbel tegen het licht moeten houden en alle nuanceringen die dan opduiken (of kunnen opduiken) serieus moeten nemen. Als de Bijbel zo evident en eenduidig zou zijn als Dirkie Smit beweert, dan hadden we de catechismus toch helemaal niet nodig? Gaat de gedachte dat we dogma's nodig hebben, niet volledig in tegen de aard van de literaire verhalen die we Bijbel noemen? Zijn de dogma's niet een soort verbod op de neiging om zelf te denken?

De vrees die je naar aanleiding van het boek van ds. Offringa (en van zijn gemeenteleden) uitspreekt, namelijk dat geloof en kerk door een dergelijke vrijblijvendheid in onsamenhangende fragmenten uiteenvallen, is zeer terecht. Deze vrees lag ook aan het gesprek ten grondslag dat ik vorige week met mijn vriend Frank Dijkstra voerde. Ik heb met Frank Dijkstra tientallen jaren lang samengewerkt binnen het Christelijk Literair Overleg. Hij verdedigt de gedachte dat er een belijdende grondslag van het christelijk geloof moet zijn. Je moet in woorden vastleggen wat het geloof intersubjectief en verplichtend inhoudt. (Ik vat Franks woorden op mijn eigen manier samen.) Mijn voorstel is om niet van afgeleide waarheden uit te gaan, maar van de bronnen waaruit die waarheid spreekt. De waarheid in het midden is – we zouden ook dat een dogma kunnen noemen – dat de Bijbel voor de door God gewenste levensoriëntatie van de mens essentieel is. Hoe we de verhalen uitleggen, is een tweede. Primair is de onvervangbaarheid van deze teksten. Over de uitleg gaan we met elkaar in gesprek. En dan gaan we het hebben over de erfzonde, de Drie-eenheid, over plaatsbekledend lijden en genoegdoening. En ook over de boosheid van God over de zondige mens.

Aan een onderwerp waarover wij eerder spraken, moest ik denken bij het bekijken van de voetbalwedstrijden in Brazilië. Een speler van de ene ploeg[100] verzonk in gebed en smeekte God om de overwinning bij de strafschoppen en de andere ploeg deed precies hetzelfde, zij het ten bate van een zege aan hun kant. Wat moet God hiermee aan? Na de wedstrijd Nederland – Costa Rica smeekte een Costa Ricaanse speler God zelfs om vergiffenis voor het verloren spel. Dit is vervalsing van het geloof en daar maken wij ons allemaal op zijn tijd schuldig aan.

Ik ben natuurlijk benieuwd naar je reactie op het bovenstaande. In het verlengde van onze discussie over de manier waarop wij God aanwezig achten in deze wereld, wil ik graag meer horen over jouw beleving van de geschiedenis van Zuid-Afrika. Waar is de hand van God voor jou duidelijk aantoonbaar in het historisch proces? Wat stel jij tegenover de mening van mensen die in de scheiding van uiteenlopende bevolkingsgroepen Gods cultuuropdracht zagen?[101] Nu is Israël weer sterk in het nieuws. Hoe kunnen wij dit conflict zuiver benaderen zonder emotioneel te raken?

Tot de volgende regels, Chris. Een goede naweek gewenst.
van huis tot huis,

Hans

---

100 Span.
101 Gesien het.

Afrikaners en Nederlanders

Stad en landskap

7 *augustus* 2014

Beste Chris,

Vanuit een zeer zomers Nederland even een paar losse opmerkingen richting jouw adres. Voor mij is het van groot belang om over de status en de betekenis van letterkunde binnen de context van het geloof (en dus van de canonische waarde van de Bijbel) na te denken. Waarom zou een gelovige literatuur nodig hebben, gegeven het feit dat aan de gelovige de Bijbel als richtlijn in het leven gegeven is? Daarover wil ik erg graag met je van gedachten wisselen.

Nadenkend over de rol van het gebed en de mogelijke relatie tussen bestaansonzekerheid en gebed (dit is een veel te algemene formulering) vind ik Zuid-Afrika een hoogst merkwaardig land. Er zijn weinig landen zo gezegend met leefomstandigheden die de mens gelukkig maken, dat het vreemd is dat uitgerekend[102] in Zuid-Afrika het gevoel bestaat dat de wereld onze woning *niet* is. Ik formuleer het alsof ik daar niet al lang over na heb gedacht, maar ik heb behoefte aan een visie die van de grond af wordt opgebouwd.

Heel hartelijke groeten aan jullie beiden,
Reina en Hans

10 Augustus 2014

Beste Hans,

Dit is 'n geruime tyd sedert ek aan jou geskryf het. Dit is nie omdat ek nie 'n intense belangstelling in ons gesprek het nie, maar omdat ek met 'n volgende boek besig is. Die voorlopige titel is *Gesprek sonder einde*, en soos jy kan aflei uit die titel, handel dit oor die gesprek tussen God en mens. Ek is nou sowat twee-derdes met die boek, maar vanoggend, 'n pragtige wintersoggend in die Kaap, skuif ek my manuskrip opsy om met jou te gesels.

Eerstens, hartlike dank vir die uitknipsels wat ek ontvang het – soos altyd, vol boeiende artikels. Ek was onder andere baie geïnteresseerd in die artikel oor Mikhail Katsnelson, die Christen-fisikus wat naby julle woon – sal hom baie graag wil ontmoet as ek weer in Nederland is. Wanneer dit sal wees, weet ek helaas nie. Ek stem saam met jou kritiek op Bram van de Beek, dat Van de Beek te negatief staan teenoor die kulturele konteks van die geloof. Geloof beland nooit in 'n vakuum nie, dit word altyd gekleur deur die kultuur waarin dit hom bevind. In die Vlaamse skilderkuns word Maria 'n Vlaamse meisie in die skilderkuns, in Suid-Afrika is daar die beroemde beeld van die 'Black Madonna'. Ons is nie *van* die wêreld nie, het Jesus gesê, maar hy het

---

102 Juis.

ook gesê ons is *in* die wêreld. Wel kan ek die gevaar insien van die verbinding van kultuur en godsdiens – die gevaar dat die kultuur die godsdiens oorheers en ontkragtig. In Suid-Afrika is daar onder Afrikaners in die tyd van apartheid graag gepraat oor ons "Christelike nasionalisme", maar die nasionalisme was dominant, die Christelikheid ondergeskik – tot almal se skade.

Ek is volkome eens met die stelling wat jy in jou brief maak: "Mijn voorstel is om niet van afgeleide waarheden uit te gaan, maar van de bronnen waaruit die waarheid spreekt". Die Bybel bly die primêre bron waarvan Christene uitgaan in hulle geloof en in hulle gesprekke met mekaar, en in die Bybel is daar allerlei onduidelikhede waaroor gesprekke gevoer kan word. Ek dink wel die Kerk het 'n dogma nodig om woorde te gee aan dit waaraan ons glo, maar ek dink saam met jou dat die dogma nie iets staties moet wees nie. Wat staties is, is doods – ontwikkeling dui op lewe.

Daar is soveel waaroor ons nog kan gesels – ek gaan nou net op enkele verdere kwessies fokus. Jy vra waarom die mense in Suid-Afrika so sterk voel die wêreld is nie ons woning nie,[103] terwyl ons soveel het om ons gelukkig te maak. Ek probeer 'n antwoord gee. Afrikaners was gedurig in die geskiedenis op reis, op soek na groter geluk. Ons is "Jerusalemgangers", soos Antjie Krog in 'n digbundel suggereer. Die eerste Europeërs kom uit Nederland, Duitsland en Frankryk, op soek na 'n beter bestaan (onder andere, by die Hugenote, 'n bestaan waar hulle hul geloof vrylik kan beoefen). Hulle begin te boer, maar word in hul strewes beperk deur 'n onsimpatieke VOC.

Die boere trek ooswaarts na 'n vryer bestaan, maar daar kom 'n nuwe bewind, die Britse bewind, met geen simpatie vir hul strewes en kultuur nie. Hulle trek noordwaarts[104] en stig hulle eie Boere-republieke, maar weer meng die Britte in, en hulle word verslaan in die Anglo-Boereoorlog van 1899-1902. Hulle staan op deur 'n kragtige nasionalisme, en kom aan die mag met die Nasionale Party in 1948, maar moet die mag afgee in 1994. Aanvanklik lyk dit of daar 'n bestaan vir almal te make is in die "Nuwe Suid-Afrika", maar die twyfel daaraan word al hoe sterker.

---

103 Die digter Totius (1877-1953 – skuilnaam van J.D. du Toit) het 'n bekende gedig geskryf met die titel "Die wêreld is ons woning nie", uit sy bundel *Passieblomme*.
104 Hierdie migrasie word dikwels na verwys as die "Groot Trek".

Verskoon die simplistiese siening van die Afrikaner se tipiese historiese bewussyn. Die Afrikaner is in wese 'n romantikus, en die Afrikaanse literatuur is sterk deur die Romantiek bepaal – die wêreld is ons woning nie. Die Afrikaner is egter natuurlik nie uniek in sy ervaring van 'n onsimpatieke wêreld nie – Van Wyk Louw het gesê: "Niemand tref dit mooi met die heelal nie". Dit is 'n universele waarheid. Ek dink nou aan twee reëls wat C.S. Lewis graag aangehaal het, uit my geheue, waarskynlik nie presies korrek nie: "Eat and drink and be merry/but give for this life not a cherry". Dit bevat die paradoksale verbinding van lewensgenieting met die besef dat hierdie wêreld nie ons finale tuiste is nie.

Ek was nou krities oor die Afrikaner se verbinding van sy nasionalisme met sy godsdiens, maar ek wil daarby tog sê, as dit nie vir die bindende en inspirende krag van die Christelike godsdiens in Suid-Afrika was nie, sou ons nie by die versoening kon uitkom wat ons wel bereik het nie. Die Afrikaner het geweet daar was onchristelike elemente in sy politiek, en is ook sterk daaraan herinner deur 'n boek soos *Die swerfjare van Poppie Nongena* van die skryfster Elsa Joubert – die Afrikaner kon nie sy beleid met morele oortuiging regverdig nie. Die Christelike godsdiens is steeds 'n sterk bindende faktor in ons land, waar die oorgrote meerderheid van die bevolking hulself as Christene beskou. Ook in my samewerking met Pumla Gobodo-Madikizela het ek sterk die binding van die godsdiens ervaar. Dit is waarskynlik een van die verskille tussen Suid-Afrika en Israel.

Aan die een kant is daar in Israel die Judaïsme wat sterk die gedagte beklemtoon van "'n oog vir 'n oog en 'n tand vir 'n tand", aan die ander kant die Palestynse Moslems wat in die Koran regverdiging vind vir 'n sogenaamde "heilige oorlog". Geen van die hierdie twee godsdienste is so ondubbelsinnig soos Jesus oor die feit dat ons liefde inklusief moet wees nie, dat die vredemakers salig is, en dat ons ander moet vergewe as ons verlang dat God ons vergewe.

Dan, ten laaste: jy vra na die betekenis van die letterkunde binne die konteks van die geloof. Dit was iets wat my baie jare besig gehou het, aangesien ek dosent was van twee letterkundes, die Afrikaanse en die Nederlandse, waarin die Christelike godsdiens, om dit sag te stel, nie altyd simpatiek bejeën is nie – veral nie in die laaste paar dekades nie. Ek het egter met verloop van tyd besef dat literatuur wat op die oog af so onchristelik is, dikwels nie wesentlik so is nie. Ek dink aan Hugo Claus; Christene kan en moet aspekte van sy kritiek op die Kerk ernstig opneem – die verbinding van godsdiens en magsug, die afwysende ingesteldheid teenoor erotiek, die onsimpatieke houding teenoor homoseksuele. Vir my is sy simpatieke uitbeelding van die geestelik gestremde seun in *Een bruid in de morgen* en *De Metsiers*, die een wat nog nie deur die samelewing se valsheid besmet is nie, besonder interessant. Claus was by my en Biebie aan huis en het ons vertel van sy geestelik gestremde broer: "De beste mens die ik ooit heb gekend!" Die suiwerheid van Christus, wat die Kerk verloor het, het Claus in hierdie karakter gesien – Christus het in sy werk as't ware by die agterdeur binnegekom.

Dit is natuurlik wel heerlik vir 'n Christen om by letterkunde uit te kom wat besiel is deur die Christelike geloof. Die voorwaarde is net dat die karakterbeelding en die intrige nie geforseer moet word om by die Christelike dogma in te pas nie. Graham Greene het gesê: "I am a bad Catholic, but I think I am a good writer". Die werklik groot Christelike letterkunde bevat iets universeels wat oor die grense van die Christelike dogma spreek – ek dink aan skrywers soos Marilynne Robinson, Patrick White, Dostoevsky ...

Dit was lekker om weer 'n keer te gesels!

Hartlike groete, ook aan Reina.

Chris

26 oktober 2014

Beste Chris,

Heel jammer dat we elkaar in Kaapstad zijn misgelopen. Ik kwam door de vele afspraken tot het besef dat ik mij bij komende bezoeken aan Zuid-Afrika op één bestemming of hooguit twee wil concentreren. Het is – in ieder geval voor mij – hoogst verwarrend om telkens weer mijn koffer te moeten pakken en in een ander bed te slapen. De eerste dagen na thuiskomst in Nijmegen wist ik bij het ontwaken niet waar ik was. Na enkele seconden was de verwarring voorbij maar het was toch tekenend voor het gevoel van onzekerheid als gevolg van de permanente wisseling van verblijf- en slaapplek. Dit houdt overigens niet in dat ik me bij de McKechnie's in Johannesburg, in Grahamstad bij de familie Meintjes of bij Hannie en Braam de Vries in Kaapstad niet thuis zou hebben gevoeld. Het was juist heerlijk en weldadig om deze dierbare vrienden terug te zien en enkele dagen met hen op te trekken. Met Paddy McKechnie ben ik al bevriend sinds mijn studiejaar in Johannesburg in 1970. De De Vries–en zijn onmisbare vrienden. Het was deze sterke hechting die maakte dat ik de voortzetting van de reis telkens als een kleine breuk heb ervaren.

Het congres van de Afrikaanse Letterkunde Vereniging in Pretoria was – na de eerste uren van snuffelen en gewenning[105] op de eerste dag – prikkelend en verrijkend. De voordrachten over de veranderende visie op het Standaardafrikaans in verhouding tot de Kaapse varianten waren een interessante uitdaging. Ook de twee voordrachten van juristen van de Universiteit van Pretoria over het denkkader van het recht/de wet binnen Zuid-Afrika waren een belangrijke aanzet tot verder denken. Het ging deze juristen om het verschaffen van ruimte voor typisch Afrikaanse ("African") wijzen van denken over overtreding, misdaad en straf. Je voelt wel dat ik veel meer wil horen, voordat deze pleidooien om de bestaande wet aan te passen mij overtuigen.

Dit onderwerp laat ik even rusten. Ik wilde je in de eerste plaats vertellen dat ik blij was dat ik Pretoria met de Gautrein weer kon verlaten. De stad maakt op mij een slordige, rommelige en op veel plekken verwaarloosde indruk. Een observatie die mij nog meer beklemt, heeft te maken met de vanzelfsprekende plek die het particuliere autovervoer in Pretoria inneemt. Zelfs in Liza's Cottage, mijn gastenhuis aan de Kerkstraat (die helaas is omgedoopt), kon ik 's nachts de talrijke auto's horen. De auto is de straten van Pretoria, en niet alleen van Pretoria, gaan overheersen. Niemand schijnt zich daaraan te ergeren. Ik ervaar deze dominantie van de auto als vervelend en bedreigend. De alomtegenwoordige auto verknolt de wandelingen door de centra van de grote steden. Flaneren, het doelloze, hoogst bevredigende rondlopen in een wijde cirkel zodat je ten slotte weer bij je beginpunt uitkomt, is in beperkte zin alleen mogelijk in de overkoepelde winkelcentra zoals Cresta Centre in

---

105 Gewoond raak.

Johannesburg. Maar, kun je dat nog flaneren noemen, dat geslenter langs winkels met verleidelijke, overbodige producten, in een ruimte die door palmbomen in grote kuipen de aanwezigheid van de natuur suggereert? Misschien dat je in Grahamstad nog het beste kunt flaneren. Daar bevindt zich het winkelcentrum nabij de toegang tot de universiteitscampus in de open lucht.

Ik kan het niet laten om je te zeggen, Chris, dat ik het doodzonde vind dat de openbare ruimte in de Zuid-Afrikaanse steden wordt opgeofferd aan het individuele vervoer in veilige cocons, terwijl de enkeling (zonderling) die daaraan niet meedoet, aan zulke gevaren is blootgesteld dat die enkeling zich dan maar in het veilige eigen huis terugtrekt en hooguit een abonnement neemt op de beschermde botanische tuin (zoals Kirstenbosch bij Kaapstad). Want daar, in Kirstenbosch of in de botanische tuin van Johannesburg, gelden nog de wetten van de hoffelijke omgang met anderen en het plezier van de directe, zintuiglijke ervaring van de wereld.

Het is een groot voorrecht om een tirade als de bovenstaande in een brief te kunnen afsteken. We hebben zo veel vertrouwen in elkaar dat we ons wederzijds die ruimte gunnen voor het uitspreken van ergernis. Dat is geweldig!

Voor vanavond houd ik het hierbij. Sinds gisteren heerst de wintertijd. Het is dus later dan ik op grond van mijn gevoel dacht.

Morgen verder. Hartelijke groet,

Hans

27 oktober 2014

Beste Chris,

In je brief van augustus 2014 ga je in op mijn vraag naar het waarom van de oriëntatie van veel Zuid-Afrikanen van Europese afkomst op het hiernamaals, terwijl er toch redenen genoeg zijn om gelukkig te zijn in de wereld van Zuid-Afrika en geen wensen te hebben in de richting van een andere wereld dan de tastbaar aanwezige. Je wees erop[106] dat er altijd tegenkrachten waren die het permanente geluk en het verlangen naar onafhankelijkheid in de weg stonden. Ik denk dat daarin een heldere verklaring ligt voor het feit dat de samenleving van Zuid-Afrika nooit tot een burgerlijke rust komt, tot een soort tweede Nederland met de strakke ambtenaar als typische vertegenwoordiger. Dit zijn van mijn kant generaliseringen die niet echt overtuigend zijn. Ik moet zoeken naar duidelijker voorstellingen om de algemene mentaliteit vast te binden aan zichtbare gedragspatronen. Deze benadering blijft, wat mijn aandeel betreft, tamelijk onbevredigend.

Los van deze lijn van argumentatie die de nadruk op een voortdurend verzet van de Afrikaner tegen knellende banden legt en het eeuwigdurende geluksmoment constant moet uitstellen, denk ik aan een andere mogelijkheid ter verklaring van de religieuze emoties van de Afrikaners. Ik beperk me tot de Afrikaners, omdat het anders te algemeen en te vaag wordt. Speelt het overweldigende karakter van de natuur van Afrika daarbij ook geen rol? Het moet toch voor de kolonisten die de Hottentots Holland-bergen overtrokken en het binnenland verkenden, een openbaring zijn geweest om dit wijde, vruchtbare, aardse land te zien. Dat was toch het totale tegendeel van die zompige[107] polders in Zeeland waar men meende in alle gedemptheid van de emoties in een rokerige kamer gelukkig te kunnen zijn. Is de uiting van melancholie en droefheid niet een teken van het onvermogen om dit enorme, uitbundige geluk te dragen dat Afrika aan deze nieuwelingen presenteerde? Met andere woorden: is het niet mogelijk om de religieuze uitingen te zien als een vorm van verdediging tegen emoties die men vanuit Nederland niet kende, emoties die te veel waren voor het beperkte menselijke gemoed?

Misschien heb ik me niet duidelijk genoeg uitgedrukt. Dan hoor ik dat wel van je. In mijn gedachten heb ik vanzelfsprekend mijn eigen ervaringen en gevoelens verwerkt. Als ik naar de uitgestrekte velden tussen Potchefstroom en Johannesburg kijk, dan voel ik een ontroering die ik nergens elders in de wereld heb. Welke dichter heeft deze emoties het best weten te verwoorden?

---

106 Jy het daarop gewys.
107 Moerassige.

Morgen wil ik graag op jouw stuk in het tijdschriftje *Onder Woorden* van het Christelijk Literair Overleg ingaan. Heel in het bijzonder wil ik meer van je horen over het begrip "liefde" dat je als het onderscheidende kenmerk van het christelijke geloof betitelt. Wat is dat, deze "liefde"? Valt daar een samenleving op te bouwen?

Wees hartelijk gegroet,

Hans

28 oktober 2014

Beste Chris,

Graag wil ik nog iets toevoegen aan wat ik gisteravond schreef. Is het denkbaar dat het sublieme, de bijzondere dimensies van het Zuid-Afrikaanse landschap reeds gedurende de achttiende eeuw bezongen zouden zijn door een dichterlijke geest? Kon een dergelijke geest verwoorden[108] wat in de emoties van de mensen in Zuid-Afrika leefde, maar waar deze mensen geen woorden voor hadden?? Dus door een Langenhoven van de achttiende eeuw? Zou het levensgevoel dan anders zijn geweest en minder behoefte hebben gehad aan troost vanuit het traditioneel met eerbied omgeven Woord, de Bijbel? Het is pure speculatie. Toch stel ik deze vraag, omdat ik door mijn jeugdervaringen in Duitsland heb gezien dat de teksten die de dagen en de fasen van het menselijk leven begeleiden, een geweldige invloed hebben op het levensgevoel, op de dagelijkse handelingen en emoties. Het Lutherse geloof bracht een andere cultuur met zich mee dan de op Calvijn geënte versie van het christelijk geloof.

Ik noemde het begrip "liefde" dat als sleutelwoord van jouw geloofsdenken uit je werk naar voren komt. Je visie op het onderscheidende van "liefde" vind ik mooi en toch bekruipt me het onbehagelijke gevoel dat met een bepaalde interpretatie van "liefde" een kwetsbaarheid wordt aangeprezen die het fysieke bestaan van de tot vergeving en naastenliefde (liefde jegens

---

108 Is dit moontlik dat die sublieme, wat die bekende dimensies van die landskap van Suid-Afrika transendeer, reeds in die agtiende eeu deur 'n digterlike gees verwoord kon word?

de tegenstander, de vijand) geneigde mens in de waagschaal stelt.[109] Wanneer de God van het Oude Testament deze houding had aangenomen en Zijn volk tot een christelijke naastenliefde had aangezet, dan zou er van de toekomst van dat volk weinig zijn terechtgekomen.

Hoe kijk jij aan tegen de betekenis van de liefde als ethisch centrum in conflicten tussen groepen en naties? Is niet veel eerder "gerechtigheid" een zinvolle term, omdat je daarmee ontkomt aan de gedachte van de zelfopoffering (de andere wang) die vermoedelijk niet altijd tot gevoelens van vertedering en verzoening bij de tegenstander zal oproepen. Wat bedoel je met het "Wonder van de goddelijke liefde", de titel van je boek? (Helaas kon ik je boek noch in Johannesburg, noch in Grahamstad, noch in Kaapstad kopen. Dat kwam vermoedelijk, omdat het net uitgekomen was.) Heb je tijdens de discussie over je boek begin oktober in Potchefstroom belangrijke vragen uit het publiek gehad die in het kader van onze uitwisseling passen? Mijn Johannesburgse hoogleraar N.P. Van Wyk Louw sprak over "Voortbestaan in Gerechtigheid". Mij lijkt dit een solide ethische basis voor de waarden die wij in het leven willen verdedigen. Het gevaarlijk-vloeiende van het begrip liefde is daarmee vermeden.[110] Heeft Johan Degenaar, de grote filosoof van Stellenbosch, hier ooit iets over gezegd?[111]

Het zijn grote vragen waarmee ik je opzadel. Op je reactie verheug ik me bij voorbaat zeer.

Aan Biebie en jou

Heel hartelijke groeten van ons beiden,

Hans

---

109 'n Kwesbaarheid word aangeprys, wat die fisieke bestaan van die mens wat geneig is tot naasteliefde (liefde tot die teenstander, die vyand) in gevaar stel.
110 Vermy.
111 In 1980 het daar wel 'n bundel opstelle van Degenaar verskyn met die titel, *Voortbestaan in geregtigheid.*

19 November 2014

Beste Hans,

Soos altyd, was dit 'n plesier om jou laaste twee stimulerende eposse te ontvang. Ek het taamlik lank geneem om te antwoord, want ek was besig om Willem Anker se jongste roman *Buys*[112] te lees. Ek moet 'n resensie daaroor uitsaai[113] op Fine Music Radio. Dis 'n lywige roman, en ook 'n uitdagende roman. Briljant geskryf en gekonsipieer, maar skokkend in baie opsigte, met verwerping van baie dinge waarin ek en jy glo. Maar nou, oor die twee groot temas wat jy aan die orde gestel het: die Afrikaners se religieuse gevoel, en die begrippe "geregtigheid" en "liefde".

Ek het nagedink oor wat jy geskryf het oor die invloed van die natuur op Afrikaners; jy het gelyk. Daar is 'n merkbare verskil tussen die Afrikaners en die Engelse van my generasie (en ek dink ook van die volgende generasie). As ek kan veralgemeen: die Afrikaners se identiteit is deur die plaas gevorm, terwyl die Engelse in Suid-Afrika se identiteit meer stedelik van aard is. Selfs wanneer Afrikaners in die stad woon, verdwyn die band met die plaas nie sommer nie. Ek het tot my verbasing ontdek, toe ek my boek oor my oom Boerneef[114] geskryf het, hoe die plaaslewe wat hy uitbeeld, nog in my psige aanwesig was. Die plaas is natuurlik nie "suiwer natuur" nie, maar op die plaas leef 'n mens veel nader aan die natuur as in die stad. Dit bring aan die een kant 'n bewustheid van die wonder van die skepping, en by implikasie van die Skepper, maar aan die ander kant ook 'n bewustheid van die nietigheid en weerloosheid van die mens voor die groot kragte van die natuur. Ek dink hier aan C.M. van den Heever se roman *Laat vrugte*, waarin die vernietigende krag van 'n haelstorm uitgebeeld word.

Om 'n mistieke ervaring in die stad te hê, is myns insiens veel moeiliker en skaarser as in die natuur. Dit word bevestig deur wat jy skryf oor jou ontroering

---

112 Die roman is gebaseer op die lotgevalle van Coenraad Buys (1761-1821), wat in sy lewe talle grense oorgesteek het – nie net die oosgrens van die Kaapkolonie nie, maar ook konvensionele grense van moraliteit. Die historiese gebeure word vrylik in die roman gefiksionaliseer.
113 Uitzenden.
114 Die titel van die boek is *Tromboniusdagboekenkaart – 'n Boerneef-boek*. Boerneef is die skuilnaam van die digter en skrywer I.W. van der Merwe (1897-1967).

by die sien van die Wes-Transvaalse veld. Ek het dikwels gedink, die jare toe ek in Utrecht gestudeer het, hoe moeilik dit is om 'n religieuse lewensgevoel te ontwikkel in 'n land waar jy selde die son sien, feitlik nooit die sterre nie, en waar die natuur eintlik kultuur is – byna alles mensgemaak. Die gesegde dat God die aarde geskep het, maar die Nederlanders het Nederland geskep, verklaar waarom die Nederlandse knieë moontlik moeiliker buig as die Afrikaners s'n.

Geen skrywer het die Suid-Afrikaanse landskap aangrypender uitgebeeld as Karel Schoeman nie – dis 'n ruwe, ongenaakbare wêreld waarin die mens maklik verlate kan voel (*Hierdie lewe*), maar dis ook 'n landskap waarin die teenwoordigheid van God kenbaar kan word (*Die uur van die engel*). Hierdie ambivalensie van die landskap verklaar miskien die ambivalente gevoelens van baie Afrikaners – 'n mengsel van melankolie, verlange en aanbidding. Of 'n groot skrywer van die 18de eeu die Afrikaners se belewing van die landskap kon verander het, soos jy noem – dit is baie moontlik.

Die wonder van die goddelike liefde was nie my titel nie, die uitgewer het dit voorgestel. Dit gee myns insiens nie so goed die tema van die boek weer soos my oorspronklike titel nie – dit was *Met een woord*. My gedagte was dat die groot etiese konsepte van die Christelike geloof (onder andere "geregtigheid") almal saamgevat kan word in die een woord "liefde" – hulle is as't ware ander name vir die liefde. Die begrip "geregtigheid" is vir my baie na aan Jesus se opdrag (wat uit Levitikus kom) om jou naaste so lief te hê soos jouself. Gee aan ander wat hulle toekom, gee aan hulle dit wat jy vir jouself verlang. Dit is die ideale situasie, maar die probleem kom in as "die ander" hulle nie aan hierdie voorskrif hou nie – wat moet jy dan doen?

Jesus se woorde was spesifiek van toepassing op die gevalle waar die Romeinse soldate onredelike eise aan Jode gestel het – moet jou nie verset nie, was sy advies, dit sal jou nêrens bring nie. In situasies waar twee individue betrokke is, is Jesus se raad meestal: wees die minste, draai die ander wang, kyk of jy die vyand nie skaam kan maak oor sy gedrag nie. Vermy ten alle koste 'n stygende spiraal van geweld, met woede wat lei tot wraak en dan tot weerwraak ensovoorts. Moenie die kwaad probeer oorwin deur ook die kwade te doen nie, oorwin die kwade eerder deur die goeie.

Maar so eenvoudig is dit nou ook weer nie. Een geval waar Jesus beslis nie die ander wang gedraai het nie, was met die reiniging van die tempel. Dit het hier egter nie gegaan om persoonlike wraaksug nie. Jesus het gesien hoedat die handelaars dit onmoontlik gemaak het vir die mense om die tempel te gebruik waarvoor God dit bedoel het: vir aanbidding en vir reiniging van sondes.

Dit bring my by 'n ander punt: sodra dit nie meer net om twee indiwidue gaan nie, verander die prentjie. Dit geld ook vir die botsing tussen nasies. Dit kan wees dat, as jy die vyand van jou mense toelaat om onreg te pleeg, jou eie mense skade ly. Jy moet jou (Christelike) liefde vir die vyand opweeg teen jou liefde vir jou eie mense. Die Christelike ideaal is dat die optrede nie voortspruit uit haat nie, maar uit liefde, uit die soeke na wat die beste is vir almal wat by die situasie betrokke is.

Baie swart mense het, in die tyd van apartheid, gesien dat die regering nie bereid was om na rede te luister nie, vir hulle was gewelddadige opstand die aangewese weg. Iemand soos Mandela het egter getoon dat die belangrikste oorwinning nie die gewapende oorwinning oor die vyand was nie, maar die oorwinning van vyandskap deur vergifnis. In die tyd van die Nazi's was daar verskillende maniere van opstand – die opstand van Bonhoeffer teenoor die pasifistiese verset van die Niebuhrs. Die belangrikste is myns insiens om (uit liefde) onreg nie te verdra nie (geregtigheid te beoefen), maar daar is verskillende maniere om onreg te bestry – dit is wys om jou deur die situasie te laat lei, asook deur jou eie vermoëns en onvermoëns. Hoewel die voorskrif van die ander wang draai in sommige situasies die korrekte optrede is, dink ek nie dit bevat die volle reikwydte van die begrip "liefde" nie.

Dis my (voorlopige) reaksies op jou stimulerende briewe.

Hartlike groete,
Chris

25 november 2014

Beste Chris,

Nogmaals hartelijk dank voor je brief van 19 november 2014. Graag ga ik op de punten in die jij aansnijdt.

De verbetenheid jegens de godsdienst, vooral in de georganiseerde vorm, de kerk, was vroeger tijdens de jaren zestig tot negentig van de vorige eeuw zeer groot in de Nederlandse literatuur. Daardoor hebben schrijvers als Jan Wolkers en W.F. Hermans furore gemaakt. Gerard Reve werd wel geaccepteerd, maar dat hing met zijn charlatanerie en maskerade samen. Reve blijft voor mij een raadsel en de geestdrift over zijn werk een nog groter raadsel. Ik denk zelfs dat er in de Nederlandse cultuur met de iconische status van Reve een onzuiver element geslopen is.[115]

Maar dit is niet de hoofdzaak. Vanaf ongeveer 1990 is de verbetenheid weg en heeft die plaats gemaakt voor een milde sympathie, zelfs voor belangstelling voor de inhoud van het geloof. Of dat grote gevolgen zal hebben voor de literatuur weet ik niet. De letterkundige Jaap Goedegebuure ziet een verschuiving in de richting van de mystiek. Dat is opmerkelijk. Of deze mystieke nieuwsgierigheid zal leiden tot een vorm van eerbied voor God zoals het in de tijd van Thomas à Kempis met zijn *De navolging van Christus* was, de tijd van de "broederschap des gemenen levens" in Deventer, dat lijkt onwaarschijnlijk. Aan concrete gedragsvormen wil ik dat kunnen aflezen. Ik hoop vurig dat een nieuw levensgevoel dat een nieuw religieus gevoel omspant,[116] zal leiden tot meer respect voor de zichtbare Schepping, voor de planten en de bomen die rondom ons groeien en die een gehoorzaamheid aan het wezen van de Schepping ten toon spreiden zoals de mens dat slechts in zeldzame ogenblikken doet.

Jij ziet in onze tijd in Zuid-Afrika zowel als in Nederland een levensbeschouwelijk vacuüm dat in de beide landen een geheel verschillende invulling krijgt. In Zuid-Afrika zwartgalligheid en uitzichtloosheid, in Nederland optimisme. Intussen is dat optimistische levensgevoel in Nederland danig aangetast

---

115 Ingesluip het.
116 Dat 'n nuwe gevoel van lewe oor 'n nuwe religieuse gevoel strek.

door het spook van de crisis dat rondwaart. Van dit spook moet je zeggen dat het voor het grootste deel uit gebakken lucht bestaat.[117] De literatuur is net als de samenleving als geheel, steeds in beweging en we zien nu dat de oude mens en zijn levensomstandigheden en levensvisie terrein winnen. Er is weer aandacht voor werkelijke levensproblemen bij onder meer Vonne van der Meer, Stevo Akkerman en Jannie Regnerus. De dood als probleem is prominent binnen de huidige Nederlandse letterkunde.

Oppervlakkig optimisme heeft plaats gemaakt voor een reële ontmoeting met wat het leven inhoudt. Mij valt een heel duidelijke verhoging van het niveau van de christelijk-levensbeschouwelijk georiënteerde of algemeen religieus gedragen letterkunde op. Ik heb deze gedachte in het juryrapport van de juryprijs van het Christelijk Literair Overleg opgenomen. Als bijlage stuur ik dit juryrapport mee. De prijs is twee weken geleden uitgereikt aan Stevo Akkerman voor zijn boek *Donderdagmiddagdochter*. Ik stuur je het boek graag toe, maar ik aarzel wegens de onduidelijkheid over de poststaking in Zuid-Afrika.

Je observaties ten aanzien van de rol van de niet-stedelijke ruimte, bovenal de plaas (boerderij), voor de geest van de Afrikaners zijn zeer belangrijk, omdat ze iets wezenlijks zeggen over de diepste gevoelens van mensen in onze tijd. Ik moest er ook om lachen, vooral om jouw verwondering over de verstedelijkte natuur van Nederland en jouw vraag of in dit door de mens geschapen landschap wel religieuze gevoelens mogelijk zijn. Inderdaad, waar is de natuur in Nederland zo overweldigend dat je als mens dichter bij God komt of een soort Godservaring hebt? Van Wyk Louw moet zich er ook zo over hebben gevoeld toen hij het tegen Elisabeth Eybers had over "hierdie platte land met sy platte mense". Elisabeth vertelde mij dit toen ik bij haar op de Stadionkade op bezoek was. Misschien klopt het niet helemaal.

De wijdsheid van het Noord-Groningse landschap ontroert mij wel in hoge mate en het eiland Terschelling laat mij een oerlandschap beleven. Maar, wanneer ik tussen Utrecht en Amsterdam onderweg ben of tussen Leiden en Den Haag zakt mij de moed in de schoenen en wil ik daar zo vlug mogelijk

---

117 Uit valsheid bestaan.

weer weg zijn. Je zou nochtans als advocaat van Nederland kunnen zeggen dat de grootsheid van het Nederlandse landschap in het kleine schuilt. Zoals een collega uit mijn tijd als leraar[118] op een middelbare school mij eens vertelde dat hij niets mooier kende op deze aarde dan een boerensloot. Deze uitspraak lijkt belachelijk, maar, wanneer je de moeite neemt om dicht bij het water van een boerensloot te gaan liggen, dan begrijp je deze voorliefde. Dan zie je een wereld in het klein met prachtige bloemen aan de kanten, met slakken, fraaie waterplanten en visjes en kikkers. Dan geeft de sloot een wonderbaarlijk gevoel van vreugde en dankbaarheid. Een vergelijkbare ervaring had ik vlakbij de haven van Oost-Londen in de oostelijke Kaapprovincie toen ik de zogenaamde getijdepoelen, poelen zeewater die bij eb zijn overgebleven, nader bekeek en de mooiste zeeanemonen ontwaarde.

Je schrijft over Christus die aanraadde om de vijand die slaat ook de andere wang toe te keren. Jij vervolgt de gedachte van Christus door op de noodzaak te wijzen om de spiraal van geweld te vermijden. Deze passages uit je brief deden mij heel sterk aan Etty Hillesums uitspraken in haar brieven denken. In die geest denkt en handelt zij. De betekenis van deze houding bij Etty Hillesum is alleen maar naar waarde te schatten wanneer we de dagelijkse dreiging van deportatie in 1942 daarbij proberen te betrekken. Ik zeg: proberen, omdat dat in onze comfortabele leefomstandigheden nauwelijks mogelijk zal zijn. Etty Hillesum zelf liet zich inspireren door de brieven die een jonge, verliefde vrouw in Berlijn tijdens de jaren 1918 tot 1922 aan de Duitse politicus, industrieel en schrijver Walther Rathenau schreef: *"Briefe an eine Liebende"*.[119] In deze brieven waarin Rathenau de jonge vrouw Lore Karrenbrock in haar waarde laat, terwijl hij tegelijkertijd de grenzen van haar toenadering markeert, komt een passage voor waarin Rathenau zegt dat wij de hoeveelheid haat in deze wereld niet moeten vermeerderen. Wij moeten de hoeveelheid liefde – als ware het water – vergroten. Dat lijkt mij helemaal in de lijn te liggen van Christus.

Spoedig meer, Chris. Moge het jullie goed gaan in de Kersttijd. De kilheid die hier buiten heerst, doet het verlangen opkomen naar een nieuw seizoen

---

118 Onderwyser.
119 Nederlandse vertaling: *Brieven aan een liefhebbende.*

van warmte en bloeiende bloemen. De kerstboom is nu het centrum van het leven, in ieder geval bij ons!

Heel hartelijke groeten van huis tot strandhuis,

Hans

23 Januarie 2015

Beste Hans,

My Duits is baie verroes, maar ek onthou nog die paragraaf wat ek op skool moes leer sodat ek dit kon gebruik as begin vir die brief wat ons in die eksamen moes skryf: "Endlich komme ich dazu, deinen lieben Brief zu beantworten, und da muss ik dich gleich om Entschuldigung bitten, dass ich dich so lange habe warten lassen".[120]

Nou ja, ek moet ook om verskoning vra dat ek jou so "lange habe warten lassen". Ek en Biebie was 'n volle vier weke by die see (die eerste keer in jare dat ons so lank gebly het) en het dit terdeë geniet, maar nie veel aandag aan eposse gegee nie. Tussen 16 en 20 Januarie was ek in Kemptonpark vir 'n sessie in verband met die nuwe Bybelvertaling in Afrikaans – uiters stimulerend. Nou is ek terug in Kaapstad, en kan 2015 vir my begin.

Baie dankie vir jou eposse en vir die aanhangsels. Ek het veral die verslag oor Akkerman se boek en die wonderlik boeiende stuk oor Etty Hillesum hoog op prys gestel. Ek sal die boek van Akkerman verskriklik graag wil ontvang – die posstaking is nou gelukkig verby. Hillesum bly darem 'n inspirasie en 'n bewys van die hoogtes waartoe die menslike gees in staat is. Toe ek in Nijmegen was, het ek *Het verstoorde leven* gekoop, die dagboek-inskrywings van Hillesum. Jou stuk oor haar is uitstekend, dit lei die leser so boeiend in tot haar gedagtewêreld en tot die invloede op haar denke.

Ek het met groot instemming gelees wat jy skryf oor die Nederlandse landskap, oor die grootsheid in die kleine. Daarby wil ek nog iets voeg: juis

---

120 Eindelik kom ek daarby om jou liewe brief te beantwoord, en nou moet ek jou dadelik om verskoning vra dat ek jou so lank laat wag het.

omdat die Nederlandse landskap so gelyk is, is die skoonheid van die wolke dikwels so opvallend en aangrypend. Dit sien 'n mens natuurlik veral op die platteland, waar die hoë geboue nie die uitsig versper nie, en daar is tog ook 'n skoonheid in die groen weilande. Maar vir 'n majestueuse en ongerepte natuurskoon, daarvoor is dit beter om die Drakensberge te besoek!

Dis vir my baie interessant wat jy skryf oor 'n milder houding teenoor die godsdiens in Nederland, en ek stem met jou saam dat 'n mens hoop dit sal meer en meer oorgaan tot 'n positiewe verandering in lewenswyse. Gisteraand het ek 'n gesprek op die televisie gehoor tussen Guus Kuijer en Willem Brands in die televisieprogram "Boeken". Dit was vir my en Biebie fassinerend, hierin kon 'n mens ook die milder houding teenoor die Christelike godsdiens sien. Ken jy Guus se oorvertellings van die verhale uit die Ou Testament? Daarvan het drie volumes nou verskyn, en daar is blykbaar nog twee op pad. Die boeke is ook in Engels en Duits beskikbaar. Kuijer het 'n stukkie uit sy oorvertelling van die skepping sverhaal voorgelees, en dit is pragtig. Die man is so kreatief.

Ek en Biebie het hom jare gelede in Suid-Afrika leer ken; hy en sy vrou was saam met sy vriend en my destydse kollega, Rolf Wolfswinkel, by ons strandhuis op besoek. Ek onthou nog so goed, ons het die aand onder 'n indrukwekkende sterrehemel gebraai;[121] Guus was taamlik stil, maar teen die einde van die aand het hy stilweg gesê: "Jongens, jullie hebben hier de hoorn des overvloeds". Aan die einde van die naweek het hy ons een van sy boeke present gegee, met 'n inskripsie wat min of meer soos volg gelui het: "Hartelijk dank voor het weekend. Ik heb Afrikaners en walvissen beter leren kennen, beiden zijn aardig".[122]

Jesus se voorskrif was om die ander wang te draai vir die vyand, maar in die Christelike etiek lyk dit my is daar soms plek vir skynbaar teenstrydige elemente. Christus het die geldwisselaars met 'n sweep uit die tempel verdryf, en ek het my al afgevra of die geweld van ISIS nie met teengeweld beantwoord moet word nie. Om die ander wang vir hulle te draai, sou op

---

121 Afrikaans voor: barbecue.
122 Gaaf, aangenaam.

selfvernietiging en vernietiging van jou geliefdes neerkom, en dat die wêreld aan die geweldenaars oorgelaat word. Nelson Mandela, wat later 'n simbool van vergiffenis en versoening geword het, het in 'n sekere stadium gewelddadige opstand as die enigste geldige uitweg gesien teen die verdrukking van apartheid. 'n Mens onthou natuurlik ook vir die Duitse teoloog Bonhoeffer, wat nie die ander wang vir Hitler wou draai nie.[123] Dit lyk my, die liefde neem telkens in verskillende situasies 'n ander gestalte aan. Maar die gevaar is natuurlik dat die liefde, in die stryd teen onreg, maklik in sy teenpool, haat, kan verander. Die Christelike ideaal wat Etty Hillesum so mooi verwoord om die liefde te vermeerder op aarde, gaan dan verlore.

Ek merk op dat Stevo Akkerman weier om die verhaal van Abraham se offer van Isak te aanvaar. Dit lyk my ons kom nie weg van hierdie problematiese gegewe nie. Stevo sê, soos jy, Abraham moes met God geredeneer het, hy moes nie toegegee het aan so 'n immorele opdrag nie. Daarvoor het ek groot simpatie, maar in my agterkop bly die gedagte tog dat ons ons hele lewe, saam met dit wat ons as die kosbaarste ag, in God se hand moet oorgee – as ons iets as hoër as God ag, word dit 'n vorm van afgodery. Die twee kontrasterende standpunte word vir my mooi saam gebring in die boek Job – daar is twee verskillende Jobs wat na vore kom. Die een sê, "Die Here het gegee, die Here het geneem, die Naam van die Here moet geprys word". Die ander Job stry met God, kritiseer God, hy kan nie God se weë begryp en aanvaar nie. Ek glo graag dat daar in God se hart waardering en ruimte is vir albei Jobs.

Terloops, Guus Kuijer het in sy onderhoud ook na Abraham se offer verwys, en ander fasette ter sprake gebring. Vir hom lê die betekenis van die daarin dat God nie kinderoffers verlang soos wat dit deur vele nasies in daardie tyd die gebruik was nie. Guus kan egter nie verstaan waarom God sy Seun moes offer nie, waarom God sy eie gebod oortree nie. Dit bly vir Guus 'n raaisel. Hieroor sou ons twee, as Christene, baie lank kon praat en daarmee worstel – en tog nie by 'n uiteindelike, afdoende antwoord kan uitkom nie.

---

[123] Bonhoeffer is in 1945 deur die Nazi's tereggestel.

Twyfelaars wat glo

Wat 'n geluk dat ons nooit by afdoende antwoorde kan uitkom nie, al is ons Christene!

Hartlike groete, ook aan Reina.

Chris

24 januari 2015

Beste vriend Chris,

Je brief van gisteren heeft mij geweldig goed gedaan. Om zo met elkaar van gedachten te wisselen, is voor mij een verrijking van mijn leven en een bemoediging op momenten dat er meer vragen dan antwoorden zijn.

Dit weekeinde wil ik je brief beantwoorden en enkele dringende zaken met je bespreken. Nu wil ik je graag deelgenoot maken van de wonderlijke ervaring om in de ochtend op te staan en te zien dat de hele wereld bedekt is met een laag sneeuw. Wat een geluksgevoel om de dag met sneeuw te beginnen. Ik liep naar de supermarkt en zag een hele club kleine kinderen spelen en plezier hebben. Hun moeders hielden een oogje in het zeil. Verderop stonden twee mannen te praten. De een zei tegen de ander dat hij "niks met sneeuw" had. Domoor,[124] dacht ik, let eens op die kinderen die hun geluk niet op kunnen. Ik zag zelfs een hond die door de sneeuw lag te rollen. Een kat daarentegen keek somber en verstoord naar de witte wereld en zocht schuiling onder een auto. Inmiddels breekt de zon door en is het licht door de reflectie van de sneeuw bijna verblindend. Tegen Job zei God: "Kent gij de schatkamers van de sneeuw?" Dat had ik eigenlijk tegen de man bij de supermarkt moeten zeggen! De man zou vermoedelijk hebben gedacht dat ik niet goed bij mijn hoofd was.

Tot de volgende regels,

Hartelijke groeten aan Biebie en jou,

Reina en Hans

---

124 Domkop.

Bybel, diskussie, lees en herlees

25 januari 2015

Beste Chris,

Nogmaals hartelijk dank voor je laatste brief. Het moet heerlijk zijn aan de zomerkust van de Indische Oceaan. Goed om te horen dat de vertaaldagen in Kempton Park zinvol waren. Er zullen ongetwijfeld knappe Bijbelse schriftgeleerden bij zijn geweest. Voor een juist verstaan van de Bijbel is kennis van de grondtalen onmisbaar. Kerkelijke en theologische conflicten zijn vaak te herleiden tot gebrekkig inzicht in begrippen en hun context. Wat zijn jouw ervaringen met verschillen van uitleg en het belang van talenkennis en kennis van de historische inbedding?

De gelijkenissen van Jezus hebben in mijn ogen evenmin het karakter van morele lesjes die als verhaal overbodig worden zodra het op de morele boodschap aankomt. Herlezing van bijvoorbeeld de gelijkenis over de verloren zoon brengt interessante aspecten boven tafel die binnen een sluitende interpretatie geen rol meer kunnen en mogen spelen. In een knappe Engelse uitleg wordt een detail genoemd waar ik overheen had gelezen, namelijk dat de oudste zoon in het gesprek met zijn vader niet spreekt over "mijn broer", maar over "die zoon van u". Hij distantieert zich van zijn broer en verwijt zijn vader tegelijkertijd dat deze vader slechts oog heeft voor deze ene zoon, de jongste. Dat is een sprekend element in de gelijkenis.

Bij herlezing viel mij nog iets anders op. Het berouw van de jongste zoon is niet gebaseerd op een gevoel van schuld, van onrecht tegenover zijn vader, laat staan tegenover zijn oudere broer. Bij de keuze om terug te keren, is zelfs van berouw geen sprake. De jongen gaat terug naar huis, omdat hij aan lager wal is geraakt en in nood verkeert. Het is dus een volstrekt egoïstische overweging om naar de rijke dis van de vader terug te keren. Dat hij later in de ontmoeting met zijn vader om vergeving smeekt, is een doorzichtige strategie. De jongste zoon had zich als edel mens kunnen profileren wanneer hij ook de oudste zoon, zijn broer, om vergeving had gevraagd en hem had bedankt voor zijn trouwe arbeid tijdens de jaren die hij (de jongste) met drank en vrouwen van lichte zeden feestend doorbracht. Mijn ergernis over dit verhaal groeit nog door het einde waarin de vader zich tegenover de oudste broer plotseling als de gulheid zelve ontpopt. In het stilzwijgend accepteren dat de oudste zoon zich in het zweet werkt om de zaak draaiende te houden, heeft de vader een grote vergissing begaan. Het is een verzuim dat hem aangerekend moet worden en dat hij niet met een pseudo-royaal handgebaar kan wegwuiven.

Waarom ik de kwestie van de gelijkenissen en hun uitleg nogmaals aan de orde stel, heeft te maken met mijn overtuiging (die door het lezen van de gelijkenissen is ontstaan) dat de gelijkenissen erom vragen om ter discussie te worden gesteld. Zonder vragen over een nadere uitleg hangen de gelijkenissen in de lucht en landen zij niet werkelijk als morele instructies.

Ze zijn immers niet af. Hoe kunnen ze dan een morele gids zijn? In oktober las ds. Wynand Nel in de Kruiskerk in Pinelands/Kaapstad de gelijkenis voor waarin de koning de edele gasten voor het huwelijk van zijn zoon uitnodigt. Iedereen heeft een verontschuldiging om niet te komen. Dan nodigt de koning de mensen van lager allooi uit. De dienaren pikken hen op van de hoeken der straten. Een van de gasten die wel naar het huwelijk komen, draagt geen feestkleding en wordt uitgesloten. In de Kruiskerk ontspon zich een interessante discussie die zich concentreerde op de persoon die tenslotte wordt uitgesloten van het feest. Zo zal het in de tijd van Jezus vermoedelijk ook zijn geweest. Ik stel me voor dat de discipelen van Jezus wilden weten wie hij met de uitgestotene bedoelde. Dit alles berust op mijn veronderstelling dat de gelijkenissen discussieteksten en geen preken waren.

Met grote bewondering las ik onlangs de roman *October* van Zoë Wicomb. Het vraagstuk van het ware "thuis" is voor de vertelster Mercia die van Kaapstad naar Glasgow is verhuisd, van vitaal belang. Deze situatie die ten nauwste met de taal als thuis samenhangt, moet wel de situatie van veel geëmigreerde Zuid-Afrikanen zijn. Uit het artikel dat Hermann Giliomee[125] in het laatste nummer van het *Tydskrif vir Geesteswetenskappe* over de positie van het Afrikaans in Zuid-Afrika publiceerde, concludeer ik dat de openbare functie van het Afrikaans in Zuid-Afrika schrikbarend is teruggelopen. Waarschijnlijk zal alleen Potchefstroom als universiteit met Afrikaans als onderwijsmedium overblijven.

Denk jij dat het door Giliomee geschetste beeld realistisch is? In de Zuid-Afrikaanse pers zie ik pleidooien om het onderwijs, de omgangsvormen (het hand-in-hand lopen met een broer bijvoorbeeld), de cultuur van het dagelijks leven in Zuid-Afrika, meer een Afrikaans karakter[126] te geven. Zie ik het goed dat er onderhuids een verlangen bij zwarte Zuid-Afrikanen bestaat om de alom tegenwoordige Europese cultuur te vervangen door wat authentiek Afrikaans is of wat men als echt Afrikaans beschouwt? Ik denk aan Julius Malema's pogingen om de goudmijnen te nationaliseren. Ik denk

---

125 Hermann Giliomee is waarskynlik die belangrikste Suid-Afrikaanse historikus van ons tyd.
126 'n Afrika-karakter.

ook aan de "plaasmoorde" die veel meer met gevoelens van diepe afkeer dan met motieven van roof te maken lijken te hebben.

Over de rol van de Afrikaanstalige letterkunde van nu wil ik graag in de komende tijd met je praten. Ook, omdat we de vraag moeten stellen, wat er na het narratief van het trauma voor functie voor de letterkunde overblijft.

Voor vandaag besluit ik mijn epistel hier en stuur je hartelijke groeten,

Hans

2 februari 2015

Beste Chris,

Met grote bewondering las ik onlangs de roman *The garden of evening mists* van de Maleis-Chinees-Zuid-Afrikaanse schrijver Tan Twan Eng. Dit boek is uiterst confronterend en zo poëtisch als je het maar zelden tegenkomt. Jij zult Tan Twan Eng wel kennen. Ik zou hem zeer graag een keer spreken. Mijn nieuwsgierigheid werd gewekt door het woord "garden". Ik vind het een van de mooiste en troostvolste begrippen uit de taal. In de talen die ik ken, gaat het om een begrip voor een veilige ruimte waarbinnen harmonie en vrede heersen. Een omheinde tuin is een paradijs. Bij Eng is het concept "garden" zwaar beladen met een bijna onmenselijke, tot in de kleinste details gespiegelde levensvisie. Werkelijk een schitterend boek dat ik binnenkort zal herlezen. Herlezen gebeurt in mijn geval vrijwel alleen bij de boeken uit mijn jeugd. André P. Brink heb ik nooit herlezen, met één uitzondering: *Gerugte van reën*. De verhalen van de uit Goes afkomstige, Zuid-Afrikaanse schrijver Johannes van Melle heb ik ettelijke keren gelezen. En bij de verhalen van onze wederzijdse vriend Braam de Vries raak ik steeds opnieuw ontroerd. Maar de meeste romans en verhalenbundels staan onaangeroerd te pronken in de boekenkast. Welke boek kun jij eindeloos herlezen?

Heb een goede dag, Chris.

Hartelijke groet,

Hans

13 Februarie 2015

Beste Hans,

Magtie, maar jy het 'n paar interessante eposse geskryf, waarop ek nou eers reageer. Ja, die dood van André P. Brink was 'n groot skok vir ons almal, maar op 'n sekere manier was daar ook genade betrokke. Brink was die laaste paar jaar nie meer gesond nie, en sy verstand was ook nie altyd so helder nie. By die huldiging van Opperman wat Stellenbosch Universiteit gereël het, was sy toespraak werklik 'n verleentheid. Nou het hy op 'n hoogtepunt gesterf, net na die mooi huldiging van die Universiteit van Leuven. *LitNet* het 'n aantal pragtige huldigings oor Brink gepubliseer; die toespraak wat hy in Leuven gehou het, is ook op YouTube beskikbaar. 'n Mens hoef nie van al Brink se romans te hou nie, maar jy kan nie ontken dat hy 'n reusagtige invloed in die Afrikaanse letterkunde uitgeoefen het nie: as romanskrywer, as dramaturg, as reisverhaalskrywer, as letterkundige kritikus en teoretikus. Ek kan nie dink aan sy gelyke in die Afrikaanse literatuur wat omvang van sy produksie en invloed betref nie.

Terloops, 'n interessante ontwikkeling het in die plaaslike koerante plaasgevind. Die *Cape Times*, vir jare lank die spreekbuis van Engelse liberalisme, het nou 'n Moslem en ANC-ondersteuner, dr Iqbal Survé, as eienaar gekry. Dit het tot allerlei omwentelinge gelei – 'n aantal senior joernaliste van die koerant is in die pad gesteek, en daar is nou 'n Moslem redakteur van sowel die *Cape Times* as die *Cape Argus* (laasgenoemde het dieselfde eienaar). Dit het 'n opskudding in Engelse liberale kringe veroorsaak. Maar die een se dood is die ander se brood. *Die Burger* het 'n hele aantal van die joernaliste wat vroeër vir die *Cape Times* gewerk het, in diens geneem – hulle rubrieke word vertaal, behalwe die rubriek van John Scott, wat in Engels behou word. Nuwe rubriekskrywers van *Die Burger* is onder andere Alistair Sparks, Tony Weaver, Judith February, Rhoda Kadali. Die Afrikaanse koerante word nou die handhawer van Britse liberalisme!

Ek hou van jou gedagte dat die gelykenisse die grondslag vir diskussie gevorm het. Die persoon wat nie die regte klere aangehad het vir die fees nie, en daarom uitgewerp is, vra werklik om diskussie. Waarom het hy nie genade ontvang nie? Wat is die simboliek van die "verkeerde" klere? Ek sou dink dit simboliseer miskien iemand met 'n verkeerde gesindheid, iemand wat nie in die vreugde van 'n liefdevolle samesyn kan inpas nie. As dit die geval is, het hy homself as't ware uitgewerp, hy aard nie in die situasie nie.

Ek dink jy is 'n bietjie te simpatiek teenoor die ouer broer van die verlore seun. Soos ek die gelykenis lees, moet die titel 'Die twee broers' wees eerder as 'Die verlore seun'. Die gelykenis handel oor albei. Die jonger seun het sy rug op die Vader en sy goedheid gedraai, dit het hom in ellende laat beland, maar die Vader het hom by sy terugkeer vergewe. Tereg noem jy dat sy terugkeer deur egoïstiese redes gemotiveer is. Maar geld dit nie vir die meeste van ons nie? Ons keer na God nie omdat ons sulke goeie mense is nie, maar omdat ons raad-op is. Geleidelik verander God ons natuurlike selfgesentreerdheid in die deernisvolle en selfopofferende liefde wat, volgens die apostel Johannes, die wese van God uitmaak.

Die ouer broer, aan die ander kant, vertoon die gesindheid van die Fariseërs en skrifgeleerdes van Jesus se tyd. Hulle, wat die godsdienstige leiers van die volk is, het die hart van hulle boodskap verloor. Daar is geen mededoë met die ellendige sondaars nie, geen blydskap oor hulle terugkeer nie, en veral geen blydskap in die teenwoordigheid van die Vader met sy liefde nie. Hulle is so behep met hulle eie geregtigheid, dat hulle alles gedoen het wat "reg" is, dat hulle die blydskap van die gemeenskap met die Vader verloor het. Geen blydskap, geen liefde, geen erbarming, net harde plig – daaruit het hulle godsdiens bestaan.

Ek het die boeke van Tan Twang Eng nog nie gelees nie – dankie dat jy my na hom gelei het. Oor die tuin as paradys – daarmee kan ek my vereenselwig. Met die enkele toevoeging – 'n omheining wat vir beskerming opgerig is, kan ook tot isolasie lei. Dan kan diegene wat van buite bedreig, nie binnekom nie; maar 'n mens kan ook nie uitgaan na 'n wêreld in nood nie. Ek dink aan Elsa Joubert se roman *Die laaste Sondag* – 'n bitter kritiek op die Afrikaanse kerke wat hulself toegesluit het van die behoeftes en emosies van die wêreld daarbuite.

Jy vra watter skrywers kan ek steeds herlees. Dit is dikwels die skrywers wat vir my na geesgenote voel – in die Afrikaanse literatuur, die mense van die "lojale verset" – N.P. van Wyk Louw, Johannes van Melle, Karel Schoeman. En buite Afrikaans, Marilynne Robinson.

Nou ja, dis vir eers genoeg.

Hartlike groete aan jou en Reina,
Chris

14 Februarie 2015

Beste Hans,

Ek wil nog een ding byvoeg oor die broer van die verlore seun. Jy wys tereg daarop dat hy van sy jonger broer praat as "die zoon van u". Vir my beteken dit hy distansieer hom van sy broer, hy ontken hulle familieverwantskap; hy is die pa se seun maar nie die ouer seun se broer nie. Daarmee bring hy skeiding, nie net tussen hom en sy broer nie, maar ook tussen hom en sy vader, want hy erken nie dat die verlore seun familie van hulle albei is nie. Dit is tipies van die houding van die skynheilige leiers – hulle ontken dat die verlorenes ook hulle "broers" is.

Groete,
Chris

18 Februarie 2015

Beste Hans,

Hierdie keer was die posdiens heelwat flinker – ek het die knipsels eergister ontvang, en soos altyd was dit 'n louter plesier om dit te lees. Baie dankie daarvoor.

Baie van die artikels kon ek met Suid-Afrika verbind, byvoorbeeld dié van Ellian oor die kenmerke en bedreigings van die demokrasie. Wat hy oor Hitler skryf, laat my baie dink aan die EFF. Dit is vir my duidelik dat hulle geweld en ontevredenheid aanwakker, want dit is die teelaarde vir hulle beleid van konfrontasie en onversoenbaarheid. Ek hou my hart vas as hulle strategie

115

suksesvol is – Malema en sy trawante het baie straatwysheid, hulle weet hoe om 'n veldtog te voer.

Die debat oor Engels op die universiteite is vir my oorbekend. Ek is benoud oor die skade wat die toename van Engels aan die tale van die land kan berokken – by ons is ek bang dat Afrikaans weer gedegradeer kan word tot 'n "kombuistaal" wat nie as geskik geag gaan word vir intellektuele kommunikasie nie. Boonop is dit vir my glashelder dat denke en kreatiwiteit erg beperk sal word as dit nie in die moedertaal kan geskied nie.

Die artikel wat die meeste by my gebly het, is die een oor Willem Ouweneel, wat die skepping sverhaal histories wil lees. Dit is vir my 'n groot probleem. Ek onthou wat my pa my vertel het – hy het universiteit toe gegaan om teologie te bestudeer, maar toe hy in aanraking kom met die evolusieleer, het dit sy geloof laat wankel. In daardie tyd was dit vir NG Kerk teoloë noodsaaklik om Genesis 1 en 2 letterlik te intepreteer, nie as mite nie. Uiteindelik, na 'n ernstige worsteling, het sy geloof teruggekeer, en kon hy glo dat sy geloof versoen kan word met die evolusieleer. As gelowiges vandag, soos toentertyd, aangemoedig sal word om die skepping sverhaal as historiese verhaal te beskou, is dit die einde van die geloof. Die wetenskaplike feite sal nie verdwyn nie, die geloof sal kwyn.

Dit beteken nie dat die evolusieleer feilloos is nie. Die wetenskap werk nou eenmaal so dat teorieë getoets word, en indien nodig met beter teorieë vervang word, maar daar is 'n fundamentele verskil tussen mites en wetenskaplike teorieë. Die wetenskaplike teorieë gaan uit van empiriese ondersoek; mites gaan uit van vrae oor die oorsprong en sin van die lewe, en skep dan 'n verhaal wat terugkyk en verhaalmatig sin gee aan die lewe wat andersins onbegryplik sal wees.

Die skepping sverhaal is vir my sinvol, maar nie as wetenskaplike verslag nie – dit getuig van verwondering oor die wondere van die skepping, en verbind dit met die Skepper waaroor die res van die Bybel handel. Maar om dit as wetenskaplike verhaal te interpreteer, verkleineer sowel die wetenskap as die mite. "Mite" het niks te make met leuens nie, soos wat mense dikwels dink – dit het te make met die sin van die bestaan.

Jy sien alweer, ons kan nie ophou gesels nie.

Hartlike groete,

Chris

Veilig in God se hand?

25 februari 2015

Beste Chris,

Je brief heeft me veel gedaan. Ik kom er graag uitvoerig op terug. Waarom ik je schrijf, is omdat me iets overkwam dat tot diep nadenken stemt. Ik was deze week de hazelaar aan het snoeien. Het is niet één boom of één struik maar een verzameling stammen. De stammen zijn dik. Bij het snoeien ging het om de uitlopers. De hazelaar is een wonderbaarlijke struik die als heilzaam bekend staat en mythische betekenissen heeft. Bij het snoeien moet je goed oppassen, omdat de stammen weliswaar dik zijn, maar niet stevig. Ze geven mee wanneer je er tegen drukt. Daarom hielp onze zoon Christiaan

119

met het stabiel houden van de ladder waarop ik naar boven klom om de takken te snoeien. Chris moest dus verhinderen dat de ladder opeens naar voren schoof. Toen gebeurde er iets onverwachts. Ik liet de snoeischaar[127] vallen. Omdat Chris pal onder de ladder stond, kwam de snoeischaar met de punten op zijn voorhoofd terecht. Het gevolg was een bloedende wond die gelukkig niet erg groot en diep was. Maar, de snoeischaar had ook in zijn oog kunnen vallen. Dat gebeurde niet en daar was ik geweldig dankbaar voor.

Ik heb onze Heer en God in mijn gebed van harte bedankt voor de goede afloop van mijn stommiteit. Ik voel dat God hier het ergste verhoedde. Maar, zal ik ook bidden en de gebeurtenis aanvaarden uit Gods hand wanneer de afloop niet zo gunstig is? Hoe eerlijk ben ik wanneer ik dank voor de afwending van een zeer ernstig ongeval? Hoe is mijn persoonlijke gevoel van dankbaarheid te rijmen met andere situaties (van anderen of van mijzelf) waarin juist verzet tegen de gedachte van Goddelijke leiding opkomt? Waarom voel ik dat God hierin aanwezig is en in andere situaties niet? Dit vind ik een waarlijk existentieel probleem.

Het doet mij goed dat ik je hiervan deelachtig kon maken. Spoedig meer.

Hartelijke groeten,
Hans

20 Maart 2015

Beste Hans,

Baie dankie vir jou epos van sowat 'n week gelede. Voordat ek daarop antwoord, eers nuus van 'n hartseer maar ook van 'n vreugdevolle aard. Biebie se moeder is Dinsdagnag oorlede. Die dood van 'n geliefde is natuurlik altyd 'n skok, maar in haar geval is daar soveel faktore wat troos bring. Die laaste paar maande het sy baie gesukkel met haar gesondheid. Haar hart en haar niere was net nie meer sterk genoeg om hul werk te doen nie (sy was immers al byna 95!). Sy was pal bedlêend en het baie ongemaklik begin raak in die

---

bed, en sy het nie meer die krag gehad om om te draai nie, maar as die verpleegster haar omgedraai het, was sy na 'n kort tydjie weer ongemaklik en het dit gepyn. Toe ek en Biebie haar Maandagmiddag gesien het, was ons sterkste wens dat haar lyding nie te lank moet uitgerek word nie, dus was die dood eintlik vir haar 'n verlossing.

Daar is ook ander dinge wat troos. Dinsdagnag het Biebie by haar ma gaan slaap – ek dink sy het vermoed die einde is naby, en dit was ook so. Die nag om halftwaalf het die verpleegster Biebie geroep en gesê sy dink haar ma is sterwend, en Biebie het toe vir sowat 'n driekwartier by haar gesit voordat haar polsslag sagter geword het en sy haar laaste asem uitgeblaas het. Vir Biebie was hierdie oomblikke van die kosbaarste in haar lewe; dit was nie in die eerste plek 'n hartseer tyd nie, maar 'n vredevolle samesyn. Sy was so vol dankbaarheid oor die lewe van hierdie vrou wat vir soveel mense so baie beteken het. Haar nagedagtenis is waarlik onbevlek.

Nou oor die probleem van die snoeiskêr. Jou verhaal het my laat dink aan wat Primo Levi geskryf het, ek dink dit is in sy boek wat in Engels vertaal is as *If this is a man*. Hy vertel hoedat een van die mans in Auschwitz die Here geloof het dat die lot nie op hom geval het om vergas te word nie (maar in die tussentyd het die lot op ander geval). Levi se reaksie was: "I can spit on that man's God!" Vir Levi was dit (begryplik) aanstootlik dat die man net aan sy eie redding dink en nie aan die lot van ander wat nie so gelukkig soos hy was nie. 'n God met 'n paar "witbroodjies"[128] sonder genade vir die res van die mensdom, is 'n God wat aanstoot gee. 'n Bidder wat net aan sy eie welsyn dink en ander se ellende vergeet, is 'n aanstootlike bidder. Dus, ons mag nooit "eksklusief" bid nie, net met die oog op ons eie voorspoed, sonder om te dink aan ander wat minder gelukkig is.

Verder sou ek dink, ons moet 'n groter besef kry van God as onderhouer van ons hele lewe, en inderdaad van die ganse kosmos. Ons moet dit nie net onthou wanneer 'n krisis afgeweer word nie, maar bewus wees in hoeveel menigte opsigte ons van God se bewaring afhanklik is. Daar is byvoorbeeld in ons liggaam so 'n magdom dinge wat elke oomblik verkeerd kan gaan.

---

128 Mensen die een wit voetje bij God hebben.

God bewaar ons nie net wanneer ons bewus raak van 'n krisis wat afgeweer is nie, elke oomblik van ons lewe word ontelbare krisisse in ons liggaam afgeweer om ons aan die lewe te hou. Dit geld ook vir God as onderhouer van die grote kosmos; dit is Hy wat sorg dat die aarde op sy baan bly sodat die son kan opkom en lewe op aarde versprei, dat die kragte van gravitasie so werk dat die hemelliggame ons nie tref nie, ensovoorts ensovoorts. Ons het groter dankbaarheid nodig teenoor God wat die onderhouer van die heelal is, ook van ons, nietige skepseltjies. God weet selfs wanneer 'n mossie op die aarde val – so verseker Jesus ons.

Wanneer ellendige dinge met ons gebeur, is die ideaal om Christus se voorbeeld op sy lydingsweg te volg. Die pyn van Getsemane en Golgota was vir hom nie los van God se voorsiening nie, hy het gelowig en gehoorsaam daardie pad van pyn geloop. In Psalm 31 is daar die pragtige teks, wat in die Afrikaanse vertaling van 1983 as volg vertaal is: "In u hande gee ek my lewe oor, want Here, troue God, U het my vrygemaak". Die innerlike bevryding, die kalmte van die Psalmdigter word gevind in sy oorgawe aan God. Hierdie woorde het Jesus, volgens Lukas, aan die kruis herhaal toe hy gesterf het. Maar Jesus het een woord toegevoeg: "Vader" – heel moontlik die Aramese woord "Abba", wat 'n intieme verhouding met die vader veronderstel. Jesus kon hierdie woorde sê omdat hy, selfs onder die verskriklikste omstandighede, sy vertroue in sy hemelse Vader behou het. Sy lyding was nie iets wat los gestaan het van die leiding en voorsiening van sy Here nie.

Nou ja, dis 'n voorbeeld wat nie maklik gevolg kan word nie, en tog is dit die voorbeeld waarin ek en jy glo. Ek weet nie of my gedagtes vir jou groter helderheid bring nie. Ek verwag nou enige oomblik 'n besoek van ons dogter, wat by my haar pyn sal lug oor 'n reeks ellendes wat haar die afgelope maand getref het. Dan sal dit nie vir my en vir haar so maklik wees om die woorde wat ek hier neergeskryf het, uit te leef nie.

Hartlike groete,

Chris

8 maart 2015

Beste Chris,

Toen ik je e-post met het bericht van overlijden van Biebie's moeder las, gingen mijn gedachten onmiddellijk terug naar het bejaardencomplex waar Biebie's moeder haar prachtige woning had. Na het bezoek aan mijn nicht Bep in Somerset-Wes bracht Beps dochter Kathryn mij naar jullie toe. Biebie's moeder keek naar een belangrijke rugbywedstrijd op de tv. Je kon zien dat zij de wedstrijd intens volgde. Uit het raam zag ik haar verzorgde tuin. De woonkamer met de fraaie schilderijen liet zien wat een verfijnde smaak jouw schoonmoeder bezat. Het is nu anderhalf jaar geleden. We hadden een plezierig gesprek. Zulke milde mensen als jouw schoonmoeder kunnen we niet missen in onze samenleving. Lukt het ons ooit om een dergelijke eenheid van beschaving en humaniteit te worden?[129] Ik condoleer jullie met het verlies van jullie moeder. Zij kon vredig heengaan en de poort naar de andere wereld vol vertrouwen passeren, omdat zij door jullie liefde gedragen werd. Zo moet het zijn.

Jouw gedachten over het inclusieve en exclusieve bidden spreken mij bijzonder aan. Het overkomt ons soms – ik denk dat ieder mens zulke ervaringen heeft – dat wij in tijden van nood en uitzichtloosheid zo sterk de kracht van buiten nodig hebben dat we om iets bidden dat op onszelf gericht is. Mijn ervaring is dat ook deze inclusiviteit aanvankelijk op het eigen ik gericht lijkt, maar zonder uitzondering anderen daarbij betrekt, vooral de dierbaren om ons heen. Hoe kan een mens totaal en alleen voor zichzelf bidden? In het geval dat anderen bijna automatisch deel uitmaken van het gebed om inzicht, wijsheid of troost, blijkt de kring van mensen die in het gebed zijn opgenomen groter te zijn dan het beperkte belang dat puur het "ik" betreft.

Ik kan bijvoorbeeld bidden om gezondheid in het nieuwe jaar of levensjaar, omdat ik weet dat ik niet gemist kan worden in de kring van mensen om mij heen. Hoe wijd of nauw kan ik de kring maken om eerlijk en overtuigend te bidden? Wij zitten op hetzelfde spoor wanneer jij het bidden om persoonlijke

---

129 Sal ons ooit daarin slaag om so 'n eenheid te word?

voorspoed met argusogen bekijkt. Met "voorspoed" kom je op het terrein van het bezit. In het bidden om materiële voorspoed ligt een groot gevaar van onzuiverheid. Daar staat het bidden om leiding in je leven tegenover. Want dan gaat het om de zuivere koers die een heilzame uitstraling heeft naar anderen die op de een of andere manier aan je zijn toevertrouwd.

Zeer bemoedigend vind ik je gedachten over God als degene die ons leven onderhoudt, ons hele leven in relatie tot anderen en tot het universum. De Psalm-tekst is treffend en niet minder ontroerend zijn de woorden van Christus aan het kruis. De woorden zoals je die aanhaalt, ontvangen hun betekenis vanuit een dramatische situatie waarin alles zich tegen de spreker leek te keren.[130] Ze klinken vanuit de wanhoop en zijn zeker geen gemoedelijk commentaar bij een probleemloos bestaan. Wanneer we aan Christus denken, is mijn laatste formulering uiteraard totaal buiten de orde en zou ik deze woorden moeten uitgommen.[131] Wezenlijk is voor mij dat de woorden van de Psalmdichter en de verwante woorden van Christus de ellende niet ontkennen maar opnemen in een besef dat boven de ellende uitstijgt. Het overtuigende aan deze manieren van verwoorden is dat het om een fase binnen een ontwikkeling gaat waarbinnen de wegen van God en mens absoluut niet parallel lopen.

Ook Christus verzoekt God om de drinkbeker aan hem voorbij te laten gaan. Daarmee heeft Christus met zijn eigen taal een waardigheid behouden die de zegevierende intimiteit en het volledige vertrouwen die het laatste woord hebben, zo overweldigend goed en mooi maakt. Je ziet, Chris, dat ik altijd weer die eigenzinnige en respectvolle mens tevoorschijn zie komen. Aan dat zien ligt de overtuiging ten grondslag dat wij mensen met onze eeuwige neiging om een weerwoord te hebben, datgene waar maken wat in ons als schepselen is ingeschapen: het beeld Gods.

Voordat ik deze e-post verstuur, moet mij nog van het hart dat ik thans – in gezonde dosering – de gedichten van Antjie Krog uit de bundel *Mede-wete* lees. Als ik de gedichten (als we deze teksten zodanig mogen betitelen)

---

130 Dit gelyk het of alles teen die spreker draai.
131 Uitvee.

hardop lees, zit er een mooi ritme in dat de klanken aangenaam maakt en beelden in het leven roept. Of deze waardering voor deze specifieke teksten geldt, of eerder met de poëticiteit van het Afrikaans te doen heeft, weet ik niet. Ik durf geen uitspraak te doen over de esthetische kwaliteit van de gedichten van Antjie Krog. Daar moet ik nog verder over nadenken. Helaas schuift het beeld van de openbare figuur Antjie Krog zich voortdurend tussen mij en het gedicht. Het beeld van de politiek agerende, in gemakkelijke en valse tegenstellingen (het Westen versus Afrika of omgekeerd) denkende Antjie Krog komt op mij als onverdraagzaam over. Schrijvend aan jou wil ik hierover graag verder denken. Om geen ideeën als weldoordacht te verkopen die op emoties berusten. Uiteraard berusten die emoties op de (op mij) onsympathiek overkomende optredens van Antjie Krog op de Nederlandse tv. Zij praat voortdurend over verzoening en vergeving. In haar houding bespeur ik daar bitter weinig van.

Weest beide hartelijk gegroet,

Reina en Hans

Geloof en trauma

15 April 2015

Beste Hans,

Ek het lanklaas behoorlik van my laat hoor, en voordat ek Vrydag vir vyf dae na Kemptonpark vertrek in verband met die Afrikaanse Bybelvertaling, wil ek darem eers 'n keer lekker gesels. Daar is heelwat in jou laaste eposse waarop ek sou wou reageer, maar dan word my epos te lank – en vandag wil ek op Stevo Akkerman fokus.

Ek het die boek *Donderdagmiddagdochter* van Akkerman verskriklik geniet – nogmaals dankie vir die geskenk. Dit is vir my so lekker van ons korrespondensie: dit hou my kontak lewend, nie alleen met jou nie, maar ook met die Nederlandse en Europese kultuurlewe. Akkerman se boek is die getuienis van 'n baie eerlike worstelaar, van iemand wat 'n "geloof met gaten" het (p. 52). Dit herinner 'n mens net weer daaraan hoe godsdiens helend óf verwondend kan wees, dit hang net daarvan af met watter vorm en inhoud dit aangebied word. Ek dink 'n deel van Akkerman se pyn kom van die tipe godsdiens wat hy as kind leer ken het. So 'n tipe godsdiens dwing eintlik 'n intelligente kind tot 'n algehele opstand teen die godsdiens. Tog kan hy die godsdiens nie heeltemal laat vaar nie – juis hierdie worsteling gee aan die boek iets baie mensliks. Met groot ontroering het ek die volgende woorde gelees:

> Ergens blijft in mij het vermoeden huizen dat de Here aan wie ik probeer te ontsnappen en die niet-god die ik probeer te vinden, beiden niet bestaan. Dat er een andere God moet zijn. Een God van ontferming. Maar waar, verdomme, waar dan toch? De gelovigen hebben hem verstopt achter het gordijn van hun onwrikbare en onwankelbare weten. Zolang ik nergens een opening zie, nergens een spleet waar ik doorheen kan kijken, kan ik niet anders doen dan een beetje tasten (p. 118).

En ek kon my volkome vereenselwig met sy gevolgtrekking op p. 144:

> Maar verschijnen vrijheid en geluk als God verdwijnt? Niet voor mij. Die belijdenis van het niets [...] mag een onverschrokken indruk wekken, ik kan er niet in geloven. Als ik eraan proef, smaakt het nergens naar. Waardeloos.

Ek dink Akkerman se boek is deel van 'n meer algemene worsteling, in Europa sowel as in Suid-Afrika, om God en die diens aan God te bevry van die benouende gestalte wat dikwels daaraan gegee is. Dit was vir my baie interessant om onlangs 'n onderhoud op die televisieprogram *De wereld draait door* te hoor met die regisseur van die passiespel wat op Enschede opgevoer is. Vir my was dit verrassend dat hulle meen sowat driemiljoen mense sal dit sien, direk óf op die televisie.

Daar is myns insiens deesdae roeringe aan die gang, verset teen die sekulêre wantroue oor religie en teen die relatiwisme van die postmodernisme. Interessante tye lê vir ons voor – ek is nuuskierig hoe die gevestigde kerke daarop gaan reageer.

Dit was lekker om weer 'n keer te gesels!

Hartlike groete,

Chris

N.S.

Ek merk op dat Akkerman jou siening deel van Abraham se offer van sy seun – vir hom is dit geen verstandige Abraham wat hier na vore kom nie, Abraham moes die Here teengespreek het (p. 50). Ek het baie simpatie met hierdie siening – maar ek oorweeg dit tog om 'n minderheidsverslag in te lewer!

1 mei 2015

Beste Chris,

Zeer binnenkort schrijf ik je uitvoeriger. Jij hebt ongetwijfeld boeiende vertaaldagen gehad. Graag hoor ik over je ervaringen. De afgelopen week las ik Francois Smith's roman *Kamphoer*. Zelden las ik een boek dat bij mij zo'n weerstand opriep als dit boek over Susan Nell die bijna vermoord wordt in het concentratiekamp Winburg. Mijn moeite met dit boek berust paradoxaal genoeg op de knappe vertelstructuur, waarbij de lezer het proces van aanvaarding van het eigen levensverhaal voor zijn ogen ziet gebeuren. Het is tergend om dit te moeten lezen. De cruciale vraag: is deze vertelvorm overtuigend en waar?

Algemeen gezien is een dergelijke toe-eigening van het trauma en het scheppen van een soort levenseenheid overtuigend. Het is op grond van onze ervaringen duidelijk dat het scheppen en accepteren van het levensverhaal goed is en helpt om met een zekere heelheid verder te leven. Is het in deze roman gelukt om het moeizame psychische proces dat Susan doormaakt puur te laten overtuigen, zonder dat je als lezer het gevoel krijgt dat hier, omwille van bewust interessant maken en rekken van het verhaal, meer aan de structuur dan aan de psyche wordt gedacht? Bij het lezen moest ik herhaaldelijk aan jouw bijdrage aan ons boek *Woordeloos tot verhaal* denken. Die titel is exact wat hier gebeurt – van woordeloosheid tot verhaal. Maar, gebeurt het op een onbaatzuchtige manier?

Spoedig meer, Chris. Ik moest dit even aan je kwijt.

Heel hartelijke groeten,

Hans

14 mei 2015

Beste Chris,

Voor het toesturen van je *LitNet*-artikel over Francois Smiths roman[132] dank ik je hartelijk. Het is een zeer interessant stuk dat het gesprek over deze roman onmiddellijk op een hoger plan plaatst. Een dergelijk gesprek verdient deze complexe en knap gecomponeerde roman zonder twijfel. Ik vind je grote artikel een mooie uitdaging om de gedachten te scherpen in de discussie over de uitleg van dit boek.

Op de eerste bladzijden van je artikel leg je helder en bijzonder waardevol voor het begrijpen van trauma uit wat de gevolgen zijn van een psychische verwonding zoals Susan Nell die moet ervaren. De kernwoorden zijn in je artikel logisch met elkaar verbonden: samenhang, verwerking, integratie, vertellen, beheer over het verlorene, verhaal en zin. De cruciale vraag naar aanleiding van de in de roman op zo knappe manier weergegeven levenservaringen van Susan Nell is de vraag naar de resultaten van het proces dat zij doormaakt. Vindt Susan inderdaad het verloren verhaal waarnaar zij zoekt?

Om de ernst van de zoektocht te onderstrepen, haal jij die gedeelten uit de roman aan waarin Susan spreekt over het scheppen van haar eigen verhaal. Het lijkt erop dat zij in Nederland, op dat moment een voor haar vreemd land, op zoek kan gaan naar het verloren verhaal, het verhaal waarin zij thuis zou kunnen zijn. De manier waarop dit verlangen is geformuleerd, laat zien dat zij de mogelijkheid van het vinden van dit verhaal overweegt.

---

132 Vergelyk die addendum: Die verhaal van 'n kamphoer.

Het is een "potentialis". In het navolgende ondermijnt Susan haar hoop op een dragend, het trauma in zich opnemend verhaal[133] door niet alleen het subjectieve perspectief te noemen dat voor dit verhaal bepalend zal zijn, maar ook het fictieve (hetgeen iets anders is dan het subjectieve) te beklemtonen. Haar hoop is uiterst labiel, de constructie is op drijfzand gebouwd. Ik zie een verlangen naar verhaal en zin, maar geen enkele werkelijke groei naar een helend verhaal toe, behalve wanneer de ontmoeting met Lucille uit het Thaise Ubon plaatsvindt. Hier vindt de ware genezing plaats en niet in de confrontatie met Hamilton-Peake. Die confrontatie verleidt haar tot de doldwaze rit op de motorfiets. Een mal plan om een moord te plegen en mogelijk ook zichzelf van het leven te beroven, waar Hurst vanuit zijn verantwoordelijkheid voor de patiënten een stokje voor had moeten steken.

Het niet werkelijk communiceren maar monologiseren naast een ander die eveneens monologiseert, is typisch voor het contact van Susan met haar chef[134] Hurst in Engeland. Ze praten naast elkaar en niet alleen om elkaar heen. Jij hebt dat scherp gezien. Iets vergelijkbaars doet zich voor in de gesprekken met de hospita, mevrouw Simms. Als lezer verkeerde ik in het ongewisse[135] ten aanzien van de waarheid van wat Hurst zegt. Hij komt als persoon zonder duidelijke contouren over. Horen we zijn uitspraken niet altijd via de mond van Susan? De roman is in staat om de lezer op het verkeerde interpretatieve been te zetten.

Wat Hurst op p. 105 zegt over het (op)laden van de getraumatiseerden met nieuwe energie staat lijnrecht tegenover datgene wat Susan zelf beoogt. Hurst bedoelt dat de patiënten zodanig worden opgelapt dat ze weer in Frankrijk in de loopgraven kunnen gaan vechten. Hurst prijst Susan voor het verlichten van de levens van vele patiënten. We moeten het geloven, maar we krijgen het niet te zien. Susan Nell komt nergens in beeld als Florence Nightingale.

---

133 'n Verhaal waarin die trauma verwerk is.
134 Hoof, baas.
135 Onsekerheid.

De indruk die de roman van haar geeft, is en blijft een uiterst labiele vrouw die psychisch gestoord is geraakt en zelf dringend psychiatrische hulp behoeft. In de discrepantie tussen het beeld dat ons als lezers van Susan Nell wordt voorgehouden en het beeld dat wij scheppen uit haar weergave van de gevoerde gesprekken en van haar perceptie van anderen ligt een raadselachtig leeg landschap, een grote *Leerstelle*. Een dergelijke lege plaats kan functioneel zijn, hier bij Smith is het naar mijn inzicht een tekortkoming. Wanneer wij als lezers gedetailleerd getuigen waren geweest van Susans helende arbeid onder de getraumatiseerde soldaten zou dat het beeld van de lijdende Susan (die maar niet verder komt) hebben aangetast.

Wat jij in je tekst schrijft, houdt mij al enkele dagen bezig. Je hoofdstuk over "Skuld en skande" roert een essentieel thema aan. Dit is een zeer ingewikkelde materie en het is moedig dat jij dit onderwerp aansnijdt. Ik zie het verband tussen Susans hardheid en haar schuld, maar de psychische logica ontgaat mij. Hiervoor moet ik dit hoofdstuk nog eens grondig lezen. Bijzonder interessant is dat jij de dansscène tussen Susan, Alice en Hamilton-Peake als reëel gebeurd beschrijft. Ik heb deze scène als een angstdroom opgevat, als een verbeelding van een dodendans die de wet van alle leven bepaalt en elke menselijke rangordening, inclusief de morele rangordening, wegvaagt. Maar ja, hoe is dan te verklaren dat Susan overblijft? Wil de dood haar niet hebben, zodat ze in Thailand in 1946 een heilzame rol kan spelen?

Jammer dat wij als lezers niets horen van de inhoud van de gesprekken tussen Susan en Lucille. Over al die jaren in Nederland wordt ook gemakkelijk heengesprongen, maar hier zit ik te popelen[136] om stille getuige te zijn. Dit gesprek hoeft toch niet tot trivialiteiten en oneigenlijke gluurderij van de kant van de lezer te leiden? Waar, overigens, de totaal verkeerde titel *Kamphoer* wel toe heeft verleid. De helft van de lezers wilde voyeur zijn en kreeg de kous op de kop! Of zit ik ernaast?[137]

Op internet zag ik een gesprek met Nico Moolman over zijn ontmoeting met Lucille. Daarover zou ik graag nog wat aanvullende vragen willen stellen.

---

136 Kriewel van ongeduld.
137 Of is ek verkeerd?

Wat denk jij Chris, heeft Moolman dit bijzondere verhaal uit zijn duim gezogen? Genoeg voor vandaag. Hopelijk heb ik mijn gedachten niet te vaag geformuleerd.

In het geval van vaagheid moet ik de hooikoorts de schuld geven.

Heel hartelijke groeten vanuit Nijmegen,

Hans

22 Mei 2015

Beste Hans,

Dit was 'n baie stimulerende reaksie van jou op my Kamphoer-artikel. Jy het dit reg ingesien dat Susan se "constructie op drijfzand gebouwd" is. Dit is inderdaad ook waar dat dit "een mal plan" is om Hamilton-Peake te vermoor. Maar my siening is dat dit helaas is wat met getraumatiseerdes gebeur – dat hulle herstelproses dikwels onseker is en dat hulle irrasioneel optree. Susan gaan deur 'n helende proses met die wyse terapie van die twee Sotho's, maar die terapeutiese proses is nie voltooi nie. Sy het allerlei positiewe planne en ideale om 'n verpleegster te word wat ander getraumatiseerdes help om te genees, maar in die lewe is die herstelproses dikwels meer kompleks.

Daar is 'n element van genesing, maar dan breek 'n oomblik aan dat jy besef die genesing is nie volkome nie. So 'n oomblik was Susan se konfrontasie met Hamilton-Peake. Dan val sy weer terug in die reaksie wat tipies van getraumatiseerdes is, naamlik om die patroon te herhaal wat met jou gebeur het, maar met die rolle omgekeer – die slagoffer wil in die magsposisie wees. Dis irrasioneel en dwaas, maar dit is wat telkens met getraumatiseerde indiwidue en volkere gebeur – die getraumatiseerde word traumatiseerder. Dit geld, onder andere, myns insiens vir die geskiedenis van Afrikaners en Israeliete.

So ook wat die kwessie van waarheid betref. Die konvensionele siening (wat nie volkome onwaar is nie) is dat die slagoffer die waarheid van wat gebeur het moet konfronteer en deurwerk om heling te vind, maar Susan se verhaal is een van konfrontasie sowel as ontwyking. Dit sien 'n mens byvoorbeeld in die slot van die roman, waar sy terugkeer na Winburg maar ook wegvlug van Winburg. Dit is tipies van die getraumatiseerde – 'n paradoksale behoefte om die traumatiese gegewe te konfronteer sowel as om dit te ontwyk omdat die herinnering te pynlik is.

Susan se rekonstruksie van wat gebeur het, kan ons nie as die volle en heilige waarheid beskou nie – soos met vergewing, is ook die soeke na die waarheid 'n lang proses, gekenmerk deur konfrontasie sowel as ontwyking. Die leser ervaar dus opnuut wat Derrida geleer het, dat ons niks weet anderkant die teks nie. Ons weet net wat Susan van haar ervaring gemaak het, nie "die objektiewe werklikheid" nie – dit bly vaag en ontwykend, want ons het net Susan se perspektief. Dit is vir my die wesenlike tema van die roman: 'n insig in die ware psige van die getraumatiseerde.

Baie lesers het 'n beswaar daarteen dat daar so min oor haar Nederlandse verblyf geskryf is. Ek dink Francois wil veral fokus op die effek van die konfrontasie met die verkragter. Die roman is myns insiens 'n reaksie teen die simplistiese opvatting dat heling van trauma plaasvind wanneer die waarheid gekonfronteer en deurgewerk word, en wanneer vergiffenis die plek van wraak neem. Dis 'n opvatting waarin ek ook glo, maar die roman sê: Dit gaan nie altyd so maklik nie. Chris Moolman, op wie se vertelling Smith se roman gegrond is, stel dit baie sterk dat hy die verhaal nie uit sy duim gesuig het nie – maar baie mense, ook ek, twyfel aan die historiese betroubaarheid daarvan.

Nou 'n heeltemal ander onderwerp: ek heg vir jou twee dinge aan: 'n artikel wat op *LitNet* verskyn het, getiteld "Germanicus vir vandag", en ook die eerste hoofstuk van die manuskrip waaraan ek nou werk, getiteld Gesprek sonder einde. Ek sal graag jou reaksie wil hoor op hierdie twee stukke. Wat die manuskrip betref, dit is byna voltooi, ek hoop om dit teen die einde van Junie klaar te hê.

Dis nou eers genoeg vir vandag.

Hartlike groete,

Chris

N.S.

Ek het die artikel oor Grunberg wat jy vir my gestuur het, baie interessant gevind. Grunberg laat my baie aan Willem Anker se *Buys* dink. Briljante talent, maar met 'n lewensiening waarmee ek my darem nie volledig kan vereenselwig nie.

Van afkeer tot fassinasie

Beste Chris,

Voor je brief dank ik je hartelijk. Je schrijft zeer inzichtgevende dingen over het omdraaien van de rollen slachtoffer/dader. Nu ik er goed over nadenk, is dat in gesprekken hier thuis en binnen mijn instituut vaker[138] ter sprake geweest. Slachtoffers van seksueel geweld zweren dat zij hun kinderen zullen vrijwaren van geweld en misbruik. En toch gaat het bij de slachtoffers vaak mis. Of ze zijn zelf de daders of ze laten het oogluikend

---

138 Meer gereeld.

toe. Hoe dit vanuit de psyche van de mens te verklaren is, weet ik niet. Misschien is het slachtoffer zo gefixeerd op de doorstane ervaringen en de herinneringen daaraan dat het deze ervaringen zijn die een soort vloer van de persoonlijkheid zijn geworden en bevestiging verlangen van de echtheid van deze ervaringen. Ik besef dat het voorafgaande maar een losse gedachte is die weinig waarde bezit. Ik zal mijn collega en vriendin Etty Mulder, jou welbekend, eens naar haar gedachten hierover vragen.

De vraag sluit in ieder geval aan bij de studie van Stefan Hertmans die ik las over het obscene.[139] Hertmans' redenering is dat extreme gewelddadigheid, zoals beelden van onthoofdingen die blijkbaar op de "sociale" media te zien zijn, een ambivalente reactie in ons oproepen, afgrijzen én fascinatie. Hij brengt het obscene met het sublieme in verband. Extreem seksueel geweld heeft nog een belangrijke andere natuur dan ander extreem geweld van fysieke aard. In verband met seksualiteit is van het grootste belang dat naaktheid van de ander als privilege, het zien daarvan als voorrecht wordt ervaren. (Ik volg de gedachten van Hertmans.) Binnen beelden van seksueel geweld vervangt een lege voorstelling van een handeling die tot in den treure[140] herhaald wordt, het authentieke verlangen van de ene mens naar de andere. De beelden waarover we spreken, suggereren echter de zichtbaarheid van het object van verlangen.

Waarschijnlijk vergeet ik essentiële schakels in de gehele argumentatie, sta me daarom toe dat ik je het stuk stuur dat ik als reactie op Hertmans' boek schreef. Het stuk zal wel gepubliceerd worden, maar niet voordat ik eerst de vijfenveertig kritische opmerkingen heb verwerkt die de betreffende eindredacteur bij het stuk maakte. Eerlijk gezegd schrok ik wel om te horen dat ik blijkbaar niet helder genoeg was geweest.

Het artikel over Germanicus, de ethiek en Bonhoeffer las ik gretig.[141] Bonhoeffer is een inspirerende en eerlijke denker over de relatie tussen God en mens geweest. De mondige mens, dat is een waardevolle uitdrukking. Inhoudelijk kan ik nauwelijks iets nieuws zeggen na lezing van je artikel.

---

139 Vergelyk addendum: Denken versus de obscene cultuur.
140 Tot vervelens toe.
141 Vergelyk addendum: Germanicus vir vandag.

Neem me niet kwalijk dat ik steeds weer aangetrokken wordt door het slot van Bonhoeffers leven. Hij die zich toch duidelijk verzet had tegen het nationaal-socialisme, liet zich tien dagen voor het einde van de oorlog executeren, terwijl hij zo gemakkelijk had kunnen vluchten. De rechter die het doodsvonnis had ondertekend, moest zelfs van verre met de fiets komen om het vonnis openbaar te maken en tot uitvoering te laten brengen.

Mijn bewondering voor mijn sympathieke leermeester Van Wyk Louw is door jouw artikel alleen maar toegenomen. Ik vind het ook schitterend dat jij de actuele waarde van Van Wyk Louws werk opnieuw duidelijk hebt gedemonstreerd. De oudere schrijvers, inclusief de ook door jou bewonderde Marie Elizabeth Rothmann, hebben ons zeer veel te vertellen, willen dolgraag met ons de dialoog aangaan. Aan Van Wyk Louw denk ik met ontroering terug. De *Swaarte- en Ligpunte* en het *Liberale Nasionalisme* waren voor mij een stevige reden om mijn vertrouwen in de toekomst van Zuid-Afrika niet te verliezen.

Je theologische tekst[142] laat in alle waardevolle details zien dat jouw geloofsleven gecentreerd is rondom de openbaring van Gods liefde in Jezus Christus. Ik heb van deze hoofdstukken veel geleerd over de betekenis van passages en begrippen in de Bijbel waar ik achteloos overheen las, bijvoorbeeld de tegenstelling tussen de toren van Babel die van beneden naar boven wordt gebouwd en het Hemels Jeruzalem dat uit de hemel neerdaalt. Daar zit een mooie symboliek in. Prachtig is de titel over de uitnodiging van God tot ons om een gesprek zonder einde met Hem te voeren. Heerlijk zijn de citaten van schrijvers/dichters waarmee jij het eerste deel van je boek lardeert.[143] Mij viel op dat Van Wyk Louw het woord "prefiguratie" gebruikt. In de middeleeuwen sloeg dat begrip in de Armenbijbels op het Oude Testament dat in de kiem het Nieuwe Testament omvat. Bijvoorbeeld het vlies van Gideon dat nat is van de dauw en naar de bevruchting van Maria verwijst. Of de poort in de stadsmuur van Jeruzalem waar alleen de koning door naar binnen mocht gaan. Over de perspectiefgebondenheid van iedere tijd gesproken. Van Wyk Louw kende de prefiguratie vast en zeker van de

142 *Gesprek sonder einde.*
143 Deurspek.

139

middeleeuwse schilderijen. Chris, spoedig meer. Het is een groot plezier om je brieven te ontvangen. Je opgewektheid en positiviteit zijn aanstekelijk.

Aan Biebie en jou hartelijke groeten van huis tot huis,
Hans

4 Junie 2015

Beste Hans,

Baie dankie vir jou heerlike epos. Ek het jou stuk oor die boek van Hertmans met groot plesier en instemming gelees. Ek is saam met jou bekommerd wanneer Hertmans die eerste blik, die blik waarin die obsene direk tot die kyker kom, met die sublieme verbind. Dit lyk my na 'n verheerliking van hierdie ongekontroleerde, moreel-vrye blik. Baie boeiend was vir my die verband wat jy lê tussen die fragmentasie deur die oormaat van beelde en die fragmentasie van die postmodernisme. Ek is ook geneig om van Hertmans te verskil waar hy argumenteer dat die moraliteit by die tweede blik te voorskyn kom. Die gevaar is vir my die teenoorgestelde: dat die volgehoue blik voedsel gee aan die fassinasie met die obsene. Ek het gedink aan Elsa Joubert se kortverhaal "Mens" uit die bundel *Dansmaat*, waar van 'n halssnoermoord vertel word. Dit word so beskryf:

> Hulle maak die kannetjie oop en hulle rol die tyre aan, hulle hande vat daaraan, soos aan vrou se boud ... toe, toe, hel, dit kry mens ook, daar gaan iets deur jou wat nie meer afstootlik is nie, wat wil-wil lekker word, so help my, Here Jesus, vergewe my (p. 23).

Ek dink daar is iets in die menslike natuur wat die afkeer maklik in fassinasie kan laat omslaan, veral deur langdurige blootstelling aan obsene geweld en seks. By die mens met gewete lei dit tot skuld en skaamte; vir die mens waarvan die gewete deur herhaalde blootstelling afgestomp geraak het, lei dit tot nihilisme, soos wat jy ook noem.

Dis vir my interessant dat die Bybel, veral die Ou Testament, klem lê op die woord wat gehoor moet word; die instelling van die oor is belangrik, veral die innerlike oor wat die stem van die gewete en van God moet registreer. God word nie gesien nie, maar gehoor. Dit is 'n heeltemal ander soort kennisname as dit wat deur die moderne beeldekultuur voorgehou word. Dit wat jy hoor, stimuleer tot nadenke, tot 'n antwoord op wat gehoor is, tot 'n gesprek. Daarom hou ek ook van wat jy in 'n vorige epos genoem het, dat Jesus se gelykenisse gevra het vir bespreking deur die toehoorders.

Hartlike groete,

Chris

Kultuurskeppers

Beste Chris,

Hebben Biebie en jij mooie dagen gehad aan de kust? Ik verzeker je dat ik verschrikkelijk terugverlang naar de winter in Johannesburg, vreemd genoeg wegens de frisse lucht, de zon en het gele gras.

Voordat ik mijn stuk over *Het uur van de engel* schreef, had ik al in jouw *Die houtbeen van St. Sergius* gekeken en was zeer geamuseerd door het begin van jouw stuk.[144] Ai, wat een pijnlijke herinneringen aan vroege verliefdheden komen dan boven. En dan de plagerijen[145] van mijn broers, omdat het betreffende meisje – Simone – een kop groter was dan ik.

---

144 Vergelyk die addendum: *Die uur van die engel.*
145 Geterg.

Mogelijk herhaal ik me, maar ik denk dat de ongelovige recensenten van de Nederlandse dagbladen zich in vreemde bochten moeten wringen146 om deze roman te waarderen.

Van de redactie van een neerlandistiek tijdschrift kreeg ik een bijzonder interessant artikel – ter beoordeling – toegestuurd. Het artikel gaat over nostalgie in enkele werken van Antjie Krog. Ik las het artikel met grote waardering, al blijf ik met een gevoel van reserve zitten ten opzichte van Krogs verheerlijking van het niet-Europese Afrika. Ik betwijfel of Antjie Krog het een maand in een puur Afrikaanse omgeving zou uithouden. Hoe is het mogelijk dat zij lid blijft van het ANC, terwijl die partij er zo'n rommeltje van maakt? Waarschijnlijk leeft zij gewoon volgens het normale Europees-Zuid-Afrikaanse patroon, terwijl zij af en toe met één been die andere wereld betreedt, om dat been op tijd weer terug te trekken.

Heel graag wil ik je mening horen over een vraagstuk dat mij sterk bezighoudt. Wanneer ik naar Zuid-Afrika kijk, zie ik een gemeenschap die geen gemeenschap is. Daar bedoel ik niet in de eerste plaats de verschillende bevolkingsgroepen mee. Ik denk daarbij aan de mengeling van ultra-kapitalisme en de uitwassen daarvan enerzijds met een grote behoefte aan onderlinge saamhorigheid anderzijds. De tegenstrijdigheid die zich voordoet, geldt uiteraard ook voor een land als Nederland. Aan de ene kant is er een grote behoefte aan gedeelde waarden en aan een ethisch richtsnoer om de samenleving menselijk inhoud te geven, anderzijds ontplooit zich een vrije markt waarop niet de ethische principes maar bezit en macht in het middelpunt staan.

Wanneer ik deze paradox bekijk – de paradox van opbouw die onmiddellijk wordt afgebroken – vraag ik me af wat de rol van de cultuurscheppers hierbij is. Laten we deze vraag toespitsen op de letterkunde. Laat ik het vragenderwijs formuleren: heeft de letterkunde een taak bij de morele verheffing van een gemeenschap, al dan niet in samenhang met religieuze waarden? Dat de letterkunde van belang is, hebben jij en ik ons hele leven ervaren. Wie zouden wij zijn zonder die prachtige ontmoeting met de dierbare en trouwe vrienden uit de jeugdboeken. Wanneer wij gedurende ons leven

---

146 Vreemde toertjies moet uithaal.

als lezers evolueren tot kritische beoordelaars, is het opbouwende element dan uit de literatuur verdwenen? Ik meen oprecht dat dit verdwijnen niet het geval is. Gegeven dat de literatuur – en samen met de literatuur andere middelen van cultuur – voor ons ethos wezenlijk is, heeft de overheid dan geen sturende taak om alleen die inhouden van literatuur te bevorderen die in dienst van de opbouw van een samenleving staan? Wanneer je als overheid het gezinsleven wilt bevorderen, kun je dan toestaan dat de meest verwerpelijke pornografie een streep haalt door al je nobele pogingen om mensen trouw te laten zijn?

Laatst las ik een bundel verhalen van Johann de Lange. Een triestere wereld dan die van die achterkamers kan ik me niet voorstellen. Dergelijke boeken beschouw ik als schadelijk voor geesten die zelf nog niet de mogelijkheid hebben gehad om een krachtig eigen ethos te ontwikkelen. Koos Prinsloo beschouw ik als even verwerpelijk. Ook bij Hennie Aucamp kwam ik verhalen tegen die onbegrijpelijk zijn, wanneer je bedenkt wat een fijn, gevoelig mens Hennie was. Uiteraard is men in Zuid-Afrika huiverig om met een dergelijk oordeel in te stemmen. Bovendien wordt het terrein van de literaire kritiek en van de literatuurwetenschap in Zuid-Afrika voor een groot deel bemand door figuren die in deze extreme literatuur juist een emancipatoire waarde ontdekken. Wie met hen van mening verschilt, houdt zich koest[147] om niet als onverdraagzaam te worden beschouwd en uit angst voor het etiket "conservatief". Er valt zeker veel meer over dit vraagstuk te zeggen. Maar het is van groot belang dat de ruimte van discussie hierover niet wordt ingeperkt. Wanneer het ANC zijn socialistische wortels niet verloochent, zal het ook nadenken over een constructieve cultuurpolitiek. Vergeet niet dat de cultuur in de communistische landen van Europa zeer vruchtbare kanten had. In dit opzicht is de geschiedenis zeer leerzaam.

Hopelijk bezorg ik je met mijn vragen geen hoofdpijn. Iedere vorm van reactie is welkom.

Wees hartelijk gegroet,

Hans

---

147 Bly stil.

14 Julie 2015

Beste Hans,

Baie dankie vir jou heerlike epos – ek en Biebie het jou vertelling van Simone se besoek aan julle huis so geniet. Dit was interessant om te hoor Mosaïek[148] gaan Hans du Plessis se jongste roman uitgee.[149] Dit handel oor die Groot Trek; ek het destyds geskryf dis 'n goeie boek, hoewel dit jammer is dat daar nie 'n swart karakter is wat die Groot Trek as 'n katastrofe beskou nie – dit sou 'n boeiende ekstra perspektief aan die verhaal gebied het.

Dan jou prikkelende vraag oor die rol van kultuurskeppers in 'n samelewing wat ly onder 'n gebrek aan etiese waardes. Toevallig het ek hierdie week die toespraak van Solzhenitsyn by die aanvaarding van die Nobelprys gelees, en ek kan my volkome vereenselwig met sy beskouings. Wat my betref, geld dit vir skrywers asook vir beoordelaars van die letterkunde. Ek haal vir jou 'n paar dele aan wat my besonder getref het:

> Could it be that the old trinity of Truth, Goodness and Beauty is not just a well-worn cliché to be trotted out on official occasions? [...] If the tops of these three trees merge, as the sages of old used to say, but the too obvious, too straight shoots of Truth and Goodness are choked, felled, suppressed – then may not perhaps the fantastic, unpredictable, unexpectede shoots of Beauty fight their way through and soar up *to the same place*, and thus achieve the task of all three?

Miskien onthou jy nog uit *Alkant Olifant*[150] dat ek gepleit het vir aandag aan Goedheid, Waarheid en Skoonheid (asook Liefde) in die literatuur. Ek glo dat hierdie etiese waardes mekaar ontmoet, en dat hulle 'n rol behoort te speel in die skepping en die beoordeling van die literatuur. Ek oorweeg juis op die oomblik om iets te skryf oor Willem Anker se roman *Buys* – 'n artikel met 'n titel soos "Bedenkinge by die werk van 'n talentvolle skrywer". Anker

---

148 Uitgewerij Mozaïek, destijds in Zoetermeer, thans in Utrecht.
149 Sy roman *Die pad na Skuilhoek* is in Nederlands vertaal, die Nederlandse titel is *De weg naar Schuilhoek*.
150 Van der Merwe, C. & Viljoen, H. 1998. *Alkant olifant: 'n Inleiding tot die literatuurwetenskap*. Pretoria: Van Schaik.

is 'n briljante man, maar ek vind die roman arm aan etiek, dit grens aan 'n verheerliking van geweld en ongebreidelde seks. Dit verarm ook die roman, nie net wat die element van goedheid betref nie, maar ook die element van Skoonheid. Buys is nie in staat tot verandering nie, want hy is net een stuk primitiwiteit, en dit maak hom te voorspelbaar. Ten spyte van sy aandrang op trek, of aflegging van die bekende, bly hy baie dieselfde – hy verander van plek maar nie van gees nie.

Terug na Solzhenitsyn – hy is kompromisloos in sy oordeel oor die huidige Westerse samelewing:

> The same old primitive urges rend and sunder our world – greed, envy, licence, mutual malevolence – though now they adopt euphemistic pseudonyms as they go, such as "class struggle", "racial struggle", "the struggle of the masses", "the struggle of organised labour". The primitive refusal to compromise has been elevated to the status of a theoretical principle [...] This refusal to compromise claims millions of victims in eternal internecine wars [...] The world is flooded with the brazen assurance that might is omnipotent while right is powerless.

En dan verder:

> The spirit of Munich [die gees van Nazisme] is the dominant one in the twentieth century [...] The spirit of Munich is an illness of the will-power of the well-to-do, it is the usual state of those who have surrendered to the lust for comfort at any price, have surrendered to materialism as the main aim of our life on earth.

In so 'n situasie, sê Solzhenitsyn, moet die skrywer (en die kritikus, dink ek) onverskrokke die waarheid aan die lig bring: "In my opinion it is within the powers of world literature in these troubled times to help humanity to comprehend its own nature". En dan sluit hy met 'n Russiese spreekwoord: "One word of truth outweighs the whole world".

Twyfelaars wat glo

Jy vra of die owerheid nie 'n plig het om literatuur te bevorder wat tot die opbou van die samelewing dien nie. Dis 'n moeilike vraag, maar die tyd van apartheid het my huiwerig gemaak vir inmenging van die owerheid in die letterkunde. Die owerheid se siening van wat opbouend is, mag ver van die waarheid wees. Alhoewel ek besef dat daar vele dinge geskryf word wat 'n afbrekende invloed uitoefen, meen ek die enigste uitweg vir my en jou is om die valsheid so hard as ons kan te bestry met wat ons glo die waarheid is, die waarheid wat ook die domein van goedheid en skoonheid is.

Dit is, vir ons standaarde, bitter koud in die Kaap – gister 'n minimum van 5 grade, vandag 'n bietjie beter. Vanoggend het ek en Biebie vir twee uur in Kirstenbosch gewandel – die plek is so na aan die Paradys as wat ons hier op aarde kan kom.

Hartlike groete,
Chris

18 juli 2015

Beste Chris,

Je uitvoerige brief las ik met grote interesse. Hartelijk dank daarvoor. Biebie en jij hebben hopelijk mooie dagen aan de kust doorgebracht. Is het daar warm genoeg of hebben jullie de winter moeten verduren? Van Braam hoorde ik dat het in Kaapstad knap kil en koud is. Arme palmbomen!

De citaten van Solzhenitsyn spreken mij zeer aan. Er heerst een geest in de wereld die heel moeilijk te weerstaan is, omdat de aangename beloningen voor instemming met deze geest zo verleidelijk zijn. Dan hebben we inderdaad mensen als Solzhenitsyn nodig om het denken en voelen weer in de juiste stand te krijgen. Met de Geest van München bedoelt hij inderdaad de roofzucht en onbetrouwbaarheid van het Nazisme. München slaat op de belofte van Hitler om zich tevreden te stellen met Sudetenland en de rest van

Tsjechië niet aan te tasten. Die belofte aan Chamberlain bleek loos te zijn.[151] Binnen de kortste keren zaten de Duitse troepen in Praag.

De roman *Buys* van Willem Anker heb ik nog niet gelezen en nu maakt me jouw oordeel nieuwsgierig, terwijl ik aan de andere kant geen zin heb om de kostbare tijd te verkwisten. Met jouw ethische bedenkingen sta je vermoedelijk alleen. Na de ervaringen met ethische veroordelingen in de jaren na 1948 zal men in Zuid-Afrika huiverig zijn om de ruimte van de literatuur via een oordeel in te perken. Je verwijst terecht naar de tijd van de apartheid toen de overheid zich met de literatuur bemoeide en boeken verbood die politiek ongewenst waren, terwijl ze juist in de kern belangrijke waarheden bevatten.

Voorstellen om vanuit de behoeften van de samenleving tot stimulering van bepaalde genres, zoals de sociaal-realistische roman waarin het om het individu en de industriële productie gaat, te komen, zullen onmiddellijk worden afgefloten.[152] Toch ligt hier een belangrijk thematisch veld voor potentiële schrijvers. Binnen het socialistisch realisme van de Midden- en Oost-Europese landen zijn belangrijke romans verschenen die over de arbeid gaan. Helaas is over deze literatuur na 1990 zo'n verdoemend oordeel uitgesproken dat nauwelijks iemand het in zijn hoofd haalt om bijvoorbeeld Christa Wolf als een onmisbare schrijfster naar voren in de aandacht te schuiven. Het kan natuurlijk veranderen.

Mij houdt de vraag bezig of de voorzichtig opererende overheid wel een duidelijke taak heeft ten aanzien van de kinder- en jeugdliteratuur. Ik denk dat Nelson Mandela daarover goede ideeën had die onder meer in het door hem samengestelde sprookjesboek voor alle kinderen van Zuid-Afrika tot uitdrukking komen. Kinderen zijn van nature ontvankelijk voor verhalen en ontlenen daar hun bestaansgevoel aan. Daarom lijkt het mij goed te verdedigen om de uitgave van kinderboeken niet aan de vrije markt over te laten waarbinnen in de eerste plaats overwegingen van omzet en winst de doorslag geven, maar om deskundigen op het gebied van de opvoedkunde en de jeugdliteratuur een soort adviescomité te laten vormen.

---

151 Dit het geblyk dat die belofte leeg was.
152 Tot 'n einde gebring.

In de Nederlandse jeugdliteratuur is het element van baldadigheid en anarchisme prominent aanwezig. Dat was vóór 1940 niet zo, misschien met uitzondering van de Pietje Bell-boeken. Wanneer we naar de honderden delen omvattende "Nederlandse Jeugdbibliotheek" kijken of naar series als "In de vakantie" dan zien we een mooie combinatie van spanning, avontuur, humor en positieve waarden. Het gezin komt als harmonisch uit de verf. Daar had een kind iets aan, in het bijzonder wanneer het die gezinssituatie node[153] moest missen. Na 1945 is het vooral Annie M.G. Schmidt geweest die het roer totaal omgooide en de lof van de ongehoorzaamheid bezong in kinderboeken die ook anders en veel minder plezierig geïllustreerd waren dan daarvoor. Behalve bij verantwoordelijkheid uitstralende uitgevers als Lemniscaat Den Hertog of Christofoor leven we nog altijd in de schaduw van Annie M.G. Schmidt. Bekroonde schrijvers van nu zijn volledig open in het toegeven dat zij het kwaad van boosaardigheid en pesterijen, om niet te spreken van lichamelijke bedreigingen van kinderen onderling, beschrijven zonder dat zij dit kwaad door ook maar een minimum aan ethische sturing een halt toeroepen. Dit is een uiterst gevaarlijke ontwikkeling die wel naar nihilisme en wanhoop moet leiden.

In de volwassenenliteratuur zijn het mensen als Gerard Reve en W.F. Hermans die de geest van het goede in Nederland grote schade hebben berokkend. Ik begrijp dat met deze ene zin de kous niet af is.[154] En toch lucht het op om dit een keer uit te spreken. Dat een grandioos schrijver als Simon Vestdijk volledig van het toneel is verdwenen, is ongelofelijk en vormt een ernstig verwijt aan de cultuurpausen in het huidige Nederland. Gelukkig zijn de meeste Vlaamse schrijvers uit ander hout gesneden. En evenzeer gelukkig is dat de Vlamingen niet meer opkijken tegen de Nederlanders en precies de zwakke plekken binnen de Noord-Nederlandse cultuur weten aan te wijzen. Je ziet bijvoorbeeld dat de Vlaamse televisie een hele andere kijk op het leven heeft dan Nederlandse omroeporganisaties als de VARA.

De middag is al weer bijna voorbij, Chris. Ik rond hier af en zie uit naar je reactie.

---

153 Noodgedwonge.
154 Die saak nie afgehandel is nie.

Heel hartelijke groeten vanuit een zonnig Nijmegen,

Hans

P.S.

Als bijlage een artikeltje over dominee Lepsius en de Armeniërs.

5 Augustus 2015

Beste Hans,

Dankie vir jou boeiende epos. Die artikel oor ds Lepsius en die Armeniërs was vir my fassinerend. Dit is goed om te weet dat iemand soos ds Lepsius, wat so volhardend teen onreg gestry het, nie vergeet word nie. Waardige rolmodelle is van lewensbelang vir 'n samelewing, ook vir opvolgende geslagte. Dit het my laat dink aan 'n gesprek die afgelope Woensdagaand in ons geselsgroep. Een van die lede, Martin Welz (redakteur van die maandblad *Noseweek*) het 'n boek bespreek waarvan ek nou die besonderhede vergeet het, maar een ding het in my geheue bly vassteek. Met die uitwerk van 'n grondwet vir die Verenigde State van Amerika, net na hulle Onafhanklikheidsoorlog, is die kwessie van slawerny nooit aangeraak nie. Dit sou te verdelend wees tussen die noordelike en die suidelike state. Die kwessie is steeds in die doofpot gestop, ook nadat die grondwet voltooi is.

Wat "ter wille van die vrede" verswyg is, het uiteindelik op 'n burgeroorlog uitgeloop. Martin se punt was dat die morele imperatief *realpolitik* is, want as jy morele kwessies ignoreer, kom dit op die lang duur na jou terug, soos 'n boemerang. Ignorering van die morele perspektief mag op die kort termyn *realpolitik* wees, maar nie op die lang termyn nie. "Al loopt de leugen nog zo znel, de waarheid achterhaalt hem wel." Dit geld wat my betref ook vir Zuma en Nkandla.[155]

Ek deel jou besorgdheid oor die tydsgees van opstand en die invloed wat dit op die jong geslag het. Ek onthou dat ek êrens gelees het wat John Newman hieroor gesê het. Volgens hom is dit belangrik om respek vir die tradisie te hê.

---

[155] Het enorme buitenhuis in KwazuluNatal dat president Zuma voor zich liet bouwen op kosten van de Zuid-Afrikaanse belastingbetaler.

As soveel mense vir soveel jare 'n tradisie gevolg het, moet daar iets in steek. Begin met vertroue in die tradisie, van dié beginpunt kan jy dan kritiek lewer – Van Wyk Louw se "lojale verset". Daarenteen, as jy met wantroue begin, is die gevaar dat jy iets sal vernietig wat vir baie mense waarde gehad het, en nie in staat is om iets waardevols in die plek daarvan te gee nie.

Dis vir my belangrik dat literatore en ander meningsvormers vanuit 'n etiese standpunt moet werk. Dit beteken nie 'n veroordelende houding nie. Die ideaal is om begrip te verbind met etiek – begrip vir "die ander" is immers 'n grondslag vir alle etiese denke. Ek dink terug aan die romans van W.F. Hermans, vir wie ek 'n groot bewondering het, ondanks sy nihilisme, wat ek nie deel nie. 'n Mens sou 'n baie interessante studie kon doen oor 'n fundamentele teenstrydigheid in die werk van Hermans: die geloof aan chaos in teenstelling met die sinvolle struktuur van sy romans – die chaos word, paradoksaal, sinvol uitgebeeld. Vir my is die "sinvolle chaos" in die romans van Hermans 'n uiting van diepe verlange na sin ondanks sy verkondiging van sinloosheid.

Vir my bly, as grootse ideaal vir die romankuns, die werk van Dostoevsky, in sonderheid die *Broers Karamazov*. Dostoevsky beeld met die grootste insig en begrip sy karakters uit; hy het plek vir die diepste verdorwenheid, maar daar is ook die korrektief van die hoogste heiligheid van 'n Alyosha. Die leser het die moontlikheid om te kies, die boosheid neem nie die hele roman in beslag nie maar word ook nie as werklikheid geïgnoreer nie.

Miskien moet ons in die toekoms ruimte maak vir 'n gesprek oor die belang van die instandhouding en ontwikkeling van moedertale. Vir my as Afrikaanssprekende lyk die toekoms donker as dit volkome deur die groot wêreldtale oorheers word. Die uitstorting van die Heilige Gees, soos in Handelinge vertel, laat blyk dat die goeie nuus in verskeie tale verkondig moet word. Ek is bekommerd oor 'n toekoms waarin ons nie meer in Afrikaans of Nederlands kan dink en skryf nie – dit sal 'n slag wees vir ons letterkundes, ook vir die filosofie en teologie. In 'n vreemde taal bly 'n mens se denke mos maar middelmatig, op sy beste.

Hier in Kaapstad beleef ons te veel koue en te min reën, maar Kirstenbosch se dam is gelukkig vol. Ek en Biebie stap elke Maandagoggend saam met my swaer David Power (Amelia se skoonpa) vir sowat twee uur in en rondom Kirstenbosch.

Met die kleinseun gaan dit uitstekend. Gister was ons die hele dag by hom, en dit het ons groot vreugde gegee toe hy bitterlik huil by ons vertrek! Hy is nou net oor 'n jaar oud.

Hartlike groete,

Chris

Taalsake

30 august 2015

Beste Chris,

Jouw typering van het werk van Hermans als zinvolle chaos vind ik zeer treffend en waardevol. Het raakt me wat je over ethiek als begrip voor de ander schrijft. Ook wanneer die ander je vijand, of moet ik eerder zeggen je tegenstander, is, dan is het toch de voorwaarde van een zinvol gesprek wanneer je luistert en probeert te begrijpen waarom de ander redeneert, zoals hij/zij redeneert. Gemakkelijk is dit niet, omdat een mens heel gauw redeneert vanuit een strategie, of tenminste vanuit een agenda, een agenda die weliswaar open en "losbladig" kan zijn, maar toch een basische ordening moet hebben om nog een ethische agenda te heten. Uit het ethische niets redeneren zal vermoedelijk tot niets leiden. Daarnaast is nog de kwestie van het taalniveau. De context van het noodzakelijke open gesprek kan het

155

gesprek vertroebelen door een andere beheersing van de taal. En daarmee sluit ik aan bij jouw vraag naar de waarde van de moedertaal.

Uiteraard is het lastig om naar de eigen, persoonlijke ervaringen met talen te kijken en op deze hoogsteigen[155] observaties een algemeen geldig idee te baseren. Toch wil ik daar graag beginnen en jouw mening over dit vraagstuk te horen. Met het Nederlands dat ik als kind leerde spreken, was de gelovige levensbeschouwing van mijn ouders ten nauwste verbonden. Vrijwel automatisch eigende ik mij de godsdienstige, emotiegeladen en ethisch partij kiezende woorden toe. Het zal ieder kind zo vergaan. Met de toeëigening van taal ging ook de ontdekking van verhalen samen. Op de Gereformeerde Burgerschool aan de Plompetorengracht in Utrecht werd het verdere fundament gelegd met de verhalen uit de Bijbel, waarbij de rol van de leerkracht van wezenlijk belang was.

Samen met de verhalen uit het vroeger zogeheten Oude Testament waar mijn voorkeur naar uitging, zorgde de vaderlandse geschiedenis met de Tachtigjarige Oorlog voor een fundament van waarden dat een geheel vormde met de waarden die thuis werden beleden. De taal van die tijd is gedateerd, maar ze zorgt toch voor ontroering op momenten van hernieuwde ontmoeting. Het bijzondere is dat tussen woord en emotie geen speelruimte van reflectie is. De taal is de emotie zelf, ook al heb je als individu van die kinderlijke vereenzelviging afstand genomen.

Vanaf mijn zesde jaar verbleef ik gedurende lange perioden in een Duits gezin in Bielefeld, bestaande uit een bejaarde vrouw en haar middelbare dochter. Voor mij was Bielefeld een nieuw taalproces en een nieuwe toeëigening van de woorden. Ik denk dat ik jong genoeg was om de uitdaging van een soort taal-mimicry aan te gaan en oud genoeg om het nieuwe taalproces als iets moois en als een winst voor mij als individu te beschouwen. Het bijzondere aan de toeëigening van de tweede taal was een enorm plezier in de kracht van het Duits om mij nauwgezet te begeleiden op weg naar ontdekking van een andere wereld, overigens van een wereld waarin nog heel wat ruïnes bestonden en ik een dominee leerde kennen – Pfarrer von Zittwitz – die slechts één arm had

---

155 Uiters individuele.

als gevolg van de oorlog. Het piëtistische milieu in Bielefeld kende rituelen die mij in de vorm van de dagelijkse Bijbelspreuk, het avondlied en verder via kleine literaire teksten in de Neukirchner Kalender – een scheurkalender – ook als taalschatten omringden en de daar beleden godsdienst een geheel eigen karakter gaven. Dit milieu was een veilig begin om de Duitse taal te ontdekken en in de nieuwe wereld thuis te raken. Daarbij was ik me terdege bewust van de recente geschiedenis en luisterde naar de verhalen over de Bekennende Kirche, dominee Martin Niemöller en verder bijvoorbeeld over de stichting voor geestelijk gehandicapten Bethel bij Bielefeld die gespaard bleef voor de eugenetische praktijk[156] van de Nazi's. Corrie ten Boom met haar boodschap van verzoening was een zeer gerespecteerde vrouw in de kring waarin ik verkeerde. Het was vermoedelijk arrogant, maar ik had met mijn toenemende beheersing van het Duits het gevoel dat ik iets in mij had wat anderen niet hadden en wat mij bijzonder maakte.

Wat ik met deze uitweiding wilde zeggen is dat het leren van een taal volgens mijn ervaringen het liefst jong moet gebeuren, of de supervisie nu bij de moeder, de vader of de grootouders berust. Of, zoals in mijn geval, bij een oude vrouw die mij als aangewaaid kleinkind opnam in haar wereld. De speels-humoristische omgang met de taal en ook de emotionele verankering van woorden in ervaringen zijn een voorwaarde voor een gezonde, creatieve omgang met de taal. Hoe hard ik het ook probeer, het Engels zal mij nooit zoveel zeggen als mijn moedertalen deden. Miss Marple blijft een sympathiek surrogaat.

Misschien ben ik te veel van het onderwerp afgedwaald, Chris. Stel alsjeblieft het jouwe hier tegenover.

Beste wensen voor jullie en hartelijke groeten vanuit de Wisentstraat,

Hans

---

156 Genetiese ondersoek met die oog op die verbetering van die menslike ras.

6 September 2015

Beste Hans,

Ek het jou brief oor die betekenis wat Nederlands en Duits vir jou het, verskriklik geniet. Dit het soveel raakpunte met my ervaring. Dit is veral die taal wat jy as jong kind leer, wat deel van jou wese word. My ervaring met die Bybel is byvoorbeeld sterk gekleur deur die taal waarin ek dit ontvang het. Die tekste waaraan ek nog steeds vashou, hou ek vas in die taal van die 1953-vertaling, waarmee ek grootgeword het.

Ek lees wel die 1983-vertaling, en ook die jongste, 'direkte' Afrikaanse Bybelvertalings, maar ek heg my aan die ouer vertaling. "Die Here is my herder, niks sal my ontbreek nie" – dit spreek tot my; veel meer as "Die Here is my herder, ek kom niks kort nie". So kan ek die res van die psalm as voorbeeld gebruik: "In u hande is ek veilig" mag troostend klink, maar ek hou vas aan "U stok en u staf die vertroos my". Met die ouer vertaling is dit vir my presies soos jy skryf: "Het bijzondere is dat tussen woord en emotie geen speelruimte van reflectie is. De taal is de emotie zelf".

Dit was vir my baie interessant dat jy as't ware twee moedertale ontvang het – wat 'n wins! Dit lyk my belangrik, soos jy ook noem, dat albei tale as jong kind geleer is. Daar was 'n hele wêreld van kennis, van waardes en emosies aan albei tale geheg. Dit herinner my nou aan wat van Desiderius Erasmus vertel word – dat hierdie man, wat so onderleg was in Latyn en Grieks, op sy sterfbed wel nog in Latyn gekommunikeer het, maar sy laaste woorde kon hy net sê in die taal wat hy as kind geleer het: "Lieve God". Ek weet nie of dit waar is nie, maar vir my is dit 'n aangrypende storie waarmee ek kan identifiseer.

Dit is vir my een van die kwellinge oor Suid-Afrika van vandag. Met die nuwe proses van verengelsing, met Engels wat beskou word as die toegangspoort tot mag en sukses, word die inheemse tale, ook Afrikaans, afgeskeep. Die gevolg is dat daar 'n groot persentasie van die bevolking, in die strewe om Engels te bemagtig en hul moedertaal agter te laat, nie eentalig word nie, maar geentalig. Ek het dit so dikwels by die Universiteit van Kaapstad gesien.

Daar is wel 'n groepie wat die oorgang van die een taal na die ander kan bemagtig, maar ek vra my af hoeveel emosionele verlies nie dalk daarmee gepaard gaan nie. Maar die grootste groep van die bevolking word ontmagtig deur die vereiste om in Engels te presteer. Ek dink dikwels aan wat sou gebeur het as ek my skool- en universiteitsopleiding deur medium van Xhosa sou moes doen – watter onderpresteerder ek sou wees, hoe min van wat ek dink en voel, ek in taal sou kon uitdruk.

In ons land is daar 'n magdom van idees en kreatiwiteit wat verlore gaan as gevolg van die imperialisme van die Engelse taal, wat byna vrywilliglik ondergaan word. My kommer is nie net oor Afrikaans nie, maar ook oor die ander inheemse tale. Daar is wel allerlei praktiese probleme met die implementering van veeltaligheid, maar ek dink aan wat Jos Wilmots jare gelede aan my gesê het, toe ons gepraat het oor die toekoms van Afrikaans: "Het ligt alleen[157] maar aan een woordje", het hy gesê, "dit is het woordje 'willen'". Daar is maniere waarop probleme opgelos kan word met behulp van die woordjie "willen" – tolkdienste, onderskrifte by flieks ensovoorts. Gelukkig word daar al hoe meer in dié rigting gedoen – maar nog nie genoeg nie. Ek word al hoe meer oortuig dat die taalkwessie in ons land nie periferaal is nie, maar sentraal.

En dit bring my by die "Luister"-video van die Universiteit van Stellenbosch. Dit is verskriklik om die verhale van rassisme te hoor, dis 'n skande wat ernstig aandag moet kry – en aandag sal kry, glo ek. Maar wat vir my ook baie hartseer is, is dat die kwessies van rassisme en veeltaligheid, twee aparte kwessies, nou verstrengel word. Dit is sekerlik so dat daar Afrikaanse taalstryders op Stellenbosch is wat die taalstryd as 'n rookskerm gebruik, dat hul ware motief is om die universiteit blank te hou. Maar ek weet vir seker dat daar ook mense is wat die wysheid besit om die twee dinge uitmekaar te hou: die euwel van rassisme en die noodsaak van veeltaligheid. Helaas is die wysheid 'n skaars artikel. Hoe hartseer sal dit nie wees as Afrikaans, om watter rede ook al, weer tot kombuistaal gereduseer word nie. Intussen hou ek my

---

[157] Dit hang slegs af.

159

maar wat die taalstryd betref, by die mooi woorde van Maarten Luther, dat as hy weet die wêreld vergaan môre, dan plant hy nog vandag 'n appelboom!

Sterkte met die appelboord.

Hartlike groete,

Chris

Klimaat en natuur

25 oktober 2015

Beste Chris,

De "appelboord" is een mooie vondst. Wat is er mooier dan dat. Inmiddels zijn we een maand verder en staan Reina en ik op het punt om naar Potsdam te vertrekken waar ik een lezing zal geven in het Fontane-Archief over de hoogst dubieuze schrijver Sir John Retcliffe die eigenlijk Hermann Goedsche heette en een collega van Fontane bij de Berlijnse "Kreuz-Zeitung" was. Sir John Retcliffe's roman *Biarritz* is een van de bronnen van de nog altijd door

Arabische staten voor waar versleten[158] "Protocollen van de Wijzen van Sion". Over de waarheid van deze Protocollen is vóór de Tweede Wereldoorlog in Zuid-Afrika een zeer interessant proces gevoerd.[159]

Het is verbijsterend om te zien hoe de dynamiek van de wereld in deze afgelopen zes weken veranderd is en hoe zorgelijk voor mensen het leven op aarde is geworden. Het meest verbijsterende is het negeren van de menselijke waardigheid, de vanzelfsprekendheid van het liquideren van de vijanden of van mensen die toevallig in de buurt zijn. Ik denk dat de televisie aan de hardheid die zich in de samenleving heeft vastgezet veel heeft bijgedragen. En nu zitten we dus in een periode van transitie. Zal het een overgang ten goede zijn? Wij zien hier veel initiatieven om daadwerkelijk tot bescherming van de planten, bomen en dieren over te gaan. Het bewustzijn dat de wereld uitgeput raakt wat voedsel en drinkwater betreft, groeit en groeit. Wanneer de omslag komt en mensen besluiten dat ze hun huwelijksreis in eigen land doorbrengen en voor de romantiek niet meer van Nederland naar Patagonië of Waikiki vliegen, is nog niet af te zien.

In ieder geval moet het in mijn ogen uit de mensen zelf komen, anders lopen we het risico om een samenleving van dwang en onderdrukking te krijgen en dan zijn we nog verder van huis. Na terugkeer uit Potsdam hoor je opnieuw van me.

Voor vandaag: hartelijke groeten vanuit een prachtige, zonnige herfst. En de kappertjies[160] groeien door. Die zien hun kans schoon om de tuin te veroveren.

Hans

4 Desember 2015

Beste Hans,

---

[158] Vir die waarheid gehou word.
[159] De "Protocollen van de Wijzen van Sion" zijn een kwaadaardig geschrift dat rond 1900 in Rusland ontstons en een beschrijving geeft van de vermeende Joodse samenzwering om de wereld te beheersen. Dit antisemitische geschrift is tot op heden zeer invloedrijk gebleven
[160] Oost-Indiese kers.

Ek kom nou eers daarby om kommentaar te lewer op die heerlike koerant-knipsels wat jy vir my gestuur het. Ek was veral geïnteresseerd om te lees van die boek van Jaap Goedegebuure, *Wit licht,* oor mistiek in die Nederlandse letterkunde. Sy vorige boek oor Nederlandse skrywers en religie was vir my 'n groot stimulus en 'n aanmoediging om spiritualiteit in die Afrikaanse letterkunde te ondersoek. Ek dink skrywers is soms meer spiritueel as wat hulle in ons sekulêre wêreld wil erken. 'n Tyd gelede het ek 'n onderhoud gevoer met Ingrid Winterbach oor haar jongste roman, *Vlakwater.* Ek wou toe met haar gesels oor motiewe in die boek wat vir my sonder twyfel spiritueel van aard was – die transformasies van die maan en van sywurms; die grootsheid van Tafelberg en die wonder van die sonsopkoms elke dag. Maar sy het ferm gesê: "Vir my is die maan net 'n maan, en 'n wurm net 'n wurm." Oor die berg, waarvan telkens melding gemaak word in die roman, skryf sy wel: "Ek het 'n blik op die berge, op die horison, waar berg en lug ontmoet, waar die son elke oggend opkom, met meer prag as waarvoor ek ooit woorde of trane sal hê" (p. 317-318). Is die berg "maar net 'n berg", en die son "maar net 'n son"? Wat is die misterie in die natuur wat die mens se hewig ontroer? Ek en jy glo dit het te make met die feit dat die skepping iets van die heerlikheid van die Skepper weerspieël. Die natuur is 'n afskynsel van die Een na wie ons ten diepste verlang, soos Augustinus gesê het.

Wat die mens aan die natuur gedoen het en nog steeds doen, het 'n noue verband met die sondeval – ons het die tuin van Eden verniel. Maar miskien is daar tog 'n greintjie hoop? Jaap skryf in sy boek dat "de mysticus zelfverlies juist nastreeft; die wil als het ware eerst kapotgemaakt worden om daarna een te worden met een groter geheel." Hierdie tema van verrysenis uit die as, van hergeboorte uit die dood – sou dit ook sosiale betekenis hê? Ek hoop so dat daar nuwe hoop sal voortkom uit die klimaatberaad in Parys, en ek hoop ook dat die vlaag van korrupsie wat ons land getref het, nie die laaste woord sal spreek nie. Ek bly hoop dat nuwe lewe moontlik is, vir die indiwidu asook vir die samelewing, die nuwe lewe waarvan ons elke jaar die spore sien in die gang van die seisoene, van winter wat plek maak vir die lente.

Miskien is ek te veel van 'n optimis, maar ek dink nou aan 'n wonderlike toneel uit C.S. Lewis se Narnia-storie, *The silver chair.* Die beminlike karakter

Puddleglum, baie klaerig maar in sy diepste wese rotsvas, word geteister deur die "Queen of the Underland" met die gedagte dat Puddleglum se geloof 'n blote illusie is. Maar dan kom hy met 'n wonderlik inspirerende antwoord en bevestig daarmee sy trou, selfs te midde van twyfel, aan Aslan, die leeu wat Christus verteenwoordig:

> Suppose we have only dreamed, or made up, all those things – trees and grass and sun and moon and stars and Aslan himself. Suppose we have. Then all I can say is that, in that case, the made-up things seem a good deal more important than the real ones. Suppose this black pit of a kingdom of yours is the only world. Well, it strikes me as a pretty poor one. And that's a funny thing, when you come to think of it. We're just babies making up a game, if you're right. But four babies playing a game can make a play-world which licks your real world hollow. That's why I'm going to stand by the play world. I'm on Aslan's side even if there isn't any Aslan to lead it. I'm going to live as like a Narnian as I can even if there isn't any Narnia (p. 156).

Nou ja, hiermee wil ek jou groet vir die jaar. Binnekort vertrek ek en Biebie na ons wonderlike strandhuis. Mag jy en Reina 'n vredevolle Kersfees ervaar, en blydskap deur die geloof dat die een wat nuwe lewe in die wêreld gebring het, in Bethlehem gebore is.

Hartlike groete,

Chris

Dankbaarheid

10 Februarie 2016

Beste Hans,

Dis al 'n taamlike tyd gelede dat ek aan jou geskryf het. In dié tyd het ek 'n paar eposse van jou ontvang, en twee uiters welkome pakkies met allerlei boeiende koerantknipsels. Baie dankie daarvoor.

Leef jou skoonvader nog? Dit bly darem 'n hartseer en tegelyk ontroerende ervaring om 'n geliefde die dood te sien betree. Met my skoonmoeder se dood het ons dit ervaar – met hartseer, asook verligting dat die lyding verby is, en dankbaarheid vir die geestelike erfenis wat agtergelaat word.

Ek is bly jy het die transkripsie van die Kamphoer-simposium geniet.[161] Pumla is pas aangestel as hoogleraar in Stellenbosch. Sy het 'n persoonlike leerstoel,

---

161 Gepubliseer op *LitNet*: Chris van der Merwe, Pumla Gobodo-Madikizela, Francois Smith: *Remembering and forgetting: Reflections on Francois Smith's novel* Kamphoer.

ek vergeet die presiese betiteling, maar dit het met versoening in die samelewing te doen. Die stuk wat jy oor die oorlede skrywer Chris Barnard[162] geskryf het, is uitstekend; jy het die kern van sy betekenis vir die Afrikaanse letterkunde goed saamgevat. Ek dink ook, soos jy, dat die hoogtepunt van sy oeuvre die kortverhaalbundel *Duiwel-in-die-bos* is.

Daar is soveel in die knipsels waarop ek kommentaar sou wou lewer, maar ek beperk my tot twee knipsels wat met mekaar verband hou. Die een is die essay van Paul van Tongeren oor dankbaarheid, en die ander die een van Desanne van Brederode oor eerbied. Hulle handel oor 'n dilemma van die ongelowiges – as jy dankbaar voel oor jou lewe, teenoor wie moet jy die dankbaarheid betuig? Van Tongeren stel die dilemma so:

> Iets stemt je dankbaar, maar zodra we onze ervaring als "dankbaarheid" verwoorden, of op het moment dat we ons dat gevoel realiseren, schrikken we terug: "het klinkt misschien gek", "dankbaarheid is een beetje een raar woord". Want hoezo souden we dankbaar kunnen zijn? Wie zouden we dankbaar moeten zijn? Dankbaar ben je immers jegens iemand van wie je iets gekregen hebt?

Van Brederode sien eerbied as 'n vorm van dankbaarheid:

> Je hebt geen idee wie je zou moeten bedanken, en hoe, en toch beleef je dat wat er is als een geschenk, een gift, een gave. Situaties, objecten en mensen verliezen hun vanzelfsprekendheid [...] Een neiging tot confortabele onverschilligheid maakt plaats voor aandachtige "verschilligheid".

Die dilemma van die ongelowiges is geleë in die besef dat dankbaarheid gepas is by die belewing van die kosbaarhede van die lewe, maar aan wie die dank toekom, bly vir hulle 'n raaisel. Die begrip dankbaarheid behels immers die gedagte dat iets ontvang is, dit beteken dat daar 'n skenker is – die taal self lei ons na die Gewer van alle gawes, wat vir die ongelowige egter 'n leë semantiese ruimte is.

---

162 Chris Barnard, de schrijver, niet te verwarren met de gelijknamige hartchirurg.

Albei die bogenoemde skrywers lê wel klem op die waarde van dankbaarheid, hulle glo dit moet gekoester word, selfs al is daar geen duidelikheid aan wie die dank betoon moet word nie. Dankbaarheid en eerbied gee volgens hulle 'n ekstra, waardevolle dimensie aan die lewe. Ek dink nie dat hulle hierin verkeerd is nie. Ek herinner my dat Elsschot in die voorwoord tot *Kaas* noem dat elke skrywer moet skryf "met het oog op de slotaccoord". Ek dink ook ons moet lewe "met het oog op de slotaccoord". Die ontwikkeling van dankbaarheid en eerbied is myns insiens 'n goeie voorbereiding vir die "slotaccoord" van die lewe, wanneer die ontmoeting sal plaasvind met die Een aan wie alle dank en eerbied toekom.

Ek onthou dat 'n karakter in Ingrid Winterbach se roman *Die aanspraak van lewende wesens* tien stappe op die weg van die mistikus noem. Die eerste daarvan is verwondering oor die skoonheid van die natuur. Verwondering is nie so ver verwyderd van eerbied en dankbaarheid nie. Al hierdie begrippe hou verband met die begrip nederigheid, so sentraal in die Christelike etiek. Tot eendag, wanneer ons "van aangesig tot aangesig" sal sien, is die koestering en ontwikkeling van hierdie etiese waardes van kritieke belang, vir die gelowige asook vir die ongelowige – verbind aan mekaar deur die reis na 'n gemeenskaplike bestemming.

"The worst moment for the atheist is when he is really thankful and has nobody to thank", het Chesterton gesê.[163] Die teenstrydighede wat die ongelowige ervaar rondom die begrippe "eerbied" en "dankbaarheid" bestaan nie vir die gelowige nie. Soos Van Tongeren dit mooi stel aan die einde van sy artikel: "Er is niets wat het de gelovige verbiedt deze dankbaarheid te richten tot God. Alleen zal het dan een God zijn die hem niet verplicht om dankbaar te zijn, maar die hij ontdekt door zijn dankbaarheid." Gelukkig ken ons die Een vir wie ons moet eer en dank!

Hartlike groete uit Suid-Afrika, waar ons op die oomblik met gespanne aandag die hofverrigtinge volg oor ons president se uitgawes op sy woning in Nkandla. Mag die waarheid en geregtigheid seëvier!

Chris

---

163 *Orthodoxy*, p.78.

Addenda

Verslag van de jury van de CLO-juryprijs 2014

Hans Ester

Geachte aanwezigen,

De uit vijf personen bestaande jury van de allereerste juryprijs van het Christelijk Literair Overleg heeft uit een lijst van twaalf titels vijf romans geselecteerd en vervolgens na een open discussie de winnende titel vastgesteld.

Het was een verrijkende zoektocht. We waren onder de indruk van de adequate verwoording van verdriet en vervreemding bij Stevo Akkerman. De in deze roman gestelde vragen zijn voor kerkelijk gebonden lezers en voor buitenkerkelijken van groot belang. Het gegeven van Vonne van der Meers roman *Het smalle pad van de liefde* is aangrijpend. De vormgeving van deze roman is bijzonder. Het geloof is hier goed geproblematiseerd. Liesbeth Morrens *Waterval* biedt een indringende tekening van de onmogelijkheid tot vergeven en van de last van schuldgevoelens. De daarin weergegeven pijn is voelbaar. Jannie Regnerus' *Het Lam* wordt gedragen door een sterke symboliek. De stijl is zeer geconcentreerd en waardevol is verder dat niet alles expliciet gemaakt wordt hierin. Gedurfd en geestig is *De vierde vrouw* van Frans Willem Verbaas. Met veel kennis van zaken is Karl Barth hier neergezet. De vraag naar de betekenis van de titel blijft de lezer tot het slot door het hoofd spoken.

De juryleden constateerden dat het verlies van een kind een veel voorkomend onderwerp is in de literatuur die geloof en religie als levensbeschouwelijke voedingsbodem heeft. De dood is prominent. Dat is niet het enige. De schrijvers van wie wij het werk onder ogen kregen, putten uit een scala van literaire mogelijkheden, zoals perspectiefwisseling, herbeleving van archetypische verhalen, soeverein gebruik van historische gegevens en reflectie op het geschrevene binnen de roman zelf. Een open geest naar de bonte menselijke ervaringen is voelbaar volgens de oproep in Goethe's *Faust*: "Grijp om u heen in 't volle mensenleven!"

De jury heeft na ampel overleg besloten om de CLO-juryprijs 2014 toe te kennen aan Stevo Akkerman voor zijn boek *Donderdagmiddagdochter*. Een paar woorden wil ik namens de jury over deze roman zeggen.

Akkerman begint zijn boek *Donderdagmiddagdochter* met het leven van het meisje Evy Elise. Zij is de dochter van de verteller en diens vrouw Maria. Het leven van Evy Elise duurt slechts enkele uren. Evy Elise's sterven kort na haar geboorte heeft grote gevolgen voor het denken van beide ouders over Gods rol in het menselijk bestaan. Omdat Maria een volledig andere Godsbeleving heeft dan haar man, ontstaat er een diepe kloof tussen hen beiden.

Om de argumenten van de met zijn verstand redenerende verteller Stevo van repliek te dienen, moeten de tegenargumenten op het niveau van het verstand opereren. Wanneer Maria en Stevo over Gods bemoeienis met het persoonlijke leven, over zonde, dood en vergeving spreken, heeft ieder zijn eigen taal en snapt de ander er niets van.

Hoe onwrikbaar Stevo zijn standpunt ook verdedigt, toch is er ruimte binnen zijn levensovertuiging voor andere benaderingen. Zijn deernis met de beide andere kinderen Ruben en Suzanne laat zien dat zijn gevoel ook een bron van kennis is. In nog sterkere mate geldt het alle geredeneer overstijgende gevoel voor zijn verbondenheid met Maria. Ondanks alle afkeer van Maria's keuze voor de pinkstergemeente laat Stevo haar niet los. Maria voelt dat goed aan en reageert daarom nogal laconiek op Stevo's verbitterde aanvallen. Het ligt voor de lezer in de lijn der verwachting dat op de diepste vervreemding de wezenlijkste toenadering volgt.

Stevo wil God niet loslaten, maar hij wil wel alle kerkelijke ballast overboord kieperen.[155] Hij vervalt niet in karikaturen van bijvoorbeeld de Pinkstergemeente. Hij balanceert af en toe op de rand van het ongeloof. Toch is God voor hem een levende en sprekende werkelijkheid. Het is het ultieme kwaad van de Holocaust dat hem er toe brengt om het leven vanuit een absolute morele wet te bekijken: "Dat is mijn beginpunt. En ik zie niet hoe ik het oordeel over Auschwitz kan verankeren zonder God".

---

155 Oorboord gooi.

Dit is een oprecht en goed boek. Stevo Akkerman heeft de gave om kernachtig en met een vleugje humor te formuleren. Zeer indrukwekkend is de weigering van Stevo om het verhaal over Abraham en Izaäk te aanvaarden: "Ik begrijp God niet, ik begrijp Abraham niet, ik begrijp Izaäk niet en ik begrijp de kerkgangers niet die hen wel begrijpen. Zelf zou ik, denk ik, God hebben weerstaan." Die geest van de dialoog met God is respectabel en zeer Joods. Traditionele gelovigen zouden er hun voordeel mee kunnen doen om zulke gedachten serieus te nemen.

Dit gezegd zijnde, gaan we nu over tot de uitreiking van de CLO-juryprijs.

/ Len Borgdorff
/ Hans Ester (voorzitter)
/ Hans van Seventer
/ Henriette van de Wetering
/ Mieke Wilcke

Die uur van die engel[156]

Chris van der Merwe

Wanneer ek oor Karel Schoeman se werk skryf of praat, het ek altyd 'n bietjie daardie benoude gevoel op die maag wat ek gehad het toe ek vir die eerste keer 'n geliefde na die huis gebring het. 'n Mens was so bang jou mense sal nie haar waarde insien nie. Jy weet wel dat sy haar kwasterigheid het, haar dinge waaraan mens gewoond moet raak, maar jy hoop so almal sal insien dat sy in der waarheid haar gelyke nie het nie.

Die uur van die engel is 'n boek waarmee baie lesers al probleme gehad het, en nie net onervare en ongeskoolde lesers nie. Baie mense, ook literatore, reken dat die boek darem te traag voortbeweeg, dat dit darem veel gevra is om vir byna vierhonderd bladsye te lees aan 'n verhaal wat eintlik nie 'n verhaal is nie, wagtend op iets om te gebeur wat nie bra gebeur nie. Die skrywer het self waarskynlik hierdie besware geantisipeer, en antwoord indirek daarop in sy roman.

Nico Breedt, die televisiemaker en skrywer wat na sy geboortedorp kom op soek na gegewens oor die mistieke digter Danie Steenkamp, gesels met tannie Duifie, die kurator van die plaaslike museum, oor Steenkamp se verse. Nico besef dat die tema waarin hy belangstel, nie vir die televisie geskik is nie:

> Mens moet darem ook dinge wys wat gebeur, een of ander handeling ... Mense hou nie daarvan om te lank te moet kyk nie (...) Hulle raak baie gou verveeld, net 'n paar sekondes dan wil hulle nie meer konsentreer en inneem wat mens hulle wys nie.

Tannie Duifie het baie wysheid — die duif is immers simbool van die Heilige Gees. Sy het 'n antwoord op Nico se argument: "Maar dis mos nonsens (...) Jy kan mense mos leer hoe om te kyk en te luister."

Tant Duifie tree op as verdediger van die gedigte van Danie Steenkamp en indirek as verdediger van Schoeman se roman wat Steenkamp se verse as tema het. Sy antwoord op die bedenkinge van Nico: "In sy gedigte gebeur daar baie", en

---

156 Verwerk uit *Die houtbeen van St Sergius: Opstelle oor die Afrikaanse prosa*, pp. 99-104.

"Wie't dan ooit gesê gedigte moet maklik wees?" werp sy teë op twee moontlike besware teen die roman, dié van 'n gebrek aan aksie en die ontoeganklikheid daarvan (p. 52). Nico meen nogtans dat sy tema nie vir die televisie geskik is nie, en besluit om liewer daaroor te skryf. Wat hy skryf, vorm dan die grootste deel van die roman wat die leser voor hom het.

Schoeman is op 'n indirekte manier hier in gesprek met die leser, hy wil die leser gereed maak vir wat kom. Op die moontlike kritiek dat die boek vervelig is, kom die teenkritiek teen die mense van vandag: dat hulle nie meer kan konsentreer nie, dat hulle te gou verveeld raak. Op die moontlike kritiek dat daar nie genoeg gebeur nie, is die antwoord dat daar wel baie in Steenkamp se poësie gebeur – maar dis nie oppervlakkige aksie, vol moord en doodslag en geweld nie. 'n Ontmoeting met 'n hemelse besoeker is immers 'n belangrike gebeurtenis. Die probleem lê nie by die tema en struktuur van die roman nie, maar by die mense van vandag vir wie 'n mens moet leer hoe om te kyk en te luister. In die roman gebeur daar baie, maar dis meestel onder die oppervlak, innerlik, subtiel – vir die meeste onsigbaar. Dis waarna die leser moet soek.

Nico Breedt kom uit die stad na sy plattelandse geboortedorp. Die stadslewe en televisiewêreld waarvan Nico deel is, is 'n dekadente wêreld, vol van mag- en eersug, onderlinge stryd en verraad. Dit blyk verder dat Nico gay is, en dat sy minnaar hom verlaat het. Hy kom dus as 'n ontnugterde mens na die dorp. Sy leë en eensame lewe motiveer sy belangstelling in Danie Steenkamp, want Steenkamp het dít gehad wat hy in die stad ontbeer: 'n sinvolle lewe en 'n ervaring van die aanwesigheid van God. In sy bestaan, van mens en God verlate, het hy 'n diepe behoefte daaraan om, soos Steenkamp, 'n engel op die pad te ontmoet.

Hy ontmoet in werklikheid waarskynlik 'n paar engele, hoewel in so 'n alledaagse gedaante dat hulle nie dadelik as engele herkenbaar is nie. Een van hulle het ek reeds genoem: tannie Duifie, met haar wysheid en hulpvaardigheid, wat haar blymoedigheid behou ondanks die feit dat sy 'n baie siek man het vir wie sy moet sorg, naas haar daaglikse werk as kurator. Sy gee vir Nico wysheid en waardevolle inligting vir sy ondersoek. Ook die dominee met wie Nico 'n kort gesprek voer, is moontlik 'n engel, dit wil sê 'n boodskapper van God — hy is vol idealisme en geesdrif, en werk hard om die gemeente meer geïnteresseerd in die Bybel te kry (p. 86). Sy waarde word in die vertelling bevestig deur die gebruik van die ligmotief — tydens sy gesprek met Nico breek die winterson deur die wolke (p. 73). Hy is waarskynlik die een op wie Nico later die karakter van dominee Heyns modelleer.

Die duidelikste "engel" wat Nico teenkom, is die naamlose boer wat hy ontmoet op soek na die graf van Danie Steenkamp. Hierdie ontmoeting met die boer is 'n hoogtepunt in die verblyf van Nico op die dorp. Daar is iets besonder geheimsinnigs aan die man — hy wys die omtrekke aan van die graf wat Steenkamp s'n moet wees, sonder om iets te sê (p. 82). Hoe weet hy waar die graf is? Hoe slaag hy daarin om woordeloos iets so belangriks te kommunikeer? Hy lyk baie na 'n bonatuurlike wese. Hy wys na sy woonplek, maar daar is geen teken van 'n woning nie (p. 80). Ook sy verdwyning het iets misterieus, soos die plotselinge verdwyning van 'n engel (p. 89). Hy gee Nico wat hy (Nico) nodig het: 'n sinvolle verduideliking van die verskynsel van engelebesoeke aan mense van die veld (p. 85); hy leer Nico om opnuut te kyk na die predikant van die dorp en na tannie Duifie, om hierdie "engele" raak te sien (p. 86-7); en hy getuig van sy tevredenheid om te bly woon naby Wonderkop, die koppie met sy assosiasies van 'n mistieke belewenis (p. 88).

'n Mens kan van twee kante na hierdie geheimsinnige boer kyk. Jy kan hom beskou as 'n hemelse engel wat aan Nico verskyn, as 'n reïnkarnasie van die gestorwe Steenkamp om Nico op sy pad te lei, en wat vir hom wys waar hy (Steenkamp) begrawe lê. Daarteenoor kan hy "maar net" 'n boer wees, maar dan wel 'n engel in aardse gedaante, soos die dominee en tannie Duifie. Hy is 'n boaardse wese met 'n goddelike boodskap óf 'n gewone boer wat die stimulus is vir Nico se verbeelding, waaruit die romankarakter Danie Steenkamp gebore word. Hoe 'n mens ook al na hierdie boer kyk, binne die konteks van die roman is hy 'n engel — as "engel" gedefinieer word as boodskapper van God. Wat hier belangrik is, is die verskyning van die goddelike op aarde, waardeur Nico as skrywer met sy taak gehelp word en 'n aanduiding kry hoe om die leegheid van sy bestaan te vul met betekenis.

Wanneer Nico uit die dorp vertrek, is sy fisieke reis voltooi; maar dan begin sy eintlike reis van belang, 'n reis op soek na Danie Steenkamp. Dit is 'n reis wat, soos elke postmodernis sal weet, tekstueel van aard is, want daar is geen direkte toegang tot Steenkamp moontlik nie, maar alleen van teks tot teks. Nico kom in besit van twee uitgawes van die Steenkamp-verse — deur die onderwyser Jood en deur dominee Heyns. Hulle uitgawes is verskillende "herskrywings" van Steenkamp se oorspronklike liedere, wat op hul beurt neergeskryf is deur Steenkamp se suster. Dus, die oorspronklike ervaring is deur Steenkamp tot lied (teks) verander; dit is weer deur sy suster neergeskryf (sonder die musiek); en toe uitgegee en heruitgegee; en uiteindelik deur Nico tot teks gemaak. Om die oorspronklike ervaring te agterhaal, is 'n onbegonne taak; in elke teks gaan iets verlore. Die verlede is 'n vreemde "ander land", soos wat die skrywer dit telkens stel.

Alhoewel Steenkamp se visioene van engele vanselfsprekend 'n persoonlike, subjektiewe ervaring is, soek Nico na iets wat intersubjektiewe betekenis het — anders word die soektog bloot 'n ondersoek na "sielkundige afwykings of paranormale verskynsels" (p. 65). Die aanduidings is daar dat die soektog vrugte afwerp — die frase "iets het gebeur" klink soos 'n refrein deur die roman. Die roman eindig dan ook met die positiewe stelling: "Bo die vlammende takke, in die swaar, trillende waas van die hitte, stralend in daardie groot donker, het die engel van die Heer verskyn met wydgespreide vleuels, die hand opgehef". Dit is wat gebeur het: die verskyning van 'n seënende engel aan 'n mens. Anders as wat Derrida beweer het, is hier wel iets buite die teks.

Buitewêreld en binnewêreld is op 'n besondere manier versmelt in Nico se reis na Danie Steenkamp. Die geografiese werklikheid wat uitgebeeld word, is dié van die Vrystaatse platteland — die weidsheid, die droogte, die koue. Maar landskap en mense groei ineen; die koue, donkerte en droogte is simbolies van die mense se innerlike tekort, en die leegheid van die landskap simboliseer die sinledigheid van die lewens, ook van Nico se lewe. Die sonlig en reën wat die duister en droogte verdryf, is deel van die Vrystaatse geografiese wêreld, maar ook tekens van die mense se ervaring van 'n goddelike aanwesigheid.

Ook is daar spore van 'n historiese werklikheid: die karakter van Steenkamp is gebaseer, onder andere, op die Sutherlandse versemaker D.C. Esterhuyse (vergelyk Kannemeyer 1998: 249), en op die digterlike visioene van Susanna Smit, oor wie Schoeman 'n boek geskryf het, *Die wêreld van Susanna Smit, 1799-1863*. Verder is die vertelling van die stryd om grond tussen witmense en Basters kennelik op historiese navorsing gebaseer. Binne die wêreld van die roman baseer Nico ook dit wat hy vertel, op "objektiewe" getuienis: op die uitgawes van Jood en dominee Heyns as "bewys" van hulle bestaan, op sy herinneringe as skoolkind van die onderwyser Jood, en op die kamme van mevrou Heyns as teken van haar "werklike" bestaan.

Uiteindelik is hierdie "getuienis", hoofsaaklik tydens Nico se besoek aan die dorp versamel, egter 'n bra skamele basis waarop sy verhaal gebou word – totaal onvoldoende vir 'n "betroubare" weergawe van die verlede. Die verlede word dan ook nie soseer weergegee nie as omskep; die versamelde "fragmente" uit die verlede vorm maar 'n klein deeltjie van die verbeelde wêreld wat tot stand gebring word. Nico se omskepping van die verlede blyk uiteindelik 'n sterk subjektiewe verslag te wees, bepaal deur sy persoonlike aard en strewes; en tog is dit van intersubjektiewe waarde.

Die drie vertellers wat hy aan die woord stel, naamlik Jood, dominee Heyns en Danie Steenkamp, is duidelike alter ego's van Nico (en kan 'n mens byvoeg, is Nico weer 'n alter ego van die skrywer?). Daar is 'n hele aantal skakels tussen die vertellers. Hulle is almal buitestaanders in die gemeenskap; ontuis te midde van twiste en stryd om hulle. Daar is in ál die gevalle 'n duidelike verwantskap met Christus die verworpene. Hulle is almal skeppers en kunstenaars van die woord — in die geval van Heyns en Jood, skep hulle (soos Schoeman) historiese sowel as literêre geskrifte. Sowel Jood as Steenkamp hakkel as hulle opgewonde raak — die hakkel is 'n teken van buitestaanderskap sowel as van die worsteling om te kommunikeer. Die tema van eensaamheid loop deur ál die vertellings; homoseksualiteit en mislukte huwelike kom herhaaldelik voor. Die vertellings is verskillende variasies op dieselfde temas.

Wat baie belangrik is, is die progressie wat deur die vertellings plaasvind — inderdaad, "iets het gebeur". Die eerste verteller wat Nico aan die woord stel, is die selfgesentreerde Jood, die uitgeworpene wat niks méér verlang as erkenning en eie eer nie, wie se vertelling deurspek is met die woorde "ek" en "my". Hy is so selfbehep dat hy byna geen melding van sy vrou maak nie; vir hom is dit net so goed of sy nie leef nie. Wanneer hy homself vir 'n soort Christus uitgee, met sy eie dissipelkring en 'n "onmeetbare invloed" (p. 191), dan is hy in werklikheid 'n karikatuur van Christus. En tog, is hierdie "Jood" miskien op 'n vreemde manier wel 'n Christus-tipe, 'n "engel"? Sy belangstelling in die verse van Steenkamp is weliswaar gemotiveer deur die begeerte om eer te ontvang as ontdekker van 'n "volksdigter", maar sy uitgawe van die Steenkamp-gedigte, die enigste ongesensorde uitgawe, is vir Nico 'n kosbare getuienis in sy soektog na Steenkamp. Is selfs die misrabele Jood dalk tog die "draer van 'n heilige vlam" (p. 191)?

Die volgende verteller, dominee Heyns, is 'n veel meer simpatieke persoon. Hy is veel meer altruïsties, veel meer beskeie, veel minder krities op ander, en 'n veel betroubaarder verteller. In sy jeug het Heyns 'n mistieke ervaring gehad, wat hy geïnterpreteer het as die roeping van God om in die bediening te gaan. Met verloop van tyd verdoof die vlam van sy jeugdige idealisme, te midde van die twiste en magstryd in die gemeente en die onbegrip van sy vrou. Aan die einde van sy lewe vind daar egter 'n merkbare verdieping by hom plaas. Ook hy het nou, soos Jood, sy "dissipelkring", maar in sy geval bestaan dit grotendeels uit armes en siekes. Hy begin inderdaad meer soos Christus te lyk, 'n ware bedienaar van die Evangelie aan die hulpbehoewendes. Net voor sy dood gaan besoek hy, ondanks die feit dat hy self siek is, 'n sterwende ou man, om hom te help en te troos. Heyns se lewe eindig in stralende, goue sonlig, teken van die teenwoordigheid van die goddelike (p. 303), in teenstelling met Jood se dood "in die roerlose stilte en die donker" (p. 206).

Hierna volg die vertelling van Steenkamp self. Hy, meer as enige van die ander vertellers, is 'n uitgeworpene, maar nie omdat hy daarna gesoek of gemaak het nie, maar omdat hy nie pas in 'n bevlekte wêreld nie. Hy is van gemengde afkoms en het geen kleurgevoel of rassisme nie; hy kom in 'n Sendingkerk tot bekering en sing sy religieuse liedere vir almal wat wil hoor. Hy, meer as die ander vertellers, is 'n Christus-figuur: mense bring hul siekes na hom vir genesing (p. 316); hy bots met "Fariseërs" en word deur 'n Raad verhoor en veroordeel (p. 324). Hy is verder 'n Dawid, 'n herder wat liedere maak (p. 326); 'n Moses van wie die staf begin te blom (p. 313); 'n Samuel wat die goddelike stem hoor (p. 320); en 'n Elia vir wie God in die natuur sorg (p. 328). Vir Steenkamp verander die wêreld van die Vrystaat in 'n Bybelse landskap van goddelike aanwesigheid.

Aan die einde van sy lewe, alleen in die natuur met sy God, het Steenkamp nie meer die verskyning van engele nodig nie. Hy ontdek dat God oral is; bo hom as Beskermer, in hom as goddelike inkarnasie en om hom in die natuur. Hierdie visie van God, hierdie versmelting van hemelse en aardse, is waarna Nico van die begin af gesoek het. Terugwerkend in die roman, is Steenkamp se visie die maatstaf waarmee alle ander karakters se lewensiening en sin vir waardes gemeet moet word; sy lewe is die kriterium vir die waarde van elkeen se lewe.

Steenkamp, in sy barmhartigheid teenoor ander, openbaar in sy eie vertelling nie die wandade wat teen hom en sy mense gepleeg is nie. Dit kom deur die vertelling van sy suster uit: hoedat Steenkamp byna doodgeslaan is (p. 375), en hoedat die grond van die Basters wederregtelik deur die witmense afgeneem is (pp. 376-377). Dit blyk dat die voorspoed van die witmense op diefstal gegrond is en dat hul samelewing op onreg gebou is.

Nico se reis kan (onder andere) op twee maniere gelees word. In die eerste plek is dit 'n ál hoe dieper indring in die verlede, van Nico na Jood na Heyns na Steenkamp; van die moderne tyd tot vroeg in die negentiende eeu, tot by die openbaring van die oorspronklike onreg waarop die huidige samelewing gebou is. Teenoor hierdie onreg staan die suiwerheid van Steenkamp, die man wat "tot onder die gerub ingaan en sy vuiste vul met vurige kole van tussen die gerubs" (p. 368). Dit is 'n goddelike suiwerheid wat oor die generasies heen 'n uitwerking het en die lewens van Heyns, Jood en Nico aanraak. Geleidelik, van die een figuur na die volgende, raak die vlam egter flouer, tot by Nico, wat 'n sinlose lewe lei in 'n dekadente samelewing.

Maar Nico se reis kan ook gelees word as 'n louterende reis in die self. Tydens hierdie "reis" skil hy as't ware laag op laag van homself af, en gaan hy al dieper in sy psige in, tot by die suiwer bron wat diep verborge lê, die Steenkamp in homself. In sy vertellings, in alter ego op alter ego, herskep Nico homself, al hoe suiwerder, tot by die doel van sy soeke, die heiligheid van 'n Steenkamp. In metamorfose op metamorfose verander hy, beleef hy 'n reis wat inderwaarheid 'n katarsis is.

Hierdie twee maniere van reis staan nie los van mekaar nie. Persoonlike geskiedenis en landsgeskiedenis is nóú verbonde; landsgeskiedenis het sy neerslag op die persoonlike en kollektiewe onderbewussyn gelaat. Nico se reis in die geskiedenis en sy reis in homself is een reis; sy grawe in die geskiedenis en sy grawe in homself, al dieper en dieper, lei uiteindelik tot dieselfde Bron.

Die prosa in *Die uur van die engel* bars as 't ware uit sy nate, om die onverwoordbare te verwoord; konvensionele grense van genre word oorskry. Liriek en epiek smelt saam — dit gaan om situasies wat uitgebeeld word, langsaam veranderende situasies, gevul met stemming en misterieuse betekenis. Die trae gang van gebeure is 'n realistiese weergawe van die plattelandse lewenswyse — met daarby die suggestie van verborge, opwindende moontlikhede, vir wie sorgvuldig oplet.

Dit is ook asof die roman neig in die rigting van die skilder- (landskaps-) kuns, met 'n veelheid van plastiese beelde, gelaai met simboliek. Verder het die prosa 'n musikale element, met sy ritmiese golwende sinne en sy steeds terugkerende frases. Die afwisselende vertellings van die vroue van Jood en Heyns, in die afdeling "Vrouestemme", is soos 'n kontrapuntale komposisie, twee kontrasterende variasies op 'n tema. Om by die musikale metafoor te bly: in *Die uur van die engel* het die skrywer al die orrelpype oopgetrek, om op grootse wyse aan 'n grootse visie uiting te gee.

Ecce homo?[157]

Die gebroke figuur aan die kruis ontbloot die geheimenis van God, maar ook van die mens – so bely die kerk. Kunstenaars verwoord dit met die bekende *ecce homo*, sien die mens. Oorspronklik kom dit van Pilatus, wat met die verhoor na Jesus wys, doringkroon op en pers mantel aan, en vir die skare sê: Dís die mens (Johannes 19:5). Die eeue hoor daarin 'n dieper betekenis, meer as wat Pilatus self begryp. Kyk na Hom, en julle sien wie die mens regtig is. Kyk na Hom, en julle sien julleself, jul eie aard, roeping, waarde – kortom, die geheimenis van mens-wees. Talle kunstenaars, digters en filosowe lewer werk met die naam *ecce homo* – van Dürer en Rembrandt tot Mark Wallinger se omstrede 'Ecce homo' op Trafalgar-plein.

Maar waarom? In Hom sien ons die mens se diepe ellende, ons eie ellende en nood, ons eie aandeel en skuld. Dis ons wonde, ons krankhede, ons slae, ons verguising, dis die dieptes van ons eie verhale en gesamentlike geskiedenis wat ons daar sien, voor ons oë. Wie te optimisties dink oor mens-wees, oor wat ons mekaar aandoen, hoef net na Hom te kyk, die gegeselde. So maak ons, met ander en met mekaar.

Ons sien die wonderbare belofte van die mens, die moontlikhede, die droom, die roeping. Groter liefde het niemand as dit nie, dat iemand sy lewe aflê vir sy vriende. Ons sien wat mense kan wees, ja, waartoe ons geroep word, genooi, bemoedig. Wie te klein oor die lewe dink, hoef net na Hom te kyk, die liefdevolle. So kan ons leef, met en vir ander.

Ons sien die ware grootsheid van die mens, die oneindige waarde, belang, heerlikheid. Kroon en kleed getuig – diep ironies – daarvan. As God ons so liefhet, hoe groots is ons dan nie? As Hy dit vir ons doen, hoe kosbaar is ons dan nie in sy oë nie? *Ecce homo* – wie kan ooit weer daaraan twyfel?

---

157 Uit: Smit, D. 2005. Ecce homo? *Die Burger*, 5 Maart.

Die verhaal van 'n kamphoer[158]

Chris van der Merwe

Tot verhaal kom

Afrikaans het 'n wonderlike uitdrukking, "om tot verhaal te kom". In dié uitdrukking kom die wysheid tot uiting dat 'n mens, wanneer jy diep geskok is, jou "verhaal" verloor. Wat beteken dit, eerstens, om 'n verhaal te hê wat jy kan verloor? In die lewe van elke mens is daar 'n magdom van gegewens wat jou tot raserny sal dryf as jy alles waarvan jy kennis kan neem, sou probeer inneem, en as jy aan alle gegewens ewe veel aandag sou gee. Elke mens wat streef na 'n betekenisvolle lewe, orden (bewus of onbewus) sy lewe in die vorm van 'n verhaal. Jy onderskei tussen dit wat 'n wesenlike rol in jou verhaal speel en dit wat van geen of weinig belang vir jou is.

Om sinvol te kan lewe, is dit nodig dat jy die onuitputlike hoeveelheid gegewens in die lewe omskep tot 'n verhaal wat vir jou sin maak en waarmee jy saam kan leef. Verweef met die skepping en ontwikkeling van 'n lewensverhaal is die ontwikkeling van 'n sin vir waardes, want elke keuse wat jy maak, word bepaal deur jou siening van wat waardevol en wat waardeloos is. Die skep van 'n verhaal beteken verder dat jy die volgorde van gebeurtenisse registreer, dat jy insig het in die oorsaaklike ketting van gebeure, wat oorsaak is en wat gevolg; dit behels ook die soeke na patrone wat herhaal word en wat jou help om betekenis in die lewe te vind. Deur jou verhaal ontstaan 'n begrip van die verlede en op grond daarvan beplan jy vir die toekoms. Omdat jy die hoofkarakter van jou verhaal is, kom jou identiteit daardeur tot stand, want jy raak bewus van die faktore wat jou gevorm het en die bepalende keuses wat jy gemaak het. Vra vir iemand om sy lewensverhaal (kortliks) te vertel, en jy sal uitvind wie hy is.

Die samehang en betekenis wat deur 'n lewensverhaal geskep word, word deur 'n trauma vernietig. Dis belangrik om te onthou dat nie alle gebeurtenisse

---

158 Van der Merwe, C. 2014. LitNet Akademies-resensie-essay: Kamphoer deur Francois Smith. *LitNet*. [Aanlyn]. Beskikbaar: https://bit.ly/2JzOqcP

181

wat pynlik is, traumaties is nie. Om jou enkel te verstuit, is pynlik, maar nie traumaties nie; om jou been te verloor, soos wat met die swemmer Natalie du Toit gebeur het, is traumaties – die lewe soos jy dit verstaan en soos jy dit beplan het, val uitmekaar. Op meer as een manier verloor jy dan jou verhaal. Soms is 'n trauma so oorweldigend dat die psige dit nie kan hanteer nie en die gebeure in die onbewuste onderdruk, as 'n verdedigingsmeganisme om van die pyn ontslae te raak. Daarom kan jy nie daarvan vertel nie. Maar ook op 'n ander manier beteken 'n trauma die verlies van 'n verhaal. Woorde kan nie die verskriklike ervaring beskryf nie; die alles-oorweldigende trauma breek deur alle raamwerke van die taal. En so gebeur dit dan dat 'n intense trauma in die onbewuste weggebêre word; maar dit is nie die einde van die storie nie.

Vanuit die onbewuste word die alledaagse lewe bepaal sonder dat die getraumatiseerde daarvan bewus is; die onderdrukte trauma gee steeds blyke van sy angste en maak sy verlange na heling bekend. Sodoende het die persoon geen beheer oor sy lewe nie, ook geen begrip daarvan nie. Om 'n trauma te verwerk, beteken om die trauma te konfronteer en dit te integreer met die verhaal van jou lewe. Jy moet weet wat gebeur het en in staat wees om daarvan te vertel. Sodoende kan jy beheer oor jou lewe terugkry – die beheer wat jy verloor het as slagoffer van 'n trauma. [159]

Francois Smith se opspraakwekkende debuutroman *Kamphoer* handel oor 'n vrou, Susan Nell, wat tydens die Anglo-Boereoorlog van 1899-1902 in 'n konsentrasiekamp verkrag is deur twee Britse offisiere en 'n joiner. Meer as 'n dekade later, wanneer sy as psigiatriese verpleegster in Engeland werk, ontmoet sy weer een van haar verkragters. Die roman handel wesenlik oor die verwerking van haar trauma en die soeke na 'n verlore verhaal. Direk na die trauma van die verkragting het Susan "die sekerheid verloor […] oor waar alles in die wêreld hoort, of hoe dit daar gekom het, of wat die rangorde van dinge is" (p. 30). Wanneer sy tydelik by mev. Marie Koopmans-De Wet woon, een van die genesers in haar lewe, dink sy na oor haar trauma:

> Maar ek het dit nog nooit gesê nie. Ek weet nie wat die woorde is nie. Ek sal nog hier by tante Marie moet bly om die woorde te leer, en hoe

---

159 Oor die verband tussen verhaal en trauma het ek uitvoeriger geskryf in die boek van my en Pumla Gobodo-Madikizela, *Narrating our healing – Perspectives on working through trauma*, pp. 1-7.

182

> dit in sinne pas sodat daardie sinne dit wat ek in my kop sien en hier binne voel, kan toewikkel sodat dit iets is wat ek voor ander mense kan neersit en sê kyk, dit is wat dit was (Smith, 2014: 229-230).

Susan, wat nêrens 'n plek het wat sy waarlik haar huis kan noem nie, besef ten slotte dat sy eintlik slegs in haar verhaal 'n tuiste kan vind (p. 243). Deur haar storie, die een wat sý skep en wat deur háár perspektief bepaal word, kan sy beheer oor haar lewe terugkry: "Sy sou die skepper daarvan wees en niemand anders nie, veral nie 'n man nie" (p. 243). Na die Anglo-Boereoorlog gaan sy in Nederland woon, waar sy vir haar 'n tuiste kan skep wat nie met plek te make het nie: "Net in Nederland, in die vreemde, kon ek 'n verhaal skep waarin ek tuis was. Mý verhaal" (p. 246). Die verhaal wat sy skep, is 'n gemaakte werklikheid; dit beteken, soos wat die postmodernisme ons geleer het, dat jy nooit by die oorspronklike, "suiwer" waarheid kan uitkom nie – jy kan die werklikheid alleen waarneem deur die lens van jou eie, persoonlike perspektief: "om in 'n verhaal te woon, [is] om in 'n onwerklikheid te woon, 'n gemaakte werklikheid. Al is dit al manier hoe sy kon leef" (p. 246). Om 'n verhaal te skep waarin jy tuis kan wees, beteken nie dat alle lewensvrae daardeur beantwoord en alle onsekerhede daardeur uitgewis word nie, want "ambivalensie [...] is sekerlik 'n kenmerk van enige betekenisvolle verhaal" (p. 129).

Susan se trauma het haar identiteit wesenlik aangetas. Sy weet nie waar haar tuiste is nie, sy weet ook nie wat haar naam is nie. Aanvanklik neem sy haar vriendin se van, Draper, oor; later neem sy haar van terug – sy word weer Susan Nell. Maar aan haar Sotho-redder Tiisetso sê sy haar naam is Ntauleng (p. 63) – dit is die naam wat haar grootmaakvrou aan haar gegee het. Wie is sy eintlik? Watter naam pas by haar (versplinterde) identiteit? Jou identiteit word ook bepaal deur wat met jou gebeur het en wat jou rol in die gebeure was. Maar om te onthou, is vir haar te pynlik; en die moeilikste vraag gaan oor haar eie rol in die trauma. Wie is sy – verkragte of "kamphoer", soos wat sy genoem is? Geleidelik daag die besef by haar dat sy haar unieke identiteit alleen kan vind in die gemaakte werklikheid van die verhaal wat sy skep, deur die vertel van die traumatiese gebeurtenisse vanuit haar eie perspektief.

Om te onthou of te ontwyk

Die verwerking van trauma is 'n dubbele proses: om te onthou wat gebeur het, en om woorde daarvoor te vind. Daar is 'n ambivalensie in die proses van onthou – aan die een kant is daar 'n diepe drang vanuit die onbewuste om te onthou, sodat die trauma kan aandag kry en die wonde kan genees; aan die ander kant is daar die angs om te onthou, omdat dit die pyn van die trauma terugbring. Deur haar psigiatriese opleiding het Susan tot die oortuiging gekom van "die noodsaak om die donkerte in jouself te konfronteer" (p. 105). Hierin is sy dit eens met dr Hurst van die psigiatriese hospitaal in Denver, waar sy gaan werk. Hurst glo dat dit vir die getraumatiseerdes nodig is "om hul slegte ervarings met 'n nuwe energie te laai, 'n nuwe lig, 'n ander skakering daaraan te gee, iets positiefs daaraan te koppel" (p. 105). Weereens is hier sprake van 'n dubbele proses: om te konfronteer wat gebeur het en om die gebeure met 'n positiewe lig te laai.

Net na die verkragting kan Susan niks daarvan onthou nie; sy wil ook nie daaroor dink nie, want dit sou die pyn onuithoudbaar maak: "Ek moet liewer nie dink nie, want as ek dink dan druk my kop my vas, dan druk my gedagtes teen die been. Dis die dink wat dit laat oopkraak en so seer maak" (p. 10). Wanneer sy in die grot lê waarheen haar twee Sotho-redders haar gebring het, en terugdink, dan kan sy net onthou wat gebeur het voordat sy na die konsentrasiekamp geneem is (p. 50); wat in die kamp self gebeur het, is aanvanklik soos 'n groot gat in haar geheue. Die dubbelsinnigheid van haar verlange is tipies van die getraumatiseerde: "Ek wil weet"; maar ook "Miskien wil ek nie alles weet nie" (p. 51).

Net na die verkragting kan sy glad nie praat nie; sy moet weer leer praat (p. 63). En dan begin sy met een woord, die woord wat een van die verkragters haar toegevoeg het: "Hoer!" (p. 64). Wanneer sy haar verkragter, die Britse offisier Hamilton-Peake, ná sestien jaar in die hospitaal in Denver teëkom, dan kan sy nog nie sy naam sê nie, dit maak te seer (p. 8). (Let daarop dat Hamilton-Peake nooit 'n voornaam in die verhaal kry nie; 'n voornaam sou persoonlike erkenning beteken.) Sy eien hom aan die merk aan sy oor, die merk waar sy hom destyds gebyt het, maar meer as dit onthou sy nie by die oomblik van ontmoeting nie. Op p. 124 word die inset (pp. 7-8) herhaal: haar weersien van die verkragter en die herinneringe wat dit oproep. Met die tweede weergawe van hierdie toneel (p. 124) kom daar 'n byvoeging – sy onthou nou meer, sy vertel hoe sy hom gebyt het, maar dan wil sy nie verder dink nie: "sy knyp haar oë dig dig dig om te keer, om weg te weer" (p. 124).

Die sien van Hamilton-Peake is die katalisator vir die oproep van pynlike herinneringe. Maar tot aan die einde word die verkragting nooit in detail beskryf nie, die seksdaad self bly uit. Openbaring en verswyging van wat gebeur het, loop hand aan hand. Sy laat weet aan dr Hurst dat daar twee ander verkragters saam met Hamilton-Peake was, maar sy laat weet net dit, niks meer nie (p. 225); sy gee geen verdere besonderhede oor hul identiteit nie, en sy stel nie daarin belang om hulle te ontmoet nie. Perry die fotograaf, haar weldoener, herinner haar daaraan dat sy wel een van die ander verkragters later raakgeloop het, en dat sy hom (Perry) per brief daarvan vertel het, maar sy gee geen verdere besonderhede oor wat gebeur het nie – nie met die verkragting of met die herontmoeting van die tweede verkragter nie. Die oproep van die verlede het vir haar perke; dit is asof die herontmoeting van Hamilton-Peake die proses ver genoeg gevoer het.

Wel het Susan een keer in fyn besonderhede vertel wat met haar gebeur het. Dit was teenoor Lucille, self 'n getraumatiseerde, iemand wat die verhaal nodig gehad het. Susan dink hieraan terug wanneer sy by Perry sit: "Sy het dit vir Lucille vertel. Gesorg dat sy elke besonderheidjie daarvan goed begryp, helder kan sien. Maar hoekom sal sy dit vir hom vertel. Hy het dit nie nodig nie. Lucille, ja, sý het die verhaal nodig gehad. Selfs nodiger as wat sy dit self gehad het" (p. 249). Die intieme besonderhede van haar verkragting is vir haar 'n private saak wat sy nie deel met 'n psigiater of 'n vriend nie; dit vorm ook nie deel van die verhaal wat vir die leser aangebied word nie. Sy openbaar dit alleen waar dit nodig is vir iemand anders se genesing, en aan 'n mede-getraumatiseerde wat dit sal kan begryp. Susan wil waarskynlik verhoed 'n baie private trauma deur herhaling getrivialiseer word, en dat dit haar in die verlede vasgevang hou.

Die roman eindig met Susan se terugkeer na Winburg, waar sy verkrag is; maar sy kry nie die presiese ligging van die kamp nie, ook nie die graf waarin die Britse soldate haar wou begrawe nie. Sy vind wel die graf van haar vriendin Alice Draper, wat naby haar "eie" graf moet wees; maar wanneer sy Alice se graf gevind het, wil sy van die toneel wegkom. Die roman eindig met haar dringende woorde aan die motorbestuurder: "Sal jy om vadersnaam net ry". Terugkeer na die verlede en wegkom van die verlede hoort albei tot die proses van haar traumaverwerking.

Om te vergewe of te vergeld

Daar is twee groepe mense, dink Susan op 'n keer: "Soldate en verpleegsters. Dit is waaruit die wêreld bestaan. Dié wat breek en dié wat moet regmaak wat gebreek is" (p. 198). Sy het deur 'n soldaat ervaar hoe erg dit is om gebreek te word, daarom skaar sy haar by die ander groep, dié wat moet regmaak wat gebreek is. Sy besluit dus om 'n psigiatriese verpleegster te word: "Sy is juis in hierdie beroep om te help genees; haar lewenspad het gelei na daardie wonde wat die diepste lê en die stadigste gesond word, die wonde aan die siel" (p. 43). Sodoende kan daar iets positiefs voortvloei uit haar eie trauma; sy wil 'n gewonde geneser word, in Jung se terminologie. Sy wil nie vashaak in die pyn van haar verlede nie, maar voortbeweeg om ander te help wat in pyn verkeer.

Dit is 'n baie idealistiese siening, en haar werk as verpleegster het inderdaad die lewens van vele pasiënte verlig, soos wat Hurst ook opmerk (p. 222). Wanneer sy Hamilton-Peake in die hospitaal sien, is die groot vraag hoe sy op hierdie ontmoeting gaan reageer. Die rolle het nou verander vanaf die tyd van verkragting. Hamilton-Peake het van oortreder in 'n slagoffer verander; hy ly aan skok, soos wat Susan aan skok ly. Sal sy hom met medelye beskou, as mede-lyer, of sal sy hom steeds sien in die rol van oortreder en verkragter? Is hulle mede-getraumatiseerdes in simpatie met mekaar of sal hulle ontmoeting gekenmerk word deur 'n geveg tot die dood? Dit blyk nou, Susan is nie alleen verpleegster nie, maar ook soldaat, en 'n soldaat kan twee rolle inneem: dié van oorlogslagoffer of lewensvernietiger. Susan het iets van albei. Soos die soldate wat sy verpleeg, ly sy aan 'n tipe "bomskok"; soos die soldate is sy by 'n oorlog betrokke en is daar diep in haar 'n begeerte om te vernietig soos wat sy byna vernietig is; vir haar om te oorlewe, is dit nodig om 'n ander te laat sterwe.

Dit kom ons agter in die uiters boeiende toneel wanneer sy Hamilton-Peake op 'n motorfietsrit neem. Hy is in die syspan, swak en uitgeput, op sterwe na dood; sy ry die motorfiets en trek die versneller oop (p. 180 e.v.). Die rolle van vroeër is nou omgekeer. Hy was die verkragter, sy die verkragte; nou is dit byna asof sy hom verkrag. Sy voel die krag van die motorfiets se enjin en sien hoe Hamilton-

Peake se gesig vertrek is van vrees en afgryse. Sy is meedoënloos en hard, haar lag is soos die gegier van 'n roofvoël (p. 181). Dit is haar manier om die mag en beheer terug te kry wat sy verloor het toe sy verkrag is. Hamilton-Peake moet weet wie sy is en gekonfronteer word met wat hy aan haar gedoen het; hy moet sy rol as die skuldige in die storie erken en haar eien as die veronregte. Daarom neem Susan sy hand in hare en laat hom voel aan die litteken aan haar kop, die plek waar hy haar indertyd met 'n whiskybottel getref het. Kort hierna sterf Hamilton-Peake, en dit lyk of die motorfietsrit die direkte oorsaak van sy dood was. Susan het haar wraak gekry; die magtelose vrou het beheer herwin; sy het oorleef en hy het ondergegaan.

Maar die situasie is meer kompleks; Susan is nie alleen die harde vergelder nie. Wanneer sy na die lyk van Hamilton-Peake kyk, gebeur daar iets onverwags:

> En heeltemal teen haar wil sak haar oë af; teen alle rede in gee sy toe aan haar oë se hunkering om by daardie klankdigte plooi van sy mond in te glip om daar binne iets sags en liefs en tog ook heeltemal, hééltemal weerbarstigs te kry (Smith, 2014: 203).

Sy is soos 'n kind wat deur haar vader mishandel is; diep in haar is die begeerte dat die een wat haar mishandel het, tog iemand moet wees wat haar liefde waardig is. In Susan se geval het die seksdaad van die verkragter haar vertroue in mans vernietig, maar die verlange na 'n man wat sterk is en tegelyk sag en lief, het diep in haar bly voortbestaan. Sy wil die gestorwe Hamilton-Peake herskep tot die man van haar begeerte.

Deur die afrekening met Hamilton-Peake het Susan aan haar verhaal 'n tipe voltooiing verskaf. Maar ook dit is nie so 'n eenvoudige saak nie. Sy wil baas van haar verhaal wees – maar in watter mate is sy dit? Sy wil nie hê dat iemand Hamilton-Peake van haar wegneem nie, van die rol wat sy aan hom toeken nie (p. 223); sy wil in haar verhaal die een wees wat Hamilton-Peake doodgemaak het; tog weet sy dit is nie waar nie (p. 214). In 'n gesprek met Hurst blyk dit dat hulle twee verskillende verhale het oor wat gebeur het. Hurst verskuif die fokus met sy opmerking dat die groot vraag is of Susan genoeg medelye met haarself het – hy sien in dat Susan se primêre verhouding met haarself is, nie met Hamilton-Peake nie. Hy bevestig verder dat Hamilton-Peake gesterf het omdat hy wóú doodgaan; Hamilton-Peake self, en nie Susan nie, was dus baas van sy verhaal, tot die dood toe (p. 214). Die gesprek tussen Susan en Hurst (p. 222) is nie soseer 'n tweegesprek nie as twee monoloë – elkeen hou met sy eie storie aan. Dit begin nou deur te skemer: naas die verhaal wat Susan skep en waarin sy aan elke persoon in haar lewe 'n bepaalde plek toeken, besit die karakters van haar storie elk 'n eie verhaal wat afwyk van hare. Susan se verhaal is nie dieselfde as dié van Hurst of Hamilton-Peake nie; haar begeerte om hulle met haar verhaal in besit te neem, berus dus grotendeels op 'n illusie.

Vroulikheid en manlikheid

Die tema van die vorige afdeling, die spanning tussen vergiffenis en vergelding, hou verband met 'n ander spanning in Susan – dié tussen "manlikheid" en "vroulikheid" soos wat die begrippe in haar tyd geïnterpreteer is. Om wraak op Hamilton-Peake te neem, moet sy 'n tipies-"manlike" rol vervul, die rol van die maghebber en lewensvernietigende soldaat – in teenstelling met die "vroulike" rol van die versorger wat sy as verpleegster vervul (alhoewel Hurst stom-verbaas is wanneer hy haar ontmoet en uitvind dat sy 'n vrou is – vanuit sy perspektief is selfs die rol van die psigiater vir mans bedoel – p. 34). Manlikheid en vroulikheid is nie simplistiese kategorieë in Susan se gemoed nie; ek het genoem hoedat sy teenoor Hamilton-Peake aan die een kant die rol van 'n kragtige, ongevoelige man vertolk, maar aan die ander kant 'n sagte, erotiese verlange teenoor hom openbaar.

Susan wil haar kennelik nie onderwerp aan die tradisionele rol wat aan die vroue van haar tyd opgelê word nie. Wanneer sy in die syspan van 'n motorfiets sit wat deur Jacobs bestuur is (dus in 'n situasie waar die man aan die stuur is), sien sy 'n groep boerinne in mansklere. Hulle lyk 'n bietjie verspot, maar die gedagte aan vroue in mansklere is vir haar opwindend, en sy bloos oor haar opwinding (p. 36). Aan die een kant begeer sy 'n ander rol as die ondergeskikte rol wat aan die vrou toegeken word, sy wil ook 'n vrou in 'manslere' wees; maar sy is nog so onder die invloed van die gender-sienings van haar tyd dat sy bloos oor haar verset teen die tradisie. By 'n latere geleentheid dink sy na oor die lewensvreugde van die Engelse vroue wie se mans op die oorlogsfront is – die afwesigheid van die mans beteken vryheid vir die vroue. Dit herinner Susan aan die bevryding wat Afrikaner-vroue tydens die Anglo-Boereoorlog ervaar het toe hulle mans op kommando was – "die vroue het op die plaas die septer geswaai" (p. 88).

Deur die seksuele geweld wat Susan tydens haar verkragting ervaar het, het sy geen begeerte om haar in 'n konvensionele erotiese verhouding aan 'n man te verbind nie. Anne Maxwell, 'n senior verpleegster in die hospitaal in Denver, word vir haar 'n rolmodel. Anne is 'n vrou wat van geen sagte gevoelens blyke gee nie, en Susan dink dat Anne, "met haar mond van pantserstaal", die ideale gesig vir die situasie in die hospitaal het (p. 62). Sy droom op 'n keer dat haar ma sê sy moet haar pa se broek aantrek (p. 151), en die droom berei voor op 'n volgende toneel: wanneer Susan in die kroeg saam met Anne is, vra sy Anne om haar spottende nabootsing van die trauma-slagoffers te herhaal (p. 168). Susan het nou besluit om haar te distansieer van die lydendes, om iets van Anne se hardheid aan te neem. Dit is net na hierdie toneel dat sy met Hamilton-Peake op die motorfiets ry; Anne se voorbeeld het haar daartoe geïnspireer. Daar is selfs tekens van 'n lesbiese aangetrokkenheid tot Anne (pp. 177-178), maar hierdie tema word nie verder uitgewerk nie.

Susan sien haar interaksie met mans as 'n magspel, as 'n kans om die konvensionele onderworpenheid van die vrou uit te daag. Dit blyk uit haar vriendskap met Jacques in Nederland. Sy ry saam met hom in sy motorfiets, soos later met Hamilton-Peake. Met Jacques is sy nog nie aan die stuur nie, maar haar waaghalsigheid en lewensgulsigheid berei voor op die latere toneel met Hamilton-Peake. Jacques is 'n sensitiewe, kwesbare mens, en haar uitdagende houding maak hom doodbang (pp. 103-104). Tydens die oorlog verloor Jacques sy kinderlike onskuld, en hy keer terug met 'n uiterlik soos wat hy dink Susan van hom verlang – as 'n soldaat met 'n snor, in teenstelling met die onderwyser met die Latyn-handboek wat hy vroeër was (p. 148). Jacques met sy nuwe snor verwys terug na 'n episode waarvan Susan hom vertel het, toe 'n man met 'n snor haar die hof wou maak en sy met hom gespeel het – "sy het geproe hoe mag smaak" (p. 149). Wanneer Jacques die storie hoor, "verskrompel [hy] voor die hitte van haar verhaal" (p. 149); sy snor is aan die een kant 'n patetiese poging om haar begeerte op te wek, maar dui ook op 'n besef dat Susan hom nie kan bied wat hy nodig het nie: 'n liefdevolle, simpatieke verbintenis. Jacques se klop aan haar deur (p. 148) en die behoefte in sy oë (p. 149) toon dat hy haar mededoë verlang – maar dit kan sy hom nie gee nie. Haar ervaring met die verkragters het haar hard gemaak.

Wanneer Jacques van die oorlogsfront terugkeer, besef Susan hy is 'n "sterwende man" (p. 150) wat haar nodig het. Sy begeer vir 'n oomblik om haar hand na sy oor uit te steek en dit liefdevol te frommel – dit is 'n herinnering aan haar verkragter wie se oor sy gebyt het, en die begeerte dui op transformasie, op genesing van die verkragting: in plaas van byt, wil sy liefdevol streel. Maar sy doen dit tog nie (p. 151). Die hardheid triomfeer, en sy laat Jacques ongenees agter. In hulle verhouding is sy die maglustige eerder as die versorger. Later, wanneer sy uit Denver na Nederland terugkeer, vind sy Jacques nie in sy kamer nie, en sy hoor dat hy dood is. Sy lewensverhaal is verby sonder dat sy daarin 'n helende rol kon speel of kennis van die afsluiting daarvan kan bekom. Sy verhaal en haar verhaal bly los van mekaar sonder 'n verbindende mededoë.

In die roman word die vriendskap met Jacques opgeroep net voor die motorfietsrit met Hamilton-Peake – haar hardheid teenoor Jacques berei voor op die meedoënloosheid teenoor Hamilton-Peake. En tog is daar nie net hardheid in haar nie – nogmaals ervaar sy teenstrydige en ambivalente gevoelens. Die harde rol wat sy aanneem, word gevolg deur emosies van skuld en skande – sy voel sy behoort nie so teenoor Jacques op te getree het nie, sy wil nie werklik so wees nie. Sy dink aan haarself by hul laaste ontmoeting en besef dat sy verstar van vrees gesit en wag het "dat hý deur haar sien, dat hy tot in haar veragtelike hoerehart kyk, dat hy kyk en wéét" (p. 151).

Skuld en skande

Dit is nodig om te onderskei tussen skuld en skande, twee begrippe wat albei nou verbonde is aan die ervaring van verkragting. Alhoewel hulle in 'n mate oorvleuel, is daar tog 'n verskil. Skuldgevoelens word gewek deur 'n oortreding wat begaan is, dit is die gevolg van 'n immorele daad. Skande is dieper-liggend; dit gaan gepaard met skaamte, met selfveragting – nie oor wat jy gedoen het nie, maar oor wie jy wesenlik is.[160]

Susan word gekwel deur gevoelens van skuld. Met 'n verkragting sou 'n mens dink daar is 'n duidelike onderskeid tussen oortreder en slagoffer – die verkragter

---

[160] Engels onderskei in dié verband tussen "guilt" en "shame". Vergelyk byvoorbeeld die volgende verduideliking: "Unlike the guilty act for which one can make confession, expiation, penance, or reparation, the shameful act requires an alteration of the person. The person thinks 'I can not have done this. But I have done it, and I can not undo it because it is I'" (p. 54). In: Goldberg, C. 1991. *Understanding shame.* Northvale, NJ: Jason Aronson Inc.

is die oortreder, die verkragte is 'n onskuldige slagoffer. Verkragtings lei egter dikwels tot skuldgevoelens by die verkragte. In die vorige twee afdelings is aangetoon hoedat die magteloosheid wat Susan as verkragte ervaar het, later by haar 'n hardheid en meedoënloosheid wek waaroor sy skuldig voel. Ander moet ly as gevolg van haar begeerte om mag en beheer oor haar lewe te herwin.

Nog dieper en pynliker as haar skuldgevoelens is haar gevoelens van skaamte, die gevoel dat die skande van die verkragting deels te wyte is aan haar geaardheid, aan wie sy is. Dis 'n tipiese reaksie op verkragting – Susan merk dit by sommige van haar pasiënte: vroue wat "onder 'n hakskeen vermorsel is, geheel en al vertrap, en tog nie kan loskom van die gedagte dat hulle die slang was nie, dat hulle dit verdien het, dat die gif nog altyd in hulle was" (p. 190). Hierdie gevoelens word in 'n groot mate veroorsaak deurdat die verkragter homself wil verontskuldig deur die blaam op die verkragte oor te dra.

Dit gebeur ook by Susan. Die eerste woord wat sy onthou na die verkragting, is "hoer". Sy sê dit drie keer; dit is die woord wat een van die verkragters haar toegevoeg het (waarskynlik Hamilton-Peake), en wat haar selfbeeld wesenlik verander het. Hy het haar selfrespek vernietig; haar siening van haarself kom ooreen met sy oordeel, want sy dink: "Ek is nikswerd. Die Here sal my uit sy mond spoeg. Hoer is my naam!" (p. 64). Heelwat later in die roman word die aanklag herhaal, hierdie keer deur die joiner wat ook aan die verkragting deelgeneem het: "Krisjan Schutte skreeu hier is sy, die kamp se hoer, hier is sy" (p. 143). Nou kan Susan meer besonderhede van die verkragting oproep (hoewel nog nie in fyn besonderhede nie) – die leser word voorberei op die verdere openbaring van dit wat vir haar die pynlikste is, die gevoelens van skaamte en selfveragting.

Op p. 165 kom die besluit: "Wat ook al gebeur, wil sy onbevrees in die gesig staar, sy wil dit konfronteer, sy wil ingedompel word in die maling." Die herinnering aan 'n gebeurtenis op die boot waarop sy destyds uit Suid-Afrika weggevaar het, is die katalisator vir die konfrontasie van haar skande. Op die boot was 'n ouerige egpaar, mnr. en mev. De Goede; geeneen van hulle helaas baie "goed" nie. Die man wou haar kop van luise reinig, maar was kennelik in meer as luise geïnteresseerd; die vrou kyk haar veroordelend aan, asof dit haar skuld is. Boonop het die man die litteken aan haar kop ontdek wat sy wou wegsteek. Dit alles lei tot die pynlike herinnering aan die danstoneel wat die verkragting voorafgegaan het:

> Dit is 'n danstoneel. Sy en Alice en Hamilton-Peake dans tussen die tente van Winburg se kamp […] wild tollend soos 'n warrelwind al om en om, sy hand droog en warm om haar arm, die materiaal van sy uniformbaadjie sagter as wat sy gedink het dit sal wees – oe, maar jy is monate,[161] sê hy, jy is lekker, en sy wil haar rok wat oor haar skouer afgesak het, optrek, maar sy kan nie die kring van hande verbreek nie.
>
> (Smith, 2014: 196)

Het sý dalk aanleiding gegee tot wat met haar gebeur het? Was haar lewensgulsigheid en verleidelikheid die oorsaak van haar verkragting? Was haar "lekkerte" die rede waarom hy haar wou "proe"? Die oproep van die toneel bring by haar 'n diepe gevoel van ellende; sy wonder of dit nie beter sou gewees het as sy vroeër gesterf het nie (p. 197). Sy identifiseer haar met "die skuldiges, wat van binne verrot en besmet is" (p. 199); en haar gevoelens van "verrotting" lei tot allerlei religieuse angste – die feit dat sy geen pas het nie en bang is die Britse soldate sal dit uitvind, word met die oordeel van God verbind (pp. 199-200).

Die herinnering aan die danstoneel bring in haar die tipiese skuldgevoelens van die trauma-oorlewende ("survivor's guilt") na vore:

> sy voel hoe Hamilton-Peake en Alice se hande koud word op haar vel, sy sien hoe hul oë verstar, hoe hulle in haar arms doodgaan, en sy bly staan, die enigste een – die enigste een wat durf lewe in daardie vervloekte land, die enigste een wat steeds bly lewe.
>
> Sy het oorleef, Alice en Hamilton-Peake is dood – waarom lewe sy nog, en hulle nie? Is sy enigsins beter as die ander twee saam met haar op die dansbaan? Verdien sy nie om saam met hulle te gesterf het nie?
>
> (Smith, 2014: 196)

Helende figure

In Susan se lewe tree daar 'n paar helende figure op, mense wat haar help om te oorleef en van haar trauma te herstel. Hulle is figure met empatie wat nie in hulle eie verhale opgesluit is nie, sodat hulle hul kan inleef in die verhaal van 'n ander

---

161 *Monate* is die Sotho-woord vir lekker.

en hulp verleen waar nodig. Sulke figure is die fotograaf Perry, mev. Koopmans-De Wet en die Sotho-man en -vrou wat vir Susan vind en haar 'n tyd lank in 'n grot verpleeg. Ek wil my hier beperk tot die laasgenoemde twee, Tiisetso en sy vrou Mamello.

Tiisetso is 'n "dokter van die veld", 'n inheemse geneser (p. 50). Hy groet haar met die woord *kgotso*, wat "vrede" beteken; en inderdaad is hy 'n brenger van vrede. Sy simpatie met die verkragte, bebloede Susan staan in skerp kontras met die veroordelende dominee wie se preke Susan onthou:

> Daar is 'n dominee wat sy hande in die lug opsteek, pylreguit steek hy sy hande op na die wolke en hy kyk af na my, en ek kyk weg van sy verskriklike aangesig, weg van sy oë wat na my kyk soos 'n gloeiende oond en net die kwaad en ellende sien […] Sy naam is Tiisetso. Hy sê nie nooi nie. Maar dan kyk hy weg van my en sê *ke sôno*. Dis 'n groot jammerte, sê hy.
>
> (Smith, 2014: 28)

Met groot wysheid en sorgsaamheid gee Tiisetso en Mamello aan Susan wat sy in haar kritieke toestand nodig het. Die eerste wat sy nodig het, is nie 'n sedeles nie, maar water, en dit gee hy dadelik aan haar (p. 27). Later, wanneer sy daarvoor gereed is, speel hy vir haar op sy lesiba, 'n snaar- en blaas-instrument, en die musiek dring diep in haar in – "die heserige, garingrige klanke" kom in haar bors sit (p. 80). Tiisetso weet kennelik van die terapeutiese krag van musiek. Hy weet ook van die terapeutiese waarde van stories. Hy vertel vir haar 'n oorgelewerde storie van die Sotho-mense wat nogal baie ooreenkom met die Jesus-geskiedenis (pp. 80, 92). In Tiisetso se storie is daar die stryd tussen goed en kwaad, tussen 'n goeie kaptein en 'n valse man met die naam Akkedis, tussen 'n boodskap van opstanding uit die dood teenoor 'n boodskap wat dit ontken. Vir Susan, wat 'n stryd om oorlewing voer, is dit die verhaal wat sy nodig het – om vas te hou aan die ware boodskap van hoop en oorlewing.

In die versorging van Susan staan Mamello en Tiisetso mekaar getrou by. In 'n aandoenlike toneel lei Mamello vir Susan na 'n watergat en help haar om haar rok te was en haarself te reinig. Dit is meer as 'n fisiese handeling; dis 'n religieuse rituee wat help om Susan innerlik te suiwer. Vir die eerste keer kry sy dit reg om te huil; sy huil en huil terwyl Mamello haar saggies en versigtig was; dit wat in die onbewuste onderdruk was, kom nou tot uiting (pp. 113-115). Tiisetso gee op die regte oomblikke vir haar die lewenslesse wat sy nodig het. Hy sê dat sy haar beeste moet gaan soek; in advies wat sterk aan Opperman se "Sprokie van 'n spikkelkoei"[162] herinner, maan hy haar om die koei met "kolletjies soos 'n tarentaal" te vind (p. 95) – sy moet haar skuld en skande konfronteer. Later gee hy haar 'n spieël wat dieselfde strekking het – sy moet haarself leer ken, ook haar skadukant. In hierdie stadium is sy egter nog nie sterk genoeg daarvoor nie (pp. 133-134). Die meerkat wat Tiisetso haar gee (p. 116), bring die verantwoordelikheid van versorging mee. Waar sy nog geneig is om haarself te verag en te verwaarloos, kan die versorging van die diertjie haar help om ook die les van selfversorging te leer.

Teen die einde van haar verblyf betrek die twee Sotho's haar by 'n diepsinnige ritueel. Hulle sing en dans, en sy doen mee – sy het hul gebruike goed aangeleer en kan haar daarmee identifiseer. Dan, in 'n toneel wat aan die Christelike nagmaal herinner, word 'n tarentaal geslag; hulle eet sy vleis en drink sy bloed (pp. 142-143). Die tarentaal verwys terug na Tiisetso se advies om die koei met die kolletjies te vind; dit hou verband met haar gevoel van bevlektheid. Die ritueel stel haar in staat om 'n pynlike episode te onthou, van die joiner wat haar as 'n hoer uitskel en op die grond neergooi, en die drie verkragters wat haar op 'n bed vasdruk (p. 143). Die gemeenskaplike maaltyd het haar gehelp om die skande van die verlede na bo te bring en sodoende uit haar sisteem te kry.

Nadat die twee Sotho's haar gehelp het om die verlede te konfronteer, stuur hulle haar weg, want sy het nog 'n pad om op haar eie te loop. Dit word op 'n sagte manier gedoen; Mamello verseker haar: "jy is ons kind" (p. 144). En inderdaad is dit die geval, want hulle het haar 'n lewensmoontlikheid gebied. In die omgewing waar 'n graf vir haar gegrawe is, was daar ook die twee Sotho's se grot, wat vir haar soos 'n baarmoeder was. Sy het 'n wedergeboorte ervaar, van die graf tot die grot.

Later, wanneer sy 'n verpleegster in Engeland is, pas Susan baie van die dinge wat sy by Tiisetso en Mamello geleer het, op haar pasiënte toe. Sy verduidelik aan Hurst wat sy by die twee Sotho's ervaar het: "dat 'n mens deur verhale, soos met liedjies, by die bron van jou genesing kan uitkom" (p. 129). Susan weet

---

[162] Uit sy bundel *Engel uit die klip*.

dat haar terapie gegrond is op wat sy by die mense van Lesotho geleer het – hulle danse en liedere, en hulle verhale waarin die geloof in die wonderbaarlike lewend gehou word (pp. 127-128). Die storie wat Susan in die Vrystaat gehoor het, is 'n "storie wat soos die rook van 'n misvuur moet bly hang" (p. 129) – 'n duidelike verwysing na Minnie Postma se versameling Sotho-legendes getitel *Legendes uit die misrook*. Hierdie opvattings van Susan het my laat dink aan dr Vera Bührmann se boek *Living in two worlds*, wat wys op die parallelle tussen die terapie van sangomas en die diepte-sielkunde van Carl Gustav Jung – onder andere deur hul gemeenskaplike insig in die belang van droom-analise. Dit blyk duidelik uit die roman: die Sotho's is nie barbare nie, soos wat die rassistiese witman dink wat Susan na Alice se graf neem (p. 259), maar mense met groot wysheid van wie witmense baie kan leer.

Tydsaanbod

Susan se verhaal word vanuit die onbewuste bepaal; uit die verwonde onbewuste kom die soeke na heling. Vanuit die onbewuste is daar 'n terugkeer na dit wat die verwonding veroorsaak het en ook 'n wegkeer van dit wat te veel is om te verwerk. Die onbewuste is nie tydruimtelik gestruktureer, soos die bewussyn nie; wat ver in die verlede lê, skynbaar vergete, bly daar bewaar; wat in die toekoms lê, is reeds bekend. As gevolg van die werking van die onbewuste in die verhaal is die tydsaanbod in die roman so verwikkeld.

Susan se besluit om verpleegster te word, is bepaal deur die begeerte om getraumatiseerdes te genees; "haar lewenspad het gelei na daardie wonde wat die diepste lê en die stadigste gesond word, die wonde aan die siel" (p. 43). Sy word getrek deur die mense wat aan bomskok ly, maar is self iemand wat "bomskok" het; wanneer sy na oorlogslagoffers getrek word, word sy getrek deur die begeerte om self genesing te vind; sy wil haarself genees deur ander te versorg. Vanuit die onbewuste word die verlede opgeroep; vanuit die onbewuste word ook die toekoms bepaal.

Waarskynlik was dit bestem dat sy Hamilton-Peake weer teëkom (p. 137), die misterievolle kennis van die onbewuste het ingesien dat dít is wat sy nodig het, en haar na hom gelei. Ná haar besoek aan Engeland kry sy die advies om Freud se *Zur Psychopathologie des Alltagslebens* te lees – as sy dit doen, sal sy haar eie lewe veel beter kan begryp, hoedat die alledaagse handelinge vanuit die onbewuste gedikteer word.

Die verhaal word in die teenwoordige-tydsvorm vertel – 'n teken dat haar verlede nooit werklik verby is nie. Hierdie enkele tydsvorm wat gebruik word, verwys na 'n groot aantal verskillende tye in Susan se lewe en is 'n teken dat al hierdie tye gelyktydig en verstrengel in die onbewuste teenwoordig is. Susan se ervaringe in Engeland word reëlmatig afgewissel met vertellinge van haar ervaring in die grot met Tiisetso en Mamello; maar die tydshantering is veel meer ingewikkeld as 'n blote wisseling tussen 'n bepaalde hede en 'n bepaalde verlede. Om 'n idee te kry van hoe verwikkeld die hantering van tyd in die roman is, kan 'n mens pp. 30-32 as voorbeeld neem. Sy verkeer in gesprek met Hurst, dan dink sy terug aan haar tyd saam met dr. Reymaker in Nederland, dan beweeg haar gedagtes vorentoe na haar latere terugkeer na Nederland, dan na 'n nog latere tydperk wanneer sy sal kans sien om na Winburg terug te keer, en dan keer die verhaal terug na haar gesprek met Hurst. Dit alles binne die bestek van minder as drie bladsye.

Susan se belewing van haar omgewing is deurspek met assosiasies uit die verlede. Wanneer iemand haar die huis in Denver wys waar generaal Rundle gewoon het, dan is haar gedagtes dadelik terug by die oorlog wat sy in Suid-Afrika beleef het, waar Rundle "sy soldate soos miere oor die Brandwaterkom laat swerm het" (p. 71). Wanneer sy in gesprek met haar hospita in Denver, mev. Simms, verkeer, dan word hierdie gesprek die stimulus vir 'n magdom indrukke van ander tye en plekke:

> Eenvoudige gesprek met 'n goedige vrou word sienderoë deurwurm met indrukke, beelde, herinneringe, goed wat sy glad nie onder woorde kan bring nie [...] Alles wat gesê word, raak sinspelings op wie sy is en waar sy hoort.
>
> (Smith, 2014: 70)

Susan se verhaal is dus 'n baie subjektiewe verhaal, gekleur deur allerlei persoonlike assosiasies, bepaal vanuit die getraumatiseerde onbewuste waar al die verskillende tydruimtes gelyktydig bestaan.

Die verhaal van Susan is die verhaal van 'n soeke na 'n verhaal. Die verhaal van die tydlose en grenslose onbewuste moet omskep word in 'n verhaal wat vir haar sin maak, met 'n duidelike chronologie en oorsaak en gevolg, met 'n herkenbare tyd en ruimte. Die omskepping van ervaring tot verhaal begin met die soeke na 'n begin; hierdie beginpunt word verskaf deur die herontmoeting met Hamilton-Peake. Dit is 'n spilpunt in haar verhaal, daarom hoort dit aan die begin; hierdie gebeurtenis is klaarblyklik die stimulus vir die oproep van 'n verwarrende hoeveelheid herinneringe en indrukke wat volg en wat geleidelik, in die loop van die roman, tot groter klaarheid kom.

Wesenlik vir die verhaal is ook, naas die vind van 'n begin, die vind van 'n gepaste afsluiting. Susan se verhaal word op 'n ambivalente wyse geëindig. Die lyn van haar verhaal word deurgaans gekenmerk deur twee teenstellende bewegings: weg van Winburg en terug na Winburg. Sy gaan van Winburg na Kaapstad, dan na Nederland, na Engeland, en weer na Nederland. Uiteindelik keer sy terug na Winburg, dus vorm die verhaal 'n siklus – Winburg is die begin en die einde daarvan. Dit is egter nie die volle storie nie. Soos reeds genoem, eindig die roman met haar dringende versoek om van die plek weg te kom – terugkeer en wegreis is albei deel van haar lewenslyn. Maar terugkeer sowel as wegreis word deur die begin van haar storie bepaal: die trauma in die Winburgse konsentrasiekamp.

Wanneer Susan haar ambivalente verhaal voltooi het, is die roman ook voltooi; haar soeke na 'n verhaal is die roman se verhaal. Maar die saak is nog meer kompleks as dit. Susan se verhaal is nie maar 'n persoonlike verhaal nie; dit is 'n verhaal wat in 'n roman omskep is. Daarom moet Susan se soeke gestruktureer word in 'n tydruimtelike verhaal wat vir die leser sin maak en sy belangstelling wek en behou. En dit kry die skrywer uitstekend reg. Met die pakkende begin word die leser onmiddellik betrek; die inset lei tot die oproep, stuk vir stuk, van 'n verlede waarin openbaring en verswyging mekaar voortdurend op 'n boeiende wyse afwissel.

Met die herontmoeting van Hamilton-Peake word ook die spanning gewek: hoe sal Susan teenoor die man reageer – vergewend of vergeldend? Die antwoord word in 'n uiters oortuigende toneel gegee, met die motorfietsrit, wat nie in enige cliché-raamwerk pas nie – nie die raamwerk van eenvoudige vergiffenis of eenvoudige vergelding nie. Nêrens is die vertelde antwoorde op die vrae wat by die leser gewek word, simplisties nie. Ook die einde pas nie in 'n eenvoudige patroon nie, nie van blote terugkeer of rugdraai nie; dit is ambivalent, en "ambivalensie [...] is sekerlik 'n kenmerk van enige betekenisvolle verhaal".

Hierin is dan (onder andere) die prestasie van die skrywer geleë: dat hy die historiese gegewens waarmee hy gewerk het, omskep het tot 'n roman met 'n volkome outentieke hoofkarakter; dat hy die werking van die tydlose onbewuste weergee in 'n verhaal wat tydruimtelik so gestruktureer is dat die leser daardeur vasgevang word, van die dramatiese begin tot die oortuigende slot. Susan het inderdaad "tot verhaal gekom".

Denken versus de obscene cultuur[163]

Hans Ester

We leven te midden van een cultuur die op het beeld is gericht dat via de ogen tot ons komt. Dit gegeven ontkennen, zou[164] de uitdaging torpederen die de visuele cultuur stelt. Tot de grote hoeveelheid beelden die tot ons doordringen, behoren voorstellingen van extreem geweld. Veertig jaar geleden was het ondenkbaar dat de mens door middel van de televisie of van filmpjes op internet getuige zou zijn van gruwelijke zaken als onthoofdingen. Totdat de wereld met de val van de Muur in 1989 radicaal veranderde, was het mogelijk om extreem geweld als visuele ervaring te vermijden. De herinnering aan het geweld en het lijden van de Tweede Wereldoorlog was weliswaar levend gebleven, maar deze herinnering aan beelden uit de oorlog was opgenomen in een kader van edele strijd tegen de boze machten van het nationaal-socialisme.

Het lijden in dienst van de goede strijd was een offer dat aan het leven na de ellende ten goede kwam. De blikrichting was de betere toekomst. De kernvraag naar aanleiding van wat visueel bezit van ons neemt, is onontkoombaar en luidt: wat gebeurt er met ons denken en geloven wanneer wij deze beelden die ons in deze tijd overrompelen, ontvangen en tot ons nemen? De daarmee verbonden vraag is die naar de aard van de beelden die we nu zien en daarom naar het wezen van de verschuiving die in de cultuur van het beeld heeft plaats gevonden. Om het probleem scherpe contouren te geven: bij het zien van de film *Salo* van de Italiaanse regisseur Pier Paolo Pasolini uit 1975 kon de tot in zijn ziel geschokte en beledigde toeschouwer (in die historische rol plaats ik mijzelf anno 2015) nog protesteren tegen het feit dat deze film überhaupt was gemaakt. Met deze naar de geschriften van Markies de Sade (1740-1814) verwijzende film kon de toeschouwer achteraf kritisch in debat gaan vanuit een wereldbeschouwing en een omvattend denken over het leven die over moreel gezien goede papieren beschikten.[165] Welke ethische en godsdienstige waarden schuiven we nu naar voren nu de beelden ons onafhankelijke denken dreigen te infiltreren? Tijdens

---

163 Ester, H. 2015. Denken versus de obscene cultuur. *Sofie*, (3):41-46.
164 Om hierdie gegewe te ontken, sou …
165 Die goeie lewe uit 'n morele oogpunt.

het kijken naar een film met een film in debat gaan, is onmogelijk. De film loopt door en kan niet worden stopgezet. Het nadeel van de verwerking achteraf is dat de primaire indruk in een nieuw verhaal is opgenomen. Achteraf gezien hebben we altijd met een andere film te maken.

De Vlaamse schrijver Stefan Hertmans worstelt met deze vragen, vanuit een vaag soort, niettemin serieus te nemen verlangen naar ethische zuiverheid en eerlijkheid en nauwelijks of niet vanuit een geloof in God als Schepper van Hemel en aarde. Wat Hertmans in zijn boek *Het bedenkelijke. Over het obscene in de cultuur* zegt over de beelden van naakte mensen in allerlei media van nu is inzichtgevend. Hertmans analyseert de aard van het zien, van het aanschouwen van beelden in relatie tot het menselijk verlangen. Dat is een grote hulp bij de vraag naar de status van ons denken in relatie tot ons gevoel.

Hertmans worstelt met het begrip "obsceen". Obsceen, om een basisvoorstelling van het begrip te hebben, is die gebeurtenis die een mens niet wil zien, maar die aan een mens tegen zijn wil wordt opgedrongen. Het waarnemen van een mens die in de openbare ruimte zijn behoefte doet, is in de Europese cultuur obsceen. Obsceen was voor mij als kind de ervaring die ik op de Snelliuskade in Utrecht had. Twee copulerende honden zaten aan elkaar vast en deden wanhopige pogingen om van elkaar los te komen. Het overrompelde mij als kind en ik was er danig van in de war. De woorden ervoor had ik niet. Het problematische van de visuele obscene ervaring die met geweld van seksuele aard of wreedheid jegens mens of dier te maken heeft, ligt in de nesteling van deze ervaring in het geheugen. Wat deel van het geheugen uitmaakt, is ook onderwerp van gedachten en vermengt zich met het innerlijke leven.

In het laatste hoofdstuk van zijn boek met de titel "Over beelden" staat Hertmans stil bij een fase in de verbeelding die geen andere fase na zich kan hebben, tenzij er een radicale ommekeer in de cultuurplaats vindt. Het is de fase waarin elke verwijzing van beeld naar betekenis is terechtgesteld, geëxecuteerd. Hertmans ziet dit nog niet belichaamd in Pasolini's *Salo*, vermoedelijk omdat de film een aanklacht is tegen het fascisme en zijn verwante ideologie, het nationaal-socialisme. Daarover valt te twisten. De kern van Hertmans' argumentatie is dat we in een fase van beeldvorming terecht zijn gekomen, of beter: van ervaring van het leven dat via beelden tot ons komt, waarin het beeld het laatste is dat we kennen. Het beeld is volgens Hertmans een muur. Vroeger bevond zich een ander, omvattend Beeld achter de muur. We kunnen aan de muur van nu geen betekenis ontlenen:

> Met de gefilmde seksuele en terroristische executies overtreedt de mens letterlijk een laatste symbolische drempel, waar hij versmacht raakt door beelden die geen enkele distantie meer bezitten. Ze zijn de laatste consequentie van de obsceniteit, uiteraard om wat ze laten zien, maar ook en vooral door het feit dat ze elke verwijzingsmogelijkheid voor de menselijke verbeelding loochenen.[166]
>
> (Hertmans, 2015: 188)

Wanneer beelden geen enkele distantie meer bezitten, wat kunnen we dan onder "distantie" verstaan? Mogelijk bedoelt Hertmans met dit woord dat de beelden van de terroristische executies geen enkele vorm van denken, van reflectie toestaan. Van reflectie op grond van de denkruimte die andere, in de cultuur voorafgaande, beelden, bieden, is bij de huidige beelden van geweld geen sprake meer. Timmeren pornografische beelden als voorstellingen van seksuele executies dan niet ook iedere vorm van reflectie en bezinnend denken dicht?

Op deze vraag gaat Hertmans in het eerste grote deel van zijn boek in. Hij verbindt deze vraag met een basisvisie op de mens die sterk tegen het psychisch "model" van de psycho-analyticus Sigmund Freud aanleunt. Curieus genoeg speelt Freuds leerling en latere opponent Carl Gustav Jung hierbij geen rol, terwijl laatstgenoemde de voorstellingen van de menselijke geest gedeeltelijk had weggetrokken van de door Hertmans veelvuldig erbij gehaalde Freudiaanse libido – psychische energie die op seksuele gemeenschap is gericht. Het ontbreken van Jung doet nochtans niets af aan de belangrijke gedachten die Hertmans in een briljante stijl voor de lezer neerlegt.

Wat is het centrale inzicht met betrekking tot alle varianten van pornografie in de huidige cultuur ten opzichte van de andere vorm van menselijkheid, namelijk het menselijk denken, waar het geloof in God een integraal deel van uitmaakt? Dit is een vraag waarop het antwoord van vitaal belang is. Bij pornografie (de film van Pasolini bijvoorbeeld) hebben we met een voorfase, een logische voorfase te maken van het beëindigen van elke verwijzing van het beeld buiten zichzelf,

---

166 Onmoontlik maak.

dus van een voorfase van de dood van het beeld. Een beeld dat dood is, blokkeert iedere vorm van bezinning en verlamt de instrumenten die bij het denken vanuit een vrije ruimte ter beschikking staan. Voor dit laatste, voor het verlammen van de kracht tot bezinning acht ik Pasolini eveneens een kroongetuige.

De formuleringen van Hertmans bij de beschrijving van de handeling van het kijken naar beelden die de "plaag van de fantasieën" vormen, zijn onthullend en ontwapenend. Hertmans stelt samen met de filosoof Slavoj Žižek dat de beelden die de kijkende mens vandaag de dag door middel van de audiovisuele media worden aangeboden, het menselijke vermogen om helder, dus los van deze beelden, te denken, uitwissen. We zijn uitgeleverd aan deze beelden.

Hoe gaat dat in zijn werk? In het hoofdstuk "De paradox van het obscene" vraagt Hertmans zich af of de mens die de beelden tot zich neemt wel eerlijk is in zijn motieven om hiervoor open te staan. Verbergt zich achter de "esthetische kritiek", het argument van de innerlijke reiniging door obscene theaterscènes bijvoorbeeld, een dieper liggend motief om zich hiermee in te laten? Gegeven dat dit inderdaad waar is en "dat we zoiets als een grens in stand willen houden, een onderscheid tussen dat wat we openlijk belijden en dat wat we heimelijk koesteren of vrezen" (p. 12), wat steekt daar dan achter? Wat is ons denken dan nog in verhouding tot het heimelijk koesteren en vrezen dat onze blik bepaalt?

Hertmans stelt vast dat er binnen dit kijkproces een soort overdracht plaatsvindt. Hij stelt dat er een overdracht is "van het medium naar onze eigen ervaringsmodaliteit" (p. 12). Het object waar ik naar kijk bij beelden van extreem seksueel of ander geweld, is als lichamelijke handeling gemakkelijk te omschrijven. De variatie van handelingen is zeer beperkt. Het is in feite een herhaling van zetten. Met de beschrijving van het bekeken object is nog niets gezegd over de aard van het kijken, over de essentie van de menselijke blik. Het gaat bij deze blik om iets fundamenteels dat bij de verlangende kijker hoort. De kijker heeft een geheel andere gerichtheid bij het beeld van seksuele handelingen dan het lijkt. Deze beelden zijn van a tot z een vorm van bedrog:

> Het obscene vereist dus een verhouding waarbij alles getoond kan worden, niet alleen zonder dat er iets te zien is, maar *zodat* er niets meer te zien is van dat waar het eigenlijk om gaat (want het ging, of zou moeten gaan, om een vorm van zich verhouden tot de ander).
>
> (Hertmans, 2015: 19)

Om het anders te formuleren: het verlangen naar de ander, een verlangen dat op zich zuiver is, wordt misbruikt in de beelden die als een Januskop aan de voorkant intimiteit suggereren, maar aan de achterkant het gruwelijke aangezicht van de echte, bedrieglijke bedoelingen laten zien. Wat een intieme ontmoeting lijkt, is ijle lucht. De intimiteit heeft zich op het moment van de eerste blik spoorslags verwijderd.

Het belang van Hertmans observaties ligt in de ontmaskering van datgene wat probeert moreel zuiver te zijn. In het middelpunt staan de beelden die waarachtige deelname aan het intieme in het vooruitzicht stellen. Dat intieme heeft zich in allerlei vormen van lijden als een olievlek over de beeldschermen uitgebreid. De rol van de mens die al dit lijden – dode slachtoffers, verminkte mensen, mensen in doodsangst, stervende mensen – via de visuele media aanschouwt is hoogst ambivalent en moet tot de wortel worden geanalyseerd. Het zien van het lijden is als emotie een mengeling van menselijke betrokkenheid (getroffen zijn) en fascinatie. De waarde van onze menselijke percepties van het lijden devalueert op het moment dat wij als mensen de moed opbrengen om het complexe karakter van onze emoties in te zien.

Hoe diep kunnen de beelden binnendringen die onze zuivere eigenheid van onafhankelijk denken trachten te beheersen? Hertmans toont de overmacht van de beelden aan. Tegelijkertijd is zijn boek één groot pleidooi ten gunste van de menselijke geest die net als Odysseus aan de mast van zijn schip is vastgebonden en zodoende de verlokkingen tegen de prijs van uiterlijke dwang weet te weerstaan. Anders gezegd: die de verleidingen wel moet doorstaan. Iedereen die over deze fundamentele vraag leest, zal bij zichzelf te rade gaan om te ontdekken of er zich in het leven geen situaties, geen beeldconfrontaties hebben voorgedaan, waarbij de reactie niets met fascinatie te maken had, maar een puur meevoelen was zonder enige subjectieve vertroebeling. Het is goed voor te stellen dat de film *Salo* van Paolini voor een kijker niets anders inhield dan walging en diepe treurnis over de onmogelijkheid om in dit duivelse gebeuren in te grijpen.

Hertmans zal hier tegen inbrengen dat de fase van morele verontwaardiging al een fase verder is dan het volledig ongereflecteerde zien. Hij licht dit toe met het voorbeeld van de confrontatie met de lichamen in de Nazikampen:

> Wanneer de feiten ontegensprekelijk worden – wanneer, bijvoorbeeld na de bevrijding van de Nazikampen, de camera's van de bevrijders over de onvoorstelbare ellende en de uitgeteerde lijven gaan – dan laat het obscene zich even in al zijn schokkende, vuilige verborgenheid zien; maar wie het voor de tweede keer bekijkt, ziet reeds iets anders – hij begeeft zich in het domein van de geschiedenis en de moraal, hij voelt zich hopeloos revolteren en als reactie op deze verwarring wil hij zo snel mogelijk plaatsen en oordelen. Maar de eerste blik, *de blik zonder focus*, de blik die schokt en voor een gruwelijke opwinding zorgt, vermengd met ongeloof: dat is de blik waarin het obscene zich bijna koppelt aan het sublieme, aan de verheven, volstrekt immorele verschijning van het kwaad waar het De Sade om te doen was.
>
> (Hertmans, 2015: 30)

De blik zonder focus, dat is een bijzonder beeld dat overtuigend lijkt te zijn. Toch zijn er vragen bij te stellen. Naar aanleiding van wat ik aan mijzelf heb ervaren bij het zien van een volstrekt willekeurige geweldsdaad van een schoolmeisje tegen een ander schoolmeisje, is mijn vraag of in mijn reactie op de onverwachte klap en de bewusteloosheid van het slachtoffer niet al een vorm van gerichtheid in morele zin is verwerkt. De morele schok is zo gezien niet een secundaire reactie op datgene wat Hertmans als de verheven verschijning van het kwaad betitelt, maar is integraal onderdeel van de eerste blik. Daarin zit de morele focus ingebakken.

De waarheid van de ervaring gebiedt om ook over een "religieuze focus" te spreken. Opnieuw gaat het daarbij niet om een "gruwelijke opwinding", waarbij deze woorden van Hertmans een argumentatie op zich[167] zijn, maar draait de emotie om iets volledig primairs dat met een diep in de ziel verankerd religieus gevoel van heiligheid verbonden is. Dat basische gevoel van heiligheid wordt door de ongehoorde wreedheid en gewelddadigheid van het beeld zonder tussenkomst van wat ook gekwetst en brengt een diep gevoel van wanhoop en schuld met zich mee.

---

167 Op sigself.

De taal die een kind leert spreken, is van verstrekkende betekenis voor de wijze waarop de dingen des levens ervaren worden. Welke toerusting een kind vanaf de geboorte bezit en in welke mate de gevormde taal als samenhangende betekenisgever de geest van het kind inkadert,[168] hangt af van het gekozen theoretische uitgangspunt. In het geval van Stefan Hertmans is het taalkader waarbinnen hij denkt, gebonden aan de vooronderstellingen van de psychoanalyse, zoals Sigmund Freud die hanteerde.

Carl Gustav Jung ontbreekt en Freud duikt telkens op, wanneer het begrip "libidineus" valt. De schaduwkant van deze afhankelijkheid in het denken over de mens is dat de verleidelijkheid van het verborgene zeer sterk in de richting van de seksualiteit, van de geslachtsdrift, wordt geleid. Daarmee krijgt de hunkering naar het obscene een gedeeltelijke legitimering. Het is immers wezenlijk onderdeel van het mens-zijn om de gerichtheid op seksuele bevrediging te laten prevaleren binnen het handelen. Ik hoef alleen maar naar Freuds kortzichtige uitleg van dromen in zijn *Die Traumdeutung* (1900) te verwijzen om aan te tonen hoe vernauwend deze keuze vooraf bij het denken werkt. De Franse filosofen als Derrida en Deleuze, en eveneens de Franse schrijvers als Bataille, figureren als ondersteunende argumentatie. Zij moeten evenmin veel van het werk van Jung hebben. Of zij, evenals Freud, het begrip "liefde" vermijden alsof het om een kwaadaardige ziekte gaat, onttrekt zich aan mijn waarneming.

Hertmans verwerpt de huidige beeldcultuur, omdat de beeldsplinters van de moderne massamedia het zicht op de waarheid die zich boven deze misleidende fragmenten verheft, in de weg staan. De splinters trachten die waarheid zelfs tot nul te reduceren. Zonder dat dit duidelijk geëxpliciteerd wordt, laat Hertmans met zijn boek ook zien, hoe sterk zijn gedachten geworteld zijn in het postmoderne denken waarin de fragmentatie van de werkelijkheidservaring een fundamenteel uitgangspunt is. Hieraan is de vraag te koppelen, in hoeverre denkers als Derrida en Deleuze zelf de voedingsbodem hebben geschapen voor de huidige cultuur van het obscene.

Hertmans is ongelukkig over de ontwikkeling naar het alles zien, dat in de grond betekent: niets zien. Er is geen "off-screen" meer, geen beeld of hogere waarheid buiten datgene wat we waarnemen. De executies die wij door middel van

---

168 Van 'n kader/raam voorsien.

beelden waarnemen, zijn de "finale betekenisloosheid". (p. 189) We zien volgens Hertmans alles, "maar het *Beeld* wordt gedood" (p. 189). Dat *Beeld* met een hoofdletter is de heilige waarheid waarnaar we vanuit ons diepste zijn verlangen wanneer we ons in de beelden dreigen te verliezen. Wat een opluchting[169] zou het zijn, wanneer het besef dat we door de *beelden* van onze cultuur naar de afgrond van het nihilisme worden geleid, algemene verbreiding vindt.

---

169 Verligting.

Germanicus vir vandag[170]

Chris van der Merwe

"As ons samelewing dan só siek is [...] as dinge werklik nie langer só kan aangaan nie – wat staan ons dan te doen?" So vra Dirkie Smit in sy rubriek "Geestelike waardes" van 2 Mei 2015. Hierdie vraag staan ook sentraal in N.P. van Wyk Louw se historiese drama *Germanicus*. Germanicus (15v.C. – 19n.C.) was 'n briljante Romeinse veldheer wat roemryke militêre oorwinnings in Germanië behaal het. Hy het groot agting by die volk geniet is met eerbewyse oorlaai – ironies genoeg, veral na sy vroeë dood op 34-jarige leeftyd. In Louw se drama lê Germanicus se grootste probleem op 'n etiese vlak: hoe kan die medemenslikheid behoue bly, in hom en om hom, in 'n tyd van algemene vyandskap en oorlog? Germanicus leef in 'n tyd van bitterheid en haat tussen die Romeine en diegene met wie hulle oorlog voer; ook is die Romeinse volk self besmet deur korrupsie, gierigheid en magsug. Dis 'n tyd wat as't ware hondsdol geword het: "Dié dolheid is aansteeklik, die hond byt/en ék word dol, wat netnou nog sy baas was/en redelik" (p. 15).

Germanicus verlang daarna om sy morele suiwerheid te behou; hy wil "self skoon bly in die vuil" (p. 51). Hy weet egter dat hy nie die wêreld waarin hy leef, kan verander as hy nie gewillig sou wees om die mag te gryp nie – en dan sou hy teen sy morele kode as onderdaan van die keiser handel. In sy dilemma besluit hy op 'n kompromis en gaan heers as die keiser se wettige verteenwoordiger in die Midde-Ooste; hy heers dus sonder om sy hande vuil te maak. Maar uiteindelik dring die besef tog tot hom deur: "'n Mens die moet ook modderig wees/as jy wil mens-wees – óf as jy wil heers..." (p. 109) Sy strewe om homself skoon te hou in 'n tyd van algemene onsuiwerheid sou inderdaad as egoïsties geïnterpreteer kan word.

Daar is interessante parallelle én verskille tussen Van Wyk Louw se voorstelling van Germanicus en die lewensloop van Dietrich Bonhoeffer, oor wie Anton van Niekerk insiggewend geskryf het in *Die Burger* van 28 April 2015. Ook Bonhoeffer het geworstel met die vraag hoe om op te tree in 'n tyd wat "dol" geword het. Wat kan jy doen in 'n samelewing waar haat en rassisme heers, waar

170 Van der Merwe, C. 2015. Germanicus vir vandag. *LitNet*. [Aanlyn]. Beskikbaar: https://www.litnet.co.za/germanicus-vir-vandag/

regering, kerk en volk daardeur besmet is? Bonhoeffer het besluit om betrokke te raak by 'n komplot om Hitler te vermoor – hy het dus "modderig" geword in 'n poging om die oorlog tot 'n einde te laat kom en medemenslikheid in sy land te herstel. Hy is egter gevange geneem, twee jaar in die tronk gehou en kort voor die einde van die Tweede Wêreldoorlog tereggestel. So het hy letterlik waar gemaak wat hy in sy boek *The Cost of Discipleship* (die titel van die Engelse vertaling) geskryf het: "When Christ calls a man, He bids him come and die."

Bonhoeffer se invloed het egter nie met sy dood geëindig nie – inteendeel, 'n mens sou kon beweer dat sy invloed enorm vergroot is deur die martelaarskap waarmee hy die egtheid van sy geloof bevestig het. Sy briewe uit die tronk, versamel deur sy vriend Eberhard Bethge, het 'n belangrike invloed uitgeoefen op die teologie na die Tweede Wêreldoorlog – in Engels is dit vertaal as *Letters and Papers from Prison*. Prof Van Niekerk wys op die radikale wending wat sy denke skynbaar in die tronk ondergaan het. Bonhoeffer skryf in sy laaste briewe oor die moderne sekulêre samelewing en die mens wat mondig geword het, en vra homself af wat dit vir die geloofslewe van die Christen beteken. Hy wys daarop dat die mens nie meer op God as 'n tipe *deus ex machina* moet vertrou nie, as die Een wat alle probleme oplos en alle vrae beantwoord. Nee, skryf Bonhoeffer, die mens moet self verantwoordelikheid vir sy lewe neem. Van Niekerk stel Bonhoeffer se beskouing soos volg: "God wil ons leer om sonder Hom in die wêreld klaar te kom. Dis die betekenis van wat op Golgota gebeur het. Daar rangeer God Homself uit ons wêreld deur aan die kruis te sterf."

Hierdie weergawe is gedeeltelik korrek, maar het aanvulling nodig. In sy mees aangehaalde brief, geskryf op 16 Julie 1944, sê Bonhoeffer onder andere die volgende: "Before God and with God we live without God. God lets himself be pushed out of the world on to the cross. He is weak and powerless in the world, and that is precisely the way, the only way, in which He is with us and helps us." Met ander woorde, Bonhoeffer is geïnteresseerd in die paradoks dat God aan die kruis swak geword het om ons te kan help; en dat ons met God én sonder God moet leer leef. Hy het nooit die band met sy God prysgegee nie; sy beroemdste gedig, "Who am I?", geskryf 'n maand voor sy dood, eindig dan ook met die woorde: "Whoever I am, thou knowest, O God, I am thine." Na sy mislukte poging om van die bose Hitler ontslae te raak, verwyderd van enige magsinstelling wat kan help, word Bonhoeffer soos sy God – swak en skynbaar hulpeloos sodat hy ander kan help.

Hierin is nog 'n ooreenkoms tussen Germanicus en Bonhoeffer: die teenstelling tussen hulle magtelose fisieke einde en hulle positiewe nadoodse nalatenskap. Germanicus sterf, skynbaar vergiftig, op taamlik jeugdige leeftyd. Sy siening van 'n algemene empatie en menslikheid was sy tyd vooruit; dit was volkome verwerplik vir diegene wat aan 'n eng Romeinse nasionalisme vasgehou het. Skynbaar oorwin sy vyande wanneer hy sterf – en tog bevat sy laaste woorde 'n element van hoop: "Dalk gaan niks verlore nie". Hoe kan hy so 'n stelling maak?

In die drama is daar 'n paar subtiele suggesties dat Germanicus as 'n voorloper van Jesus beskou kan word – Germanicus se strewe na 'n algemene menslikheid berei die weg voor vir Jesus se boodskap van 'n insluitende liefde. In sy wanhoop aan die tyd waarin hy leef uiter Germanicus 'n moontlikheid van hoop: "Een sou kon kom wat daarvan mense maak,/weer mense maak, – hy sou 'n god moet wees" (p. 56). Wanneer hy in die Midde-Ooste heers, ontvang hy 'n skarabee van blou glasuur as geskenk – 'n antieke Egiptiese simbool van onsterflikheid. Germanicus is bewus van geestelike werklikhede in die Midde-Ooste waarvan die Romeine min weet; hy besef dat die gebied vol van nuwe moontlikhede is: "en áls is vrugbaar soos 'n voor vol koel blou mis" (p. 109). Hy sterf wel te vroeg om die verspreiding van die nuwe boodskap van inklusiewe liefde te beleef, maar dalk is hy 'n voorloper wat deur sy voorbeeld die weg vir die nuwe idees voorberei. Sy lewe bly staan as 'n riglyn vir die nageslag; inderdaad, "dalk gaan niks verlore nie."

Dit is dan miskien die antwoord op die vraag wat Dirkie Smit gestel het: Hoe moet 'n mens lewe wanneer die samelewing deur en deur verdorwe is? Die antwoord van Dietrich Bonhoeffer en Van Wyk Louw se Germanicus lui: Lewe só dat jou lewe 'n erfenis agterlaat wat 'n lewensmoontlikheid skep vir dié wat na jou kom. Dit is in hierdie antwoord dat hulle grootsheid geleë is.

Johannes Lepsius en de Armeniërs[171]

Hans Ester

In Potsdam bij Berlijn staat het Lepsius-huis. Het fraaie huis herinnert aan zijn bewoner dominee Johannes Lepsius en aan diens onvermoeibare inzet voor de Armeniërs tijdens de jaren van onderdrukking door de Turkse machthebbers van het Osmaanse Rijk. Johannes Lepsius was de zoon van de vermaarde Egyptoloog Carl Richard Lepsius, die het "Neues Museum" in Berlijn tot centrum van de Egyptologie maakte. Het gezin Lepsius was sterk piëtistisch georiënteerd en gericht op praktische daden van naastenliefde. Johannes was werkzaam in Palestina tijdens de jaren 1884-1886 en stichtte in 1895 de zogeheten "Deutsche Orient-Mission" die zich op de zending in het Midden-Oosten toelegde. Lepsius kende het Midden-Oosten uit eigen ervaring. Dat het lot van de Armeniërs hem na aan het hart lag, bleek al in 1896 toen hij het boek *Armenien und Europa* publiceerde. In Nederland verscheen hiervan een vertaling in 1897. Het lot van de Armeniërs was toen al een brandende kwestie nadat in 1895 bij Erzurum honderdduizend Armeniërs waren vermoord.

Johannes Lepsius leefde van 1858-1926. Tijdens de jaren 1908 tot zijn overlijden woonde hij met zijn gezin in de Grosse Weinmeisterstrasse 45. In dit huis dichtbij het "Marmorpalais", een paleis van de Duitse keizer, schreef hij zijn "Verslag over de situatie van het Armeense volk in Turkije". In 1916, tijdens de Eerste Wereldoorlog, kwam dit "Bericht über die Lage des Armenischen Volkes in der Türkei" in het geheim uit. Op slinkse wijze werd het onweerlegbaar met feiten gedocumenteerde boek over de moord op de Armeniërs verspreid zodat iedereen in Duitsland op de hoogte was en later niet kon zeggen dat hij er niets van af wist. Omdat Lepsius vreesde dat dit boek hem in de gevangenis zou doen belanden, bracht hij enkele jaren in Nederland door. In het Nederlands kwam dit boek in 1918 uit.

Tijdens de Eerste Wereldoorlog waren Duitsland en Turkije bondgenoten. Duitsland ging er vanuit dat Turkije de aanvalskracht van Rusland zou verzwakken. Turkije dat als het Osmaanse Rijk aanvankelijk van de Perzische

---

171 Ester, H. 2015. Johannes Lepsius en de Armeniërs. *Soφie*, (4):44-47.

Golf tot Kroatië reikte, had tijdens de tweede helft van de negentiende eeuw heel wat grondgebied zien afbrokkelen en verlangde vurig naar herstel van de nationale trots. Duitsland kon het zich niet permitteren om de bondgenoot Turkije wegens "de Armeense kwestie" op het matje te roepen. Maar de feiten vielen niet te ontkennen. Vrijwel iedere grote Turkse stad had een Duits consulaat. In Turkije bevonden zich veel Duitse militairen. Ziekenhuizen en scholen werden door Duitsers bemand. Bovendien werkten Duitsers in het kader van het Duitse plan om Berlijn met de Perzische Golf te verbinden aan de spoorlijn van het Turkse Konya naar Bagdad. Verontrust door wat zij waarnamen, stuurden al deze ooggetuigen verslagen van wat zij voor hun deur of vanuit de trein waarnamen naar het ministerie in Berlijn.

Om te bewijzen dat de regering in Berlijn op de hoogte was van de moord op de Armeniërs vroeg Lepsius in 1918 om inzage in de officiële correspondentie van het ministerie van buitenlandse zaken. Hij kreeg toestemming om al deze documenten te bestuderen en te publiceren. Zo verscheen in 1919 het belangrijkste boek over de volkerenmoord op de Armeniërs: de diplomatieke documenten uit de jaren 1915 tot en met 1917, geredigeerd en ingeleid door Johannes Lepsius. In 1986 werd deze verzameling documenten herdrukt. Dat de Duitse regering aan deze publicatie meewerkte had te maken met beschuldigingen van de kant van Frankrijk en Engeland. Deze landen beschuldigden Duitsland ervan, de ware aanstichter van de moordpartijen te zijn geweest en de executies en martelingen aan de Turken te hebben overgelaten. Deze beschuldiging kon door de documentatie van Lepsius voorgoed worden ontkracht.

Dominee Johannes Lepsius speelt een voorname rol in het zojuist verschenen boek *Tod in der Wüste: Der Völkermord an den Armeniern*[172] van Rolf Hosfeld, de wetenschappelijk directeur van het Lepsiushuis in Potsdam. Hosfeld plaatst de gebeurtenissen in Anatolië en andere delen van Turkije in het kader van de geweldige roeringen in het Midden-Oosten, op de Balkan en op de Kaukasus vanaf 1890 tot en met de Eerste Wereldoorlog. Kennis hiervan is van groot belang voor het begrijpen van de aanloop naar de Eerste Wereldoorlog en evenzeer voor een gefundeerde mening over de ontwikkelingen in het Midden-Oosten, Turkije en Noord-Afrika anno 2015. Turkije vormde een belangrijke factor binnen de

---

172 Nederlandse vertaling: Dood in de woestijn: De volkerenmoord op de Armeniërs.

op het Midden-Oosten gerichte politiek der Europese Staten. De Duitse keizer Wilhelm II wilde een goede verstandhouding met de Turkse sultan Abdul Hamid. Geleid door overwegingen van machtpolitiek maakte de Duitse keizer in november 1898 een reis naar de Oriënt. In Jeruzalem wijdde hij de Duitse "Kerk van de Verlosser" in om zich vervolgens in de grote moskee van Damascus als beschermheer van alle moslims waar ook ter wereld op te werpen. De Armeniërs bleven buiten de rationaliteit van de wereldpolitiek. Maar Johannes Lepsius hield precies bij[173] welke moorden op de Armeniërs in Turkije hadden plaatsgevonden. Hij werd het geheugen van de systematische moord die vele jaren aanhield en vergat geenszins dat in 1895 nabij Erzurum honderdduizend Armeniërs waren vermoord. Rolf Hosfeld laat in zijn boek gedetailleerd zien dat de Westerse landen aanvankelijk positief reageerden toen de drie revolutionaire leiders Enver Pasha, Ahmed Djemal Pasha en Mehmet Talaat Pasha in 1913 het bewind in Turkije overnamen.

Maar, dat bleek een politieke vergissing van het Westen te zijn. Het Turkse driemanschap ontpopte zich als ultranationalistisch. Zij zagen de minderheden in Turkije, zoals de christelijke Armeniërs, als niet-loyale onderdanen en daarmee als een gevaar voor de stabiliteit van Turkije dat weer een machtige staat wilde worden. Etnische en religieuze zuiveringen waren het gevolg. De Koerden vormden een probleem. Het grootste obstakel op de weg naar nationale wedergeboorte waren de Armeniërs.

Omdat Lepsius van officiële Duitse zijde geen protest tegen de Turken kon verwachten, trok hij zelf de stoute schoenen aan en vertrok hij naar Constantinopel. Hij verbleef daar in de maanden juli en augustus 1915. De systematische deportaties waren in de late lente van 1915 begonnen. In een bootje stak Lepsius de Bosporus over om het bij Enver Pasha, een van de drie Turkse dictators, voor de Armeniërs op te nemen.[174] In 1913 had Enver Pasha samen met de genoemde mede-officieren het "Comité voor nationale verdediging" opgericht om "de nationale eer te redden". Johannes Lepsius werd door Enver Pasha ontvangen. Dat was of leek[175] in ieder geval een opening. Enver Pasha maakte Johannes Lepsius echter duidelijk dat hij de Armeniërs van een samenzwering tegen de Turkse

---

173 Het presies bygehou.
174 Om vir die Armeniërs op te kom.
175 Het gelyk (na).

staat verdacht en hun boze bedoelingen beter door had[176] dan de naïeve predikant uit Berlijn. Het bezoek leverde derhalve niets op en Lepsius keerde met lege handen naar Berlijn terug. Zijn hoofddoel werd de publieke opinie in Duitsland te informeren in verband met de misdaden jegens de Armeniërs.

Aan de tocht van Johannes Lepsius in 1915 heeft de Joods-Oostenrijkse schrijver Franz Werfel (1890-1945) in 1933 een deel van zijn roman *Die Vierzig Tage des Musa Dagh* (De veertig dagen van de Berg van Mozes) gewijd. De roman gaat over vierduizend Armeense vluchtelingen die schuiling tegen de Turkse soldaten zoeken op de Berg van Mozes aan de Syrische Middellandse Zeekust. Het ware verhaal achter de roman vertelt dat een Frans oorlogsschip de Turken vanuit zee bestookt en de Armeniërs weet te redden. De Turkse regering probeerde het boek te verbieden. De Nazi's verboden het inderdaad. Werfel, die met zijn vrouw Alma Mahler op het nippertje uit Europa kon vluchten, kwam op 13 oktober 1940 in New York aan. De Amerikaanse vertaling van zijn roman over de Armeniërs werd een groot succes. De Armeniërs beschouwen het boek van Franz Werfel nog altijd als een nationaal epos. Werfel is de nationale held van het Armeense volk gebleven.

Johannes Lepsius was niet de enige Duitser die het onrecht dat de Armeniërs werd aangedaan, aan de kaak stelde. Onder de aanklagers bevond zich onder anderen ook Armin T. Wegner (1886-1978) die tijdens de Eerste Wereldoorlog officier van gezondheid in Turkije was. Zijn belevenissen in verband met de volkerenmoord publiceerde Wegner in 1920. Zeer belangrijk zijn de foto's die Wegner maakte en in zijn boek liet afdrukken.

Deze foto's die documenteren dat het om een systematische georganiseerde vorm van uitroeiing gaat, maken deel uit van de permanente tentoonstelling die in het Lepsius-huis in Potsdam te zien valt. Daar worden de documenten van Lepsius zelf bewaard. Het huis bevat tevens een grote bibliotheek. Samen met de maandelijkse lezingen over onderwerpen die met de geschiedenis der Armeniërs en over de botsing der godsdiensten in het Midden-Oosten gaan, zijn de activiteiten in het Lepsius-huis een eerbetoon aan de man die alles over had voor de strijd tegen wreedheid, deportatie en volkerenmoord. Het bijzondere aan Lepsius is dat hij zich bij zijn strijd voor gerechtigheid niet liet afleiden door overwegingen

---

176 Deurgrond het.

van praktisch-politieke aard. "Realpolitik" die de reële machtsverhoudingen en het haalbare aan politiek effect in de morele overwegingen heeft ingecalculeerd, was aan hem niet besteed.[177] Het ging hem om de waarheid van de moord op de Armeniërs. En als consequentie van de gedocumenteerde gebeurtenissen riep Lepsius in een brief aan de Rijkskanselier von Bethmann-Hollweg van 10 maart 1916 met zijn medestanders op tot humanitaire hulp voor de vervolgde Armeniërs en andere christenen. Lepsius was onvermoeibaar in het bijeenbrengen van feitelijke informatie. Daarmee is niet gezegd dat de weg die Johannes Lepsius volgde, onopgemerkt bleef.

De oud-premier van Groot-Brittannië, William Gladstone, veroordeelde de blindheid van de grote machten van zijn tijd ten opzichte van het lot der Armeniërs en beriep zich op het werk van de door hem zeer gewaardeerde Johannes Lepsius. In 1915 stuurde de Amerikaanse ambassadeur in Constantinopel Henry Morgenthau een bezorgd telegram naar Washington over de gewelddadige dood van Armeense vrouwen en kinderen. Johannes Lepsius was zijn belangrijkste bron. Diverse keren ontmoetten Lepsius en Morgenthau elkaar.

Toen Hitler in 1940 zei dat de wereld geen traan had gelaten om de meer dan een miljoen Armeniërs die waren gedood, en meende dat de moord op de Joden dan ook wel rimpelloos zou geshieden, vergiste hij zich deerlik. Johannes Lepsius is het bewijs van het tegendeel.[178]

---

177 Dit het by hom geen aanklank gevind nie.
178 Het "Lepsiushaus" in Potsdam ligt aan de Grosse Weinmeisterstrasse 45, D – 14469 Potsdam.

Verwysings

Akkerman, S. 2013. *Donderdagmiddagdochter*. Amsterdam: Nieuw Amsterdam Uitgevers

Anker, W. 2014. *Buys*. Kaapstad: NB Uitgewers

Barnard, C. 1968. *Duiwel-in-die-bos*. Kaapstad: Nasionale Boekhandel

Blignault, A. 1968. *Om die son te aanskou*. Kaapstad: Nasionale Boekhandel

Brink, A.P. 1978. *Gerugte van reën*. Kaapstad: Human & Rousseau

Chesterton, G.K. 2004. *Orthodoxy*. New York: Dover Publications

Claus, H. 1955. *Een bruid in de morgen. Inleiding en aantekeninge deur André P. Brink*. Kaapstad: Academica

Claus, H. 1974. *De Metsiers*. 18de Uitgawe. Amsterdam: De Bezige Bij

Coetzee, J.M. & Auster, P. 2013. *Here and Now: Letters 2008-2011*. New York: Viking Penguin

Coetzee, J.M. & Kurtz, A. 2015. *The Good Story: Exchanges on Truth, Fiction and Psychotherapy*. New York: Penguin Random House

Collins, F. 2007. *The language of God*. Londen: Pocket Books

Degenaar, J.J. 1980. *Voortbestaan in geregtigheid*. Kaapstad: Tafelberg

De Gruchy, J.W. 2013. *Led into mystery*. Londen: SCM Press

De Villiers, I.L. 1972. *Leitourgos*. Kaapstad: NB Uitgewers

Dostoyevsky, F. 1957. *The brothers Karamazov*. C. Garnett (vert.). New York: New American Library

Ellis, G. & Murphy, N. 1996. *On the moral nature of the universe*. Augsburg: Fortress Press

Eng, T.T. 2012. *The garden of evening mists*. Londen: Myrmidon Books

Ester, H., Van der Merwe, C., & Mulder, E. 2012. *Woordeloos tot verhaal. Trauma en narratief in Nederlands en Afrikaans*. Stellenbosch: AFRICAN SUN MeDIA. https://doi.org/10.18820/9781920338756

Frankl, V.E. 1984. *Man's search for meaning*. Londen: Pocket Books.

Frost, R. 2001. *The poetry of Robert Frost*. E.C. Lathem (red.). Londen: Vintage Books

Goedegebuure, J. 2015. *Wit licht. Poëzie en Mystiek in de Nederlandse literatuur van 1890 tot nu*. Nijmegen: Vantilt

Goethe. J.W. 2008. *Faust: Eine Tragödie*. A. Posthuma (vert.). 3de Uitgawe. Amsterdam: Athenaeum - Polak en van Gennep

Grossman, V. 2016. *Leven en Lot*. Amsterdam: Uitgeverij Balans

Hertmans, S. 2015. *Het bedenkelijke: over het obscene in de cultuur*. Amsterdam: Uitgeverij Boom

Hillesum, E. 1986. *Het verstoorde leven*. 17de Uitgawe. Amsterdam: Uitgeverij Balans

Hosfeld, R. 2015. *Tod in der Wüste: Der Völkermord an den Armeniern*. München: C.H. Beck

Joubert, E. 1978. *Die swerfjare van Poppie Nongena*. Kaapstad: Tafelberg. https://doi.org/10.2307/40133237

Joubert, E. 1983. *Die laaste Sondag*. Kaapstad: Tafelberg

Joubert, E. 1993. *Dansmaat*. Kaapstad: Tafelberg

Joubert, E. 2009. *Reisiger*. Kaapstad: Tafelberg

Joubert, E. 2017. *Spertyd*. Kaapstad: Tafelberg

Kannemeyer, J.C. 1998. *Op weg na 2000. Tien jaar Afrikaanse literatuur*. Kaapstad: Tafelberg

Kempis, T. 2004. *Die navolging van Christus*. Wellington: Lux Verbi

Krog, A. 2014. *Mede-wete*. Kaapstad: Human & Rousseau

Leroux, E. 1964. *Een vir Azazel*. Kaapstad: Human & Rousseau

Levi, P. 1987. *If this is a man & The truce*. Kettering, Nothants: Abacus

Lewis, C.S. 1975. *The silver chair*. Hammondsworth: Penguin Books

Lewis, C.S. 1961. *A grief observed*. Londen: Faber & Faber

Louw, N.P. van Wyk. 1985. *Liberale nasionalisme*. Kaapstad: Tafelberg

Louw, N.P. van Wyk. 1982. *Skietlood*. Kaapstad: Human & Rousseau. pp. 33-36

Louw, N.P. van Wyk. 1956. *Germanicus*. Kaapstad: Nasionale Boekhandel

Louw, N.P. van Wyk. 1962. *Tristia*. Kaapstad: Human & Rousseau

Krige, U. 1961. *Gedigte (1927-1940)*. Pretoria: Van Schaik

Mann, T. 1947. *Doktor Faustus: Das Leben des Tonsetzers Adrian Leverkühn, erzählt von seinem Freunde*. Stockholm: Bermann-Fischer Verlag

Miskotte, H. 1962. *De weg van het gebed*. Zoetermeer: Boekencentrum

Moltmann, J. 1964. *Theologie der Hoffnung*. Munchen: Chr. Kaiser Verlag

Perlman, E. 2011. *The Street Sweeper*. New York: Random House

Retcliffe, J. 1868-1876. *Biarritz. Historisch-politischer Roman*. Berlin: Carl Sigismund Liebrecht

Schleiermacher, F. 1799. *Über die Religion. Reden an die Gebildeten unter ihren Verächtern*. Berlin: Johann Friedrich Unger

Schoeman, K. 1993. *Hierdie lewe*. Kaapstad: Human & Rousseau

Schoeman, K. 1995. *Die uur van die engel*. Kaapstad: Human & Rousseau

Schoeman, K. 2017. *Slot van die dag*. Pretoria: Protea Boekhuis

Schubin, O. 1887. *Gloria victis. Roman in vier Büchern*. 2de druk. Berlyn: Gebrüder Paetel.

Smith, F. 2014. *Kamphoer*. Kaapstad: Tafelberg.

Steytler, K. 2000. *Ons oorlog*. Kaapstad: Tafelberg

Tolstoj, L. 1965. Heer en knecht. In: Tolstoj, L. *Verzamelde werken*, deel 6. Amsterdam: Van Oorschot

Totius. 1959. *Passieblomme: Verse van Totius*. 10de Uitgawe. Kaapstad: Nasionale Boekhandel

Van den Heever, C.M. 1946. *Laat vrugte*. 5de Uitgawe. Kaapstad: Nasionale Pers

Van der Merwe, C. 1981. *Tromboniusdagboekenkaart – 'n Boerneefboek*. Kaapstad: Tafelberg

Van der Merwe, C. & Viljoen, H. 1998. *Alkant olifant: 'n Inleiding tot die literatuurwetenskap*. Pretoria: Van Schaik

Van der Merwe, C. 2008. *Ancient tales for modern times*. Wellington: Lux Verbi

Van der Merwe, C. 2014. *Die wonder van die goddelike liefde: Sinvolle waardes vir die lewe*. Kaapstad: Lux Verbi

Van der Merwe, C. 2014. *Die houtbeen van St Sergius. Opstelle oor Afrikaanse romans*. Stellenbosch: AFRICAN SUN MeDIA. https://doi.org/10.18820/9781920689186

Van der Merwe, C. 2016. *Gesprek sonder einde*. Kaapstad: Lux Verbi

Van Maurik, J. 1901. *Toen ik nog jong was*. Amsterdam: Van Holkema & Warendorf

Von Tepl, J. 1460. *De akkerman uit Bohemen*. Bamberg

Wicomb, Z. 2014. *October*. Kaapstad: Umuzi

Winterbach, I. 2015. *Vlakwater*. Kaapstad: Human & Rousseau

www.ingramcontent.com/pod-product-compliance
Lightning Source LLC
Chambersburg PA
CBHW080606090426
42735CB00017B/3353